New Introduction to Emergency Management

新应急管理概论

杨月巧 / 主　编
王慧飞 / 副主编

图书在版编目(CIP)数据

新应急管理概论/杨月巧主编.—北京:北京大学出版社,2020.7
ISBN 978-7-301-31428-9

Ⅰ.①新… Ⅱ.①杨… Ⅲ.①突发事件–公共管理–概论 Ⅳ.①D035

中国版本图书馆 CIP 数据核字(2020)第 112042 号

书　　名	新应急管理概论 XIN YINGJI GUANLI GAILUN
著作责任者	杨月巧　主编
责 任 编 辑	王树通
标 准 书 号	ISBN 978-7-301-31428-9
出 版 发 行	北京大学出版社
地　　址	北京市海淀区成府路 205 号　100871
网　　址	http://www.pup.cn　　新浪微博:@北京大学出版社
电子信箱	zpup@pup.pku.edu.cn
电　　话	邮购部 010-62752015　发行部 010-62750672　编辑部 010-62765014
印 刷 者	北京市科星印刷有限责任公司
经 销 者	新华书店
	787 毫米×980 毫米　16 开本　13.25 印张　304 千字 2020 年 7 月第 1 版　2023 年 12 月第 6 次印刷
定　　价	35.00 元

未经许可,不得以任何方式复制或抄袭本书之部分或全部内容。
版权所有,侵权必究
举报电话:010-62752024　电子信箱:fd@pup.pku.edu.cn
图书如有印装质量问题,请与出版部联系,电话:010-62756370

前　言

新中国成立后,党和国家始终高度重视应急管理工作,我国应急管理体系不断调整和完善。2018年3月,党的十九届三中全会通过了《中共中央关于深化党和国家机构改革的决定》和《深化党和国家机构改革方案》。这次改革方案统筹考虑各类机构设置,科学配置党政部门及内设机构权力、明确职责。会议将国家安全生产监督管理总局的职责,国务院办公厅的应急管理职责,公安部的消防管理职责,民政部的救灾职责,国土资源部的地质灾害防治、水利部的水旱灾害防治、农业部的草原防火、国家林业局的森林防火相关职责,中国地震局的震灾应急救援职责以及国家防汛抗旱总指挥部、国家减灾委员会、国务院抗震救灾指挥部、国家森林防火指挥部的职责整合,组建应急管理部,作为国务院组成部门。

2018年4月16日,应急管理部举行挂牌仪式,正式对外履行职责。应急管理部自成立以来,坚决贯彻党中央关于深化党和国家机构改革部署,积极适应新体制、新要求,以创新的思路、改革的办法和有力的举措奋力破解难题,实现了新时代应急管理工作的良好开局。

2019年11月29日,中共中央政治局就我国应急管理体系和能力建设进行第十九次集体学习。习近平总书记在主持学习时强调,应急管理是国家治理体系和治理能力的重要组成部分,承担防范化解重大安全风险、及时应对处置各类灾害事故的重要职责,担负保护人民群众生命财产安全和维护社会稳定的重要使命。要发挥我国应急管理体系的特色和优势,借鉴国外应急管理有益做法,积极推进我国应急管理体系和能力现代化。

新时代、新部委,带来了应急管理理论研究与实践探索的新发展、新调整、新变革。

第一,"新"是应急研究范围的新。

应急管理是什么呢?有人说应急是地震之后的废墟营救,有人说应急是生产安全事故发生后的抢险,有人说应急是消防救火,但是这些说法都仅仅体现了应急的某一个方面,不是应急的全部内容。新时代的应急包括安全生产、防灾减灾救灾、抢险救援等各项应急管理事业,是全灾种、大应急。本教材详细阐述了安全生产和防灾减灾救灾两方面的基本概念、历史发展、理论基础以及新体系下的理论整合,为应急管理学习提供依据。

第二,"新"是应急管理体制的新。

近年来,不同突发事件的应对职责分属不同部门,人力、物力、财力资源比较分散,存在责任不够明确、指挥不够统一、反应不够灵敏等问题。《中华人民共和国突发事件应对法》确立了"统一领导、综合协调、分类管理、分级负责、属地管理为主的应急管理体制"。2018年3月,中共中央印发《深化党和国家机构改革方案》,要求新成立的应急管理部,"形成统一指挥、专常兼备、反应灵敏、上下联动、平战结合的中国特色应急管理体制"。2019年11月党的十九届四中全会，又将该体制确定为"统一指挥、专常兼备、反应灵敏、上下联动的应急管理体系"。本书对现存的两种体制都进行讲解和分析。

第三，"新"是应急管理机制的新。

应急管理机制是涵盖事前、事发、事中和事后的突发事件应对全过程中各种制度化、程序化、规范化和理论化的方法与措施，以及应急系统内各子系统、各要素之间相互联系、相互作用、相互制约的方式和应变机理。本书梳理了2018年1月30日到2020年3月31日之间应急管理部的各项机制，加以整理、归纳，形成与新时代有中国特色应急管理体制相对应的应急管理新机制。

第四，"新"是应急管理法制的新。

伴随着"应急"内涵的拓展，新体制、新机制必然产生新要求。应急管理体制机制发生重大变革后，许多法律法规已经不适合我国应急管理的实际工作需求。法律是治国之重器，良法是善治的前提。应急管理部在对应急管理领域法律法规全面梳理的基础上，研究提出了"1+5"应急管理法律骨干框架。建立系统完备、科学规范、运行有效的法律制度体系，以法治思维和法治方式推动应急管理事业改革发展。统筹相关法律法规政策规划和标准建设，为应急管理、应急救援、防灾减灾救灾等工作提供法治保障。

应急新体制、新机制和新法制构成了应急管理的新体系。应急管理工作不仅包括应急管理体系，还包括应急管理能力建设。

应急管理能力建设涉及各个方面。本书从自救互救能力和综合性应急救援能力着眼来进行介绍。我国是世界上自然灾害最为严重的国家之一，灾害种类多、分布地域广、发生频率高、造成损失重，这是一个基本国情。因此宣传应急常识，普及居民应急知识，提高自救互救能力，在遇到灾害事故的时候，就能多一分获救的希望。另一方面，从"全灾种""大应急"管理需要出发，重点结合安全生产、防灾减灾救灾、抢险救援三方面的研究，应急管理能力还体现在综合性消防救援队伍建设和救援装备和技术等方面。

应急管理的新体系需要由新形式来体现。

第一，本书采用"立体化"编写模式，即"主教材+视频授课+网络资料"相结合。教材作为系统学习的材料，提供全部知识内容。本教材对应的课程"应急管理概论"在全球大型学分课程运营服务平台"智慧树"网上线，讲授与本书配套的课程内容。书中涉及的文件和背景采用二维码形式直接印在书里面，读者通过扫描即可链接网络资源进行深入学习。

第二，本教材由应急管理部直属高校一线教学教师和应急救援队教官共同编写而成。防灾科技学院杨月巧、中国人民警察大学王慧飞、华北科技学院曹家琳和中国消防救援学院宋浩都是长期讲解"应急管理概论"课程的一线教师，在"应急管理概论"教学和科研工作中积累了丰富的经验。中国地震应急搜救基地曲旻皓为国际救援队教官，青岛红十字搜救队队长李延照、四川省泸州市红十字山地救援队队长肖兵都是长期奋斗在综合性应急救援一线、具有丰富救援经验的教官。其中，杨月巧负责第一、二、三、五、八章的编写工作，并且负责策划、资料查找和全书统稿工作;王慧飞负责第六、七章的编写工作,并且负责校对工作;曹家琳负责第四章的编写工作。宋浩主笔综合性救援队伍内容;曲旻皓主笔破拆技能内容;李延照主笔水域技能内容;肖兵主笔绳索技能内容。本书在写作过程中收集了应急管理部成立以来的大量资料,该工作主要由防灾科技学院应急管理学院康越彦、孟令添、滕燕菊、王若彤、谢文静完成。在此一并表示感谢。

  应急管理是国家治理体系和治理能力的重要组成部分,当前我国自然灾害形势严峻复杂,安全生产仍然处于脆弱期、爬坡期、过坎期。防范化解重大安全风险,及时应对处置各类灾害事故,提高全社会自然灾害防治能力,促进安全生产形势持续稳定好转,还有大量工作要做。由于编者学识与能力有限,本书难免有遗漏和不足之处,希望应急管理专家学者、应急管理人员及广大读者提出批评和意见,以促进本书的不断完善。再次表示感谢!

杨月巧
2020 年 3 月 31 日

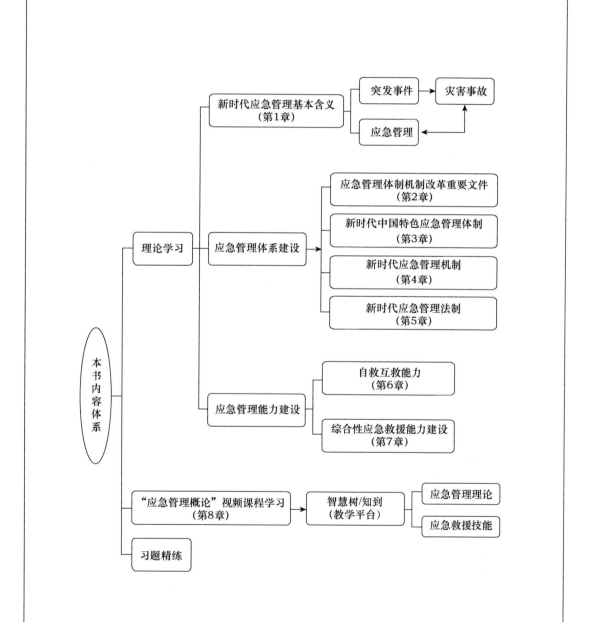

目 录

第1章 新时代应急管理基本含义 ························· 1
  1.1 突发事件 ··· 1
    1.1.1 突发事件含义 ·· 1
    1.1.2 突发事件分类 ·· 2
  1.2 灾害事故 ··· 6
    1.2.1 灾害事故/事故灾害 ································· 6
    1.2.2 灾害事故分级 ·· 8
  1.3 应急管理 ··· 10
    1.3.1 应急管理概念 ·· 10
    1.3.2 应急管理相关概念 ·································· 12
    1.3.3 应急管理发展历程 ·································· 17
    1.3.4 应急管理周期 ·· 25

第2章 应急管理体制机制改革重要文件 ················ 27
  2.1 《中共中央 国务院关于推进防灾减灾救灾体制机制改革的意见》 ··· 27
  2.2 《中共中央 国务院关于推进安全生产领域改革发展的意见》 ··· 28
  2.3 重要理论 ··· 30

第3章 新时代中国特色应急管理体制 ·················· 33
  3.1 体制与应急管理体制 ··································· 33
  3.2 应急管理体制的发展历程 ····························· 34
    3.2.1 防灾减灾救灾应急管理体制 ······················ 34
    3.2.2 安全生产监督管理体制 ··························· 35
  3.3 现行应急管理体制 ···································· 38
    3.3.1 《突发事件应对法》应急管理体制规定 ········ 38
    3.3.2 新时代有中国特色的应急管理体制 ············· 39
    3.3.3 新时代应急管理组织机构 ······················· 42

第4章 新时代应急管理机制 ······························ 50
  4.1 机制 ·· 51
    4.1.1 机制的含义 ·· 51
    4.1.2 体制和机制的关系 ································· 51
  4.2 应急管理机制 ·· 52

      4.2.1 中国应急管理机制建设的背景 ……………………………… 52
      4.2.2 应急管理机制 ……………………………………………… 53
      4.2.3 应急管理体制与机制的关系 ………………………………… 53
  4.3 新时代有中国特色的应急管理机制 …………………………………… 54
      4.3.1 应急预案体系 ……………………………………………… 55
      4.3.2 应急救援指挥体系 …………………………………………… 59
      4.3.3 应急处置体系 ……………………………………………… 66
      4.3.4 救援力量体系 ……………………………………………… 68
      4.3.5 风险防范化解体系 …………………………………………… 72
      4.3.6 综合减灾工作体系 …………………………………………… 77
  4.4 有中国特色应急管理机制的实战应用 ………………………………… 80
      4.4.1 2018 年"山竹"台风应对 …………………………………… 80
      4.4.2 2018 年金沙江堰塞湖险情处置 ……………………………… 82
      4.4.3 2020 年新型冠状病毒肺炎应急处置 ………………………… 82

第 5 章 新时代应急管理法制 ……………………………………………… 88
  5.1 法制 ……………………………………………………………………… 89
      5.1.1 法律位阶 …………………………………………………… 89
      5.1.2 法律门类 …………………………………………………… 89
  5.2 应急管理法制 …………………………………………………………… 90
      5.2.1 应急管理法制的特点 ………………………………………… 90
      5.2.2 应急管理法制的框架 ………………………………………… 91
      5.2.3 应急管理法制的构成 ………………………………………… 93
  5.3 有中国特色的应急管理法制 …………………………………………… 96
      5.3.1 安全生产法律 ……………………………………………… 96
      5.3.2 安全生产法规 ……………………………………………… 103
      5.3.3 自然灾害法律法规 …………………………………………… 105
      5.3.4 消防法律法规 ……………………………………………… 107
      5.3.5 其他单行法律 ……………………………………………… 110
      5.3.6 综合性法律 ………………………………………………… 110

第 6 章 自救互救能力 ……………………………………………………… 113
  6.1 常见气象水文灾害 ……………………………………………………… 114
      6.1.1 洪涝灾害 …………………………………………………… 114
      6.1.2 干旱灾害 …………………………………………………… 117
      6.1.3 台风(热带气旋)灾害 ……………………………………… 119
      6.1.4 寒潮灾害 …………………………………………………… 121

6.1.5　冰雪灾害 …………………………………………………………… 122
6.2　常见地震地质灾害 …………………………………………………………… 123
　　　6.2.1　地震灾害 …………………………………………………………… 123
　　　6.2.2　滑坡、崩塌、泥石流灾害 ………………………………………… 133
　　　6.2.3　地面塌陷 …………………………………………………………… 135
6.3　常见煤矿安全事故 …………………………………………………………… 135
　　　6.3.1　煤矿安全事故基本特征 …………………………………………… 135
　　　6.3.2　煤矿安全自救互救原则 …………………………………………… 136
　　　6.3.3　瓦斯和煤尘爆炸事故应急处置 …………………………………… 137
　　　6.3.4　矿井火灾事故应急处置 …………………………………………… 138
　　　6.3.5　矿井水灾事故应急处置 …………………………………………… 139
　　　6.3.6　冒顶事故应急处置 ………………………………………………… 140
6.4　危险化学品安全事故 ………………………………………………………… 141
　　　6.4.1　危险化学品安全事故的基本特征 ………………………………… 141
　　　6.4.2　危险化学品事故的前兆确认 ……………………………………… 141
　　　6.4.3　不同场景的危险化学品事故的自救措施 ………………………… 142
6.5　火灾及应急处置 ……………………………………………………………… 143
　　　6.5.1　家庭火灾 …………………………………………………………… 143
　　　6.5.2　大巴车火灾 ………………………………………………………… 143
　　　6.5.3　影剧院火灾 ………………………………………………………… 146
6.6　森林草原火灾及应急处置 …………………………………………………… 146
　　　6.6.1　森林草原火灾基本特征 …………………………………………… 146
　　　6.6.2　森林草原火灾危害 ………………………………………………… 147
　　　6.6.3　引发森林草原火灾原因 …………………………………………… 148
　　　6.6.4　森林草原火灾预防 ………………………………………………… 148
　　　6.6.5　森林火灾应急处置 ………………………………………………… 148

第7章　综合性应急救援能力建设 ………………………………………………… 149
7.1　综合性消防救援队伍的发展历程 …………………………………………… 149
　　　7.1.1　消防队伍由公安机关管理 ………………………………………… 149
　　　7.1.2　公安消防部队纳入武警序列 ……………………………………… 150
　　　7.1.3　公安消防部队成为综合应急救援队伍 …………………………… 150
　　　7.1.4　公安消防部队转制综合性消防救援队伍 ………………………… 151
7.2　综合性应急救援队伍 ………………………………………………………… 151
　　　7.2.1　国家综合性消防救援队伍 ………………………………………… 151
　　　7.2.2　军队和武警部队 …………………………………………………… 152

    7.2.3 各级各类专业应急救援队伍 ………………………………………… 153
    7.2.4 社会应急力量 ………………………………………………………… 153
  7.3 综合应急救援技术 ………………………………………………………………… 154
    7.3.1 综合应急救援装备 …………………………………………………… 154
    7.3.2 综合应急救援技能 …………………………………………………… 155
    7.3.3 应急救援电话 ………………………………………………………… 158

第 8 章 "应急管理概论"视频课程学习 ……………………………………………… 160
  8.1 "应急管理概论"视频课程学习路径 …………………………………………… 160
  8.2 弹题及答案 ………………………………………………………………………… 161
  8.3 章节测试题及答案 ………………………………………………………………… 167
  8.4 综合测试题及答案 ………………………………………………………………… 174
    8.4.1 判断改错题 …………………………………………………………… 174
    8.4.2 单项选择题 …………………………………………………………… 181
    8.4.3 多项选择题 …………………………………………………………… 188

参考文献 ……………………………………………………………………………………… 198

第 1 章　新时代应急管理基本含义

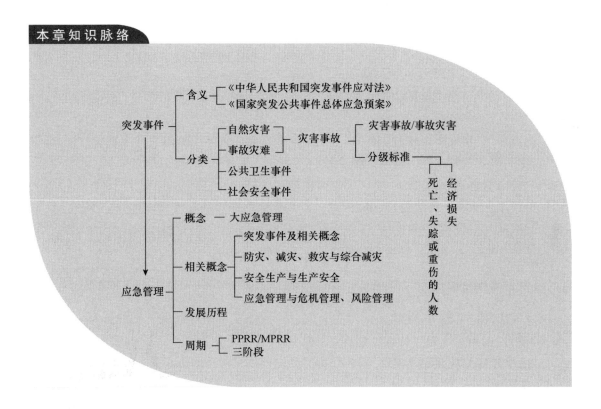

应急管理是专门研究突发事件现象及其发展规律的学科,是关于突发事件应急管理优化的科学。学习应急管理,首先要了解突发事件。

1.1　突发事件

1.1.1　突发事件含义

突发事件的含义在《中华人民共和国突发事件应对法》(2007)和《国家突发公共事件总体应急预案》(2006)中都有具体的规定。

《中华人民共和国突发事件应对法》(以下简称《突发事件应对法》)中所称突发事件,是指突然发生,造成或者可能造成严重社会危害,需要采取应急处置措施予以应对的自然灾害、事故灾难、公共卫生事件和社会安全事件。

《国家突发公共事件总体应急预案》(以下简称《总体预案》)规定：突发事件是指突然发生,造成或可能造成重大人员伤亡、财产损失、生态环境破坏和严重社会危害、危及公共安全的紧急事件。

这两个概念既有共同点,也有不同点。

共同点是二者都体现了突发事件的要素：

① "突然性",是指事件发生后给人们思考、决策的时间很短。

② "公共性",是指事件发生后造成的后果危害或影响范围大。

③ "全面性",是指"造成或者可能造成",即不仅要研究造成损失的事件,还要研究可能造成损失的事件。

不同点在于《突发事件应对法》中只说明突发事件造成或者可能造成严重社会危害；而《总体预案》中明确了突发事件所造成的社会危害的特征：重大人员伤亡、财产损失、生态环境破坏和严重社会危害,危及公共安全。《突发事件应对法》中把具有《总体预案》所描述特征的突发事件分成了四大类：自然灾害、事故灾难、公共卫生事件和社会安全事件,也就是说,《突发事件应对法》中强调了突发事件的类型；而《总体预案》中表述了突发事件所具有的特征。两个国家规范性文件从不同的角度对突发事件进行了诠释。

1.1.2 突发事件分类

突发事件的种类繁多,纷繁复杂。根据不同的标准,突发事件可做不同的分类。按照《总体预案》规定,根据突发事件的发生过程、性质和机理,主要分为以下四类：自然灾害、事故灾难、公共卫生事件和社会安全事件。其中,每类突发事件又包括若干小类。

1. 自然灾害

相比于其他三类事件,自然灾害的分类最为复杂。《总体预案》中的自然灾害包括水旱灾害、气象灾害、地震灾害、地质灾害、海洋灾害、生物灾害和森林草原火灾七类。《自然灾害分类与代码》(GB/T 28921—2012)将自然灾害划分为气象水文灾害、地质地震灾害、海洋灾害、生物灾害和生态环境灾害五类,每类灾害又可分为若干个灾种。《国家自然灾害救助应急预案》(2016)明确启动该预案的灾害主要包括干旱、洪涝灾害,台风、风雹、低温冷冻、冰雪、沙尘暴等气象灾害,火山、地震灾害,山体崩塌、滑坡、泥石流等地质灾害,风暴潮、海啸等海洋灾害,森林草原火灾等。

《总体预案》强调的是危险性,《自然灾害分类与代码》(GB/T 28921—2012)的划分强调的是全面性,《国家自然灾害救助应急预案》(2016)在危险性基础上罗列了具体的灾种。因此,不管自然灾害如何分类,各灾种的含义是明确的。按照中华人民共和国国家标准《自然灾害分类与代码》(GB/T 28921—2012)的规定,各灾种的含义如表1-1所示。

1.1 突发事件

表 1-1 自然灾害分类及代码

代　码	名　称	含　义
010000	气象水文灾害	由于气象和水文要素的数量或强度、时空分布及要素组合的异常,对人类生命财产、生产生活和生态环境等造成损害的自然灾害
010100	干旱灾害	因降水少、河川径流及其他水资源短缺,对城乡居民生活、工农业生产以及生态环境等造成损害的自然灾害
010200	洪涝灾害	因降雨、融雪、冰凌、溃坝(堤)、风暴潮等引发江河洪水、山洪、泛滥以及渍涝等,对人类生命财产、社会功能等造成损害的自然灾害
010300	台风灾害	热带或副热带洋面上生成的气旋性涡旋大范围活动,伴随大风、暴雨、风暴潮、巨浪等,对人类生命财产造成损害的自然灾害
010400	暴雨灾害	因每小时降雨量 16 mm 以上,或连续 12 h 降雨量 30 mm 以上,或连续 24 h 降雨量 50 mm 以上的降水,对人类生命财产等造成损害的自然灾害
010500	大风灾害	平均或瞬间风速达到一定速度或风力的风,对人类生命财产造成损害的自然灾害
010600	冰雹灾害	强对流性天气控制下,从雷雨云中降落的冰雹,对人类生命财产和农业生物造成损害的自然灾害
010700	雷电灾害	因雷雨云中的电能释放、直接击中或间接影响到人体或物体,对人类生命财产造成损害的自然灾害
010800	低温灾害	强冷空气入侵或持续低温,使农作物、动物、人类和设施因环境温度过低而受到损伤,并对生产生活等造成损害的自然灾害
010900	冰雪灾害	因降雪形成大范围积雪、暴风雪、雪崩或路面、水面、设施凝冻结冰,严重影响人畜生存与健康,或对交通、电力、通信系统等造成损害的自然灾害
011000	高温灾害	由较高温度对动植物和人体健康,并对生产、生态环境造成损害的自然灾害
011100	沙尘暴灾害	强风将地面尘沙吹起使空气混浊,水平能见度小于 1 km,对人类生命财产造成损害的自然灾害
011200	大雾灾害	近地层空气中悬浮的大量微小水滴或冰晶微粒的集合体,使水平能见度降低到 1 km 以下,对人类生命财产特别是交通安全造成损害的自然灾害
019900	其他气象水文灾害	除上述灾害以外的气象水文灾害
020000	地质地震灾害	由地球岩石圈的能量强烈释放剧烈运动或物质强烈迁移,或是由长期累积的地质变化,对人类生命财产和生态环境造成损害的自然灾害
020100	地震灾害	地壳快速释放能量过程中造成强烈地面振动及伴生的地面裂缝和变形,对人类生命安全、建(构)筑物和基础设施等财产、社会功能和生态环境等造成损害的自然灾害
020200	火山灾害	地球内部物质快速猛烈地以岩浆形式喷出地表,造成生命和财产直接遭受损失,或火山碎屑流、火山熔岩流、火山喷发物(包括火山碎屑和火山灰)及其引发的泥石流、滑坡、地震、海啸等对人类生命财产、生态环境等造成损害的自然灾害

续表

代码	名称	含义
020300	崩塌灾害	陡崖前缘的不稳定部分主要在重力作用下突然下坠滚落,对人类生命财产造成损害的自然灾害
020400	滑坡灾害	斜坡部分岩(土)体主要在重力作用下发生整体下滑,对人类生命财产造成损害的自然灾害
020500	泥石流灾害	由暴雨或水库、池塘溃坝或冰雪突然融化形成强大的水流,与山坡上散乱的大小块石、泥土、树枝等一起相互充分作用后,形成在沟谷内或斜坡上快速运动的特殊流体,对人类生命财产造成损害的自然灾害
020600	地面塌陷灾害	因采空塌陷或岩溶塌陷,对人类生命财产造成损害的自然灾害
020700	地面沉降灾害	在欠固结或半固结土层分布区,由于过量抽取地下水(或油、气)引起水位(或油、气)下降(或油、气下陷)、土层固结压密而造成的大面积地面下沉,对人类生命财产造成损害的自然灾害
020800	地裂缝灾害	岩体或土体中直达地表的线状开裂,对人类生命财产造成损害的自然灾害
029900	其他地质灾害	除上述灾害以外的地质灾害
030000	海洋灾害	海洋自然环境发生异常或激烈变化,在海上或海岸发生的对人类生命财产造成损害的自然灾害
030100	风暴潮灾害	热带气旋、温带气旋、冷锋等强烈的天气系统过境所伴随的强风作用和气压骤变引起的局部海面非周期性异常升降现象造成沿岸涨水,对沿岸人类生命财产造成损害的自然灾害
030200	海浪灾害	波高大于4米的海浪对海上航行的船舶、海洋石油生产设施、海上渔业捕捞和沿岸及近海水产养殖业、港口码头、防波堤等海岸和海洋工程等造成损害的自然灾害
030300	海冰灾害	因海冰对航道阻塞、船只损坏及海上设施和海岸工程损坏等造成损害的自然灾害
030400	海啸灾害	由海底地震、火山爆发和水下滑坡、塌陷所激发的海面波动,波长可达几百千米,传播到滨海区域时造成岸边海水陡涨,骤然形成"水墙",吞没良田和城镇村庄,对人类生命财产造成损害的自然灾害
030500	赤潮灾害	海水某些浮游生物或细菌在一定环境条件下,短时间内爆发性增殖或高度聚焦引起水体变色,影响和危害其他海洋生物正常生存的海洋生态异常现象,对人类生命财产、生态环境等造成损害的自然灾害
039900	其他海洋灾害	除上述灾害之外的其他海洋灾害
040000	生物灾害	在自然条件下的各种生物活动或由于雷电、自燃等原因导致的发生于森林或草原,有害生物对农作物、林木、养殖动物及设施造成损害的自然灾害
040100	植物病虫害	致病微生物或害虫在一定环境下暴发,对种植业或林业等造成损害的自然灾害

续表

代码	名称	含义
040200	疫病灾害	动物或人类由微生物或寄生虫引起突然发生重大疫病,且迅速传播,导致发病率或死亡率高,给养殖业生产安全造成严重危害,或者对人类身体健康与生命安全造成损害的自然灾害
040300	鼠害	鼠害在一定环境下暴发或流行,对种植业、畜牧业、林业和财产设施等造成损害的自然灾害
040400	草害	杂草对种植业、养殖业或林业和人体健康等造成严重损害的自然灾害
040500	赤潮灾害	海水中某些浮游生物或细菌在一定环境条件下,短时间内爆发性增殖或高度聚集,引起水体变色,影响和危害其他海洋生物正常生存的海洋生态异常现象,对人类生命财产、生态环境等造成损害的灾害
040600	森林/草原火灾	由于雷电、自燃或在一定有利于起火的自然背景条件下由人为原因导致的,发生于森林或草原,对人类生命财产、生态环境等造成损害的火灾
049900	其他生物灾害	除上述灾害之外的其他生物灾害
050000	生态环境灾害	由于生态系统结构破坏或生态失衡,对人地关系和谐发展和人类生存环境带来不良后果的一大类自然灾害
050100	水土流失灾害	在水力等外力作用下,土壤表层及其母质被剥蚀、冲刷搬运而流失,对水土资源和土地生产力造成损害的自然灾害
050200	风蚀沙化灾害	由于大风吹蚀导致天然沙漠扩张、植被破坏和沙土裸露等,导致土壤生产力下降和生态环境恶化的自然灾害
050300	盐渍化灾害	易溶性盐分在土壤表层积累的现象或过程对土壤和植被造成损害的灾害
050400	石漠化灾害	在热带、亚热带湿润、半湿润气候条件和岩溶极其发育的自然背景下,因地表植被遭受破坏,导致土壤严重流失,基岩大面积裸露或砾石堆积,使土地生产力严重下降的灾害
059900	其他生态环境灾害	除上述灾害之外的其他生态环境灾害

2. 事故灾难

《总体预案》规定事故灾难主要包括工矿商贸等企业的各类安全事故,交通运输事故,公共设施和设备事故,环境污染和生态破坏事件等。

自然灾害是"天灾",事故灾难更多是"人祸",或者是自然因素与人为因素的结合。具体而言,我国的事故灾难包括:① 安全生产事故,即各类工矿商贸企业在其生产过程中发生的事故;② 交通运输事故,包括铁路行车事故、民用航空器飞行事故、海上突发事故、城市地铁事故等;③ 公共设施与设备事故,包括电网事故、通信事故、核电厂事故、互联网事故等;④ 环境与生态事故,包括水污染、大气污染等。

3. 公共卫生事件

《总体预案》规定公共卫生事件主要包括传染病疫情、群体性不明原因疾病、食品安全和职业危害、动物疫情,以及其他严重影响公众健康和生命安全的事件。

《突发公共卫生事件应急条例》中规定,公共卫生事件是指"突然发生,造成或者可能造成社会公众健康严重损害的重大传染病疫情、群体性不明原因疾病、重大食物和职业中毒以及其他严重影响公众健康的事件。"集中表现为对人类或者动物的生命和健康造成危害的各种疾病。

两个文件规定的内容相近,主要包括:

(1) 重大传染病疫情,是指某种传染病在短时间内发生、波及范围广泛,出现大量的病人或死亡病例,其发病率远远超过常年的发病率水平的情况。

(2) 群体性不明原因疾病,是指在短时间内,某个相对集中的区域内同时或者相继出现具有共同临床表现病人,且病例不断增加、范围不断扩大,又暂时不能明确诊断的疾病。

(3) 食品安全和职业危害,与重大食物和职业中毒表述不太一样,但都是指由于食品污染和职业危害的原因而造成的人数众多或者伤亡较重的中毒事件。

(4)《总体预案》中提到的重大动物疫情,是指高致病性禽流感等发病率或者死亡率高的动物疫病突然发生,迅速传播,给养殖业生产安全造成严重威胁、危害,以及可能对公众身体健康与生命安全造成危害的情形,包括特别重大动物疫情。

4. 社会安全事件

《总体预案》规定社会安全事件主要包括恐怖袭击事件、经济安全事件和涉外突发事件等。

社会安全事件完全是"人祸",而且造成事件发生的人为因素在主观上多出于故意。当然,在不同性质的社会安全事件中,引发事件的人在主观恶性的程度上并不完全相同。对于恐怖袭击而言,袭击者具有严重的主观恶性,抱持着与政府、社会、人类相对抗的心理,以破坏整个社会秩序为目的。对于经济安全事件(如粮食危机、金融危机、能源危机)而言,引发事件既可能有故意囤积居奇、哄抬物价、投机炒作者,也可能包括不明真相的盲从者。

1.2 灾害事故

1.2.1 灾害事故/事故灾害

四大类突发事件由于发生的原理不同,事件处置的专业性要求和应对方法也不同,因此对于应急管理实践工作来讲不可能面面俱到。从应急管理部职能来看,在自然灾害、事故灾难、公共卫生事件与社会安全事件四大类突发事件中,没有将公共卫生事件与社会安全事件处置的职能纳入其中。公共卫生事件仍属于国家卫生健康委员会,社会安全事件仍属于公安部。当重大灾害发生后,卫生、公安、气象、交通等部门的配合必不可少。应急管理部、国家卫生健康委员会和公安部形成大应急管理的"三巨头",彼此密切协同。

应急管理部职能主要集中于自然灾害和事故灾难,而自然灾害没有包括所有的灾种。《总体预案》规定自然灾害主要包括水旱灾害、气象灾害、地震灾害、地质灾害、海洋灾害、生物灾害和森林草原火灾等。应急管理部没有整合风暴潮、海啸、赤潮等海洋灾害和农作物病虫害等生物灾害的应对。

被整合的突发事件大致可以概括为"天灾"和"人祸",简称为"灾害事故"[①]或者"事故灾害"。[②]

"灾害事故"或"事故灾害",其中"灾害"是自然的致灾因子引发的,人为因素影响不大;"事故"由技术致灾因子引发,大多数表现为人为因素。突发事件又经常把二者关联起来,表现为自然灾害有可能引发事故灾难,而事故灾难又可能引发自然灾害。例如2015年12月广东深圳恒泰工业园发生山体滑坡灾害,导致附近西气东输管道发生爆炸,22栋民宅和厂房被埋,现场塌方面积10多万平方米。该事故本来是生产事故,深圳大规模城市建设产生的余泥渣土偷排乱倒形成滑坡体,滑坡造成附近的恒泰裕、柳溪、德吉成三个工业园33栋(间)建筑物被掩埋或不同程度损毁,涉及企业15家。滑坡处紧挨长圳洪浪村煤气站,附近西气东输管道发生爆炸,导致煤气站爆炸。因此无论"灾害事故"还是"事故灾害",不再单纯地把突发事件割裂开,而是统一起来,既包括单一突发事件,也包括复杂(或复合)事件,为综合减灾和大应急提供了理论基础支撑。

在应急管理部的官网主页上分别就"灾害事故"和"事故灾害"进行搜索,搜索结果如图1-1所示。其中"灾害事故"搜索结果为546条,"事故灾害"搜索结果为175条(2019年5月28日)。"灾害事故"的用法多于"事故灾害",因此本教材用"灾害事故"统一指代应急管理的工作内容。

图1-1 应急管理部官网主页面分别搜索"灾害事故"和"事故灾害"的结果截屏

---

① 中共中央办公厅.深入学习贯彻习近平总书记重要指示精神,全力防范化解重点行业领域系统性安全风险.http://www.chinasafety.gov.cn/xw/yjyw/201904/t20190423_254869.shtml,2019-04-23,2019-05-28

② 中共中央办公厅.深入学习贯彻习近平总书记重要指示精神,反思差距,创新措施,坚决扛起维护人民群众生命财产安全的政治责任.http://www.chinasafety.gov.cn/xw/yjyw/201904/t20190408_244806.shtml,2019-04-08,2019-05-28

1.2.2 灾害事故分级

按照《总体预案》的规定,各类突发公共事件按照其性质、严重程度、可控性和影响范围等因素,一般分为四级:Ⅰ级(特别重大)、Ⅱ级(重大)、Ⅲ级(较大)和Ⅳ级(一般)。突发事件类型不同,分级的标准和内容也有不同。

1. 自然灾害

《国家自然灾害救助应急预案》(2016)根据自然灾害的危害程度等因素,国家自然灾害救助应急响应分为Ⅰ、Ⅱ、Ⅲ、Ⅳ四级。

(1) Ⅰ级响应启动条件

某一省(区、市)行政区域内发生特别重大自然灾害,一次灾害过程出现下列情况之一的,启动Ⅰ级响应:

① 死亡200人以上(含本数,下同);
② 紧急转移安置或需紧急生活救助200万人以上;
③ 倒塌和严重损坏房屋30万间或10万户以上;
④ 干旱灾害造成缺粮或缺水等生活困难,需政府救助人数占该省(区、市)农牧业人口30%以上或400万人以上。

(2) Ⅱ级响应启动条件

某一省(区、市)行政区域内发生重大自然灾害,一次灾害过程出现下列情况之一的,启动Ⅱ级响应:

① 死亡100人以上、200人以下(不含本数,下同);
② 紧急转移安置或需紧急生活救助100万人以上、200万人以下;
③ 倒塌和严重损坏房屋20万间或7万户以上、30万间或10万户以下;
④ 干旱灾害造成缺粮或缺水等生活困难,需政府救助人数占该省(区、市)农牧业人口25%以上、30%以下,或300万人以上、400万人以下。

(3) Ⅲ级响应启动条件

某一省(区、市)行政区域内发生重大自然灾害,一次灾害过程出现下列情况之一的,启动Ⅲ级响应:

① 死亡50人以上、100人以下;
② 紧急转移安置或需紧急生活救助50万人以上、100万人以下;
③ 倒塌和严重损坏房屋10万间或3万户以上、20万间或7万户以下;
④ 干旱灾害造成缺粮或缺水等生活困难,需政府救助人数占该省(区、市)农牧业人口20%以上、25%以下,或200万人以上、300万人以下。

(4) Ⅳ级响应启动条件

某一省(区、市)行政区域内发生重大自然灾害,一次灾害过程出现下列情况之一的,启动Ⅳ级响应:

① 死亡30人以上,50人以下;
② 紧急转移安置或需紧急生活救助10万人以上,30万人以下;
③ 倒塌房屋和严重损坏房屋1万间以上,10万间以下;
④ 干旱灾害造成缺粮或缺水等生活困难,需政府救助人数占农牧业人口15%以上,或100万人以上。

启动条件调整:对灾害发生在敏感地区、敏感时间和救助能力特别薄弱的"老、少、边、穷"地区等特殊情况,或灾害对受灾省(区、市)经济社会造成重大影响时,启动国家自然灾害救助应急响应的标准可酌情调整。

2. 地震灾害

在所有的自然灾害中,地震灾害突发性强、破坏性大、社会影响深远,因此《国家地震应急预案》(2012)规定地震灾害分为特别重大、重大、较大、一般四级。

(1) 特别重大地震灾害,是指造成300人以上死亡(含失踪),或者直接经济损失占地震发生地省(区、市)上年国内生产总值1%以上的地震灾害。

当人口较密集地区发生7.0级以上地震,人口密集地区发生6.0级以上地震,初判为特别重大地震灾害。

(2) 重大地震灾害,是指造成50人以上、300人以下死亡(含失踪)或者造成严重经济损失的地震灾害。

当人口较密集地区发生6.0级以上、7.0级以下地震,人口密集地区发生5.0级以上、6.0级以下地震,初判为重大地震灾害。

(3) 较大地震灾害,是指造成10人以上、50人以下死亡(含失踪)或者造成较重经济损失的地震灾害。

当人口较密集地区发生5.0级以上、6.0级以下地震,人口密集地区发生4.0级以上、5.0级以下地震,初判为较大地震灾害。

(4) 一般地震灾害,是指造成10人以下死亡(含失踪)或者造成一定经济损失的地震灾害。

当人口较密集地区发生4.0级以上、5.0级以下地震,初判为一般地震灾害。

3. 生产安全事故

《生产安全事故报告和调查处理条例》(2007)规定,根据生产安全事故(以下简称事故)造成的人员伤亡或者直接经济损失。事故一般分为以下等级。

(1) 特别重大事故,是指造成30人以上死亡,或者100人以上重伤(包括急性工业中毒,下同),或者1亿元以上直接经济损失的事故。

(2) 重大事故,是指造成10人以上30人以下死亡,或者50人以上100人以下重伤,或者5000万元以上1亿元以下直接经济损失的事故。

(3) 较大事故,是指造成3人以上10人以下死亡,或者10人以上50人以下重伤,或者1000万元以上5000万元以下直接经济损失的事故。

(4) 一般事故,是指造成 3 人以下死亡,或者 10 人以下重伤,或者 1000 万元以下直接经济损失的事故。

4. 森林火灾

《国家森林火灾应急预案》(2012)规定森林火灾分级标准为:

(1) 特别重大森林火灾,是指受害森林面积在 1000 公顷以上的,或者死亡 30 人以上的,或者重伤 100 人以上的。

(2) 重大森林火灾,是指受害森林面积在 100 公顷以上 1000 公顷以下的,或者死亡 10 人以上 30 人以下的,或者重伤 50 人以上 100 人以下的。

(3) 较大森林火灾,是指受害森林面积在 1 公顷以上 100 公顷以下的,或者死亡 3 人以上 10 人以下的,或者重伤 10 人以上 50 人以下的。

(4) 一般森林火灾,是指受害森林面积在 1 公顷以下或者其他林地起火的,或者死亡 1 人以上 3 人以下的,或者重伤 1 人以上 10 人以下的。

通过以上各类文件的规定可以看出,灾害事故分级的具体标准有:

第一,死亡、失踪或重伤的人数。不同的灾害事故划分的标准不一样。例如一般自然灾害,分别是以死亡 30 人、50 人、100 人和 200 人作为划分启动条件之一;而地震灾害则是以 10 人、50 人、300 人作为划分启动条件之一,生产安全事故和森林火灾是则是以死亡 3 人、10 人、30 人作为划分标准。不同突发事件的标准有所不同,破坏性较大的事件,其分级标准高于一般突发事件。

第二,经济损失,通常是直接经济损失。不同灾害事故直接经济损失划分的标准有所不同,生产安全事故以 1000 万元、5000 万元、1 亿元作为划分标准;而地震灾害则没有明确数量标准,只是以一定、较重、严重和上年国内生产总值 1%以上来表示。森林火灾是以受害森林面积作为划分标准。

1.3 应急管理

1.3.1 应急管理概念

近年来,随着各类突发事件的频繁发生,人们对于应急管理的认识日益深刻,应急管理体系逐步成熟,应急管理成为一个专门的研究领域。

关于应急管理的概念,《联合国国际减灾战略术语》(2009)中提出,应急管理是组织与管理应对紧急事务的资源与责任,特别是准备、响应与早期恢复阶段。应急管理包括各种计划、组织与安排,它们确立的目的是:将政府、非政府组织、志愿者与私人机构的正常工作以综合协调的方式整合起来,满足各种各样的紧急需求,灾害管理有时替代应急管理。

美国国土安全部出版的《术语》(2007)中提出,应急管理是协调、整合所有对于建立、维持与提高一系列能力来说很有必要的所有活动,它们包括针对潜在或现实灾害或紧急事务而进行的准备、响应、恢复、减缓,不论导致灾害或紧急事务的原因是什么。

美国联邦应急管理署(Federal Emergency Management Agency, FEMA)定义应急管理为：有组织地分析、规划、决策和分配可利用的资源以针对所有的风险灾难完成缓解(包括减少负面影响或防止)、准备、响应和恢复等功能。

美国的米切尔·K.林德尔(Michael K. Lindell)(2011)认为，应急管理就是应用科学、技术、规划与管理，应对能造成大量人员伤亡、带来严重财产损失、扰乱社会生活秩序的极端事件。

自2003年严重急性呼吸综合症(severe acute respiratory syndrome, SARS, 下文简称"非典")疫情爆发以来，我国对突发事件应急管理给予了前所未有的高度重视，"应急管理"已成为一个家喻户晓的社会热门词汇。但是不同的学者对于应急管理有着不同的理解。王绍玉、冯百侠(2005)认为，应急管理就是通过协调有关人士，明确对各种灾害类型的应急和灾害的管理责任并提高其管理能力。唐承沛(2007)认为，应急管理顾名思义是应对突发事件的管理。张沛、潘锋(2007)的研究领域为城市的应急管理，他们认为城市公共安全应急管理是针对城市面临的各种突发公共事件，通过建立全面融合的城市公共安全应急体系，以有效预防、处理和消弭突发公共事件为目标，以城市管理者为核心所进行的一种有组织、有计划、持续动态的管理活动。

2008年四川汶川发生8.0级地震，这是中华人民共和国成立以来破坏力最大的地震，也是唐山大地震后伤亡最严重的一次地震。重大自然灾害使学者们对应急管理的认知又有了进一步的深入。姜安鹏、沙勇忠(2010)认为，应急管理是指政府及其他公共机构在突发事件的事前预防、事发应对、事中处置和善后管理过程中，通过建立必要的应对机制，采取一系列必要措施，保障公众生命财产安全，促进社会和谐健康发展的有关活动。陈安(2010)则把应急管理分为传统的应急管理和现代应急管理，传统的应急管理只处理单一领域或行业的事件；现代应急管理是集成社会各方面的资源，运用现代技术手段和现代管理方法，对突发事件进行有效地监测应对、控制和处理。裘江南、王雪华(2016)将应急管理称作突发事件的应急管理，是对突发事件预防与应急准备、监测与预警、应急处置与救援、事后恢复与重建等一系列管理活动的概括。杨月巧(2016)认为，应急管理分别从"应"和"急"两个方面进行分析，"应"是指"应对、应付"，"急"是指"迫切、紧急、重要"。

总体来讲，应急管理研究自2003年开始呈现快速增长趋势，到2008年达到研究的蓬勃期，随后又经历了上下波动期，2013年以后呈下降趋势。这说明应急管理研究遇到了难点，呈现出瓶颈现象，需要体制机制的重大突破。

2018年，《深化党和国家机构改革方案》印发，应急管理部应时而生，标志着我国应急管理体制做出重大改革。应急管理部的组建涉及11个部门的13项职责，包括5个国家级应急机构的整合，是一次全新的再造重建、脱胎换骨，不是简单"物理相加"，而是起"化学反应"。从成立一年多的应急工作来看，"1+1>2"的"化学反应"正在触发，各方力量和资源加快统筹协调，国家应急管理综合水平在稳扎稳打地提升。因此，本书认为"应急管理"的含义可以拓展为"大"应急。什么是"大"应急呢？

"急"即急事,也就是灾害事故。"应"是指应对、应付,也就是如何处置与"急"相关的事件。"应"和"急"就是"防"与"救"的关系。从"防"与"救"来理解的应急是全灾种、大应急。"大"则包含多方面的含义:① 研究范围"大",包括安全生产、防灾减灾救灾、抢险救援等各项应急管理工作。② 研究过程"大",应急管理是一种全过程管理。突发事件的响应和处置是离不开常态下的应急准备的。特别对于常规性突发事件,应急响应和处置的效果主要取决于应急准备工作。因此应急管理不仅包括非常态下的工作,还包括常态下的应急工作的部分。也就是说,应急管理应当包括在突发事件发生之前的准备工作,突发事件发生之后的响应工作(如疏散、隔离、应急处置等),以及突发事件发生之后的社会支持、恢复以及重建工作。③ 研究内容"大",应急管理是一种综合性的管理活动。具体而言,应急管理应该包括应急预案体系建设、应急设备和基础设施建设、危险源与风险监测、隐患排查与防范、应急演习演练、应急宣传和培训、应急公众教育、应急科学和技术发展、预警与应急救援设备设施建设和维护、应急救援队伍建设、应急储备建设、预测与预警、应急处置、恢复与重建、应急保障,以及应急责任追究与奖惩等与突发事件应急直接或间接相关的多项内容。总之,大应急管理就是全灾种的防范、救助、救援一体化的综合减灾管理。

1.3.2 应急管理相关概念

1. 突发事件及相关概念

应急管理在英文中是"Emergency Management"。与 Emergency(突发事件)相关联的词语还有 Crisis(危机)、Risk(风险)、Accident(事故)、Disaster/Calamity/Catastrophe(灾害/重大灾害/巨灾)等。

(1) Emergency

Sudden serious event or situation requiring immediate action. Emergency 直译为紧急情况,该定义体现了突发性、紧迫性和危害性的主要特点,是突发事件最常用的表达。

(2) Crisis

Emergency; turning-point in illness, life, history, etc; time of difficulty danger or anxiety about the future. Crisis 意为"危机",危险+机遇,危险中也孕育着机遇,其最初的含义是事件在发展过程中需要在短时间内做出重要决策的一个状态或阶段,是事件有可能变得更好或者更坏的一个临界点。

(3) Risk

The possibility of meeting danger or suffering harm, loss, etc. Risk 意为"风险",是一种相对广义的概念。

(4) Incident

在英文中 incident 有三个意思:

① event or happening, often of minor importance,指事情,很小的事情。

② hostile military activity between countries, opposing forces, etc,指国际间或敌对力量等之间的敌对行动、军事冲突。

③ public disturbance, accident or violence,指骚乱,事故、暴力事件。

Incident 一词在应急管理以及与安全相关的文献中出现频率较高,用于表达突发的可能造成损失的事件,是一种比较标准的用法。我们提到灾难性事件时通常使用这个词,一般工业事故也常用这个词。

(5) Disaster/Calamity/Catastrophe

① Disaster:event that causes great harm or damage.

② Disaster 更多情况是指突然而发的造成悲惨、不幸以及痛苦等感受的损失或后果,多用于形容大规模的灾难性事件,尤其是自然灾害。

③ Calamity:an accident; a disaster, especially one causing a lot of damage or suffering. 通常是指特别重大、持续时间长的事故灾害。

④ Catastrophe:a sudden, unexpected, and terrible event that causes great suffering, misfortune, or ruin. 通常指巨灾。

关于 Disaster/Calamity/Catastrophe 之间的界定并没有明确标准。其中巨灾具有致灾强度大、灾害损失重、救助需求高的特征,划分的标准及指标如表1-2所示。

表 1-2　巨灾划分标准及指标

学　者	标　准	备　注
马宗晋(1994)	➢ 死亡 10 000 人以上 ➢ 直接经济损失(按照 1990 年价格计算)100 亿元(含 100 亿元)人民币,或损失超过该省前三年年平均财政收入 100% ➢ 干旱受灾率 70% 以上,或洪涝受灾率 70% 以上;或粮食损失超过该省前三年年平均粮食收成的 36% ➢ 倒塌房屋 30 万间以上 ➢ 牧区成畜死亡 100 万头以上	凡达到其中二项标准的才可确定其为巨灾
Mohamed (2008)	➢ 死亡 1000 人以上 ➢ 受灾面积大于 100 km^2	凡达到其中一项标准就可确定其为巨灾
史培军(2009)	➢ 致灾强度为 7.0(地震)或百年一遇 ➢ 10 000 人以上的死亡(包括失踪 1 个月以上的人口) ➢ 1000 亿元人民币以上的直接经济损失 ➢ 10 000 km^2 以上的成灾面积	凡达到其中二项标准的才可确定其为巨灾

这些相关联的概念经常被混用,例如学者倾向于用 Crisis 和 Risk,安全生产部门倾向于用 Accident,灾害管理部门根据灾情分别使用 Disaster/Calamity/Catastrophe。

相关概念的混乱源于西方应急管理发展的历程。美国的 Emergency 主要包括自然灾害(Disaster/Calamity/Catastrophe)和技术灾害(Accident)。其中自然灾害的发生是经常性的,包括大范围的自然灾害和严重的风暴、泥石流、雷击和龙卷风;技术灾害属于安全生产管理范畴,随着现有技术的发展和变化以及新技术的引进,有害物质数量和种类也越来越多,例如采用核电站和液化天然气设施的能源技术,使越来越多的人生活在技术灾害的边缘。Crisis 和 Risk 则贯穿于自然灾害和技术灾害的全过程,因此与 Emergency Management 最为密切。

2. 防灾、减灾、救灾与综合减灾

2016 年 12 月 19 日,《中共中央 国务院关于推进防灾减灾救灾体制机制改革的意见》提出防灾、减灾、救灾体制机制改革要坚持以防为主、防抗救相结合,坚持常态减灾和非常态救灾相统一,努力实现从注重灾后救助向注重灾前预防转变,从应对单一灾种向综合减灾转变,从减少灾害损失向减轻灾害风险转变。"两个坚持,三个转变"的重要论述中涉及一些意思相近的概念。《自然灾害管理基本术语》(GB/T 26376—2010)对相关术语规定如下:

(1) 自然灾害(natural disaster)

由自然因素造成人类生命、财产、社会功能和生态环境等损害的事件或现象。

(2) 防灾(diasater prevention)

灾害发生前,采取一系列措施防止灾害发生或预防灾害造成人员伤亡、财产损失以及对社会和环境的影响。

(3) 减灾(disaster reduction)

在灾害的各个阶段,采取一系列措施减轻灾害造成的人员伤亡、财产损失以及灾害对社会和环境的影响。

(4) 救灾(disaster relief)

灾害发生后,开展的灾情调查与评估、物资调配、转换安置、生活和医疗救助、心理抚慰、救灾捐赠等一系列灾害救助工作。

(5) 抗灾(disaster response)

灾害发生期间,为抗击或抵御灾害,紧急采取的抢险、抢修、救援等一系列应对工作。

(6) 综合减灾(comprehensive disaster reduction)

《自然灾害管理基本术语》(GB/T 26376—2010)中并没有对综合减灾加以规定。该词最早于 1991 年金磊和高庆华发表的相关论文中提到。金磊认为城市规划要考虑综合减灾,建立综合的、交叉的"天、地、生、人"四位一体化的研究模式。高庆华论述的是沿海地区的综合减灾,但是没有给出相应概念及含义。

2006 年国家减灾委员会召开加强综合减灾能力建设座谈会,提出"四个统筹":统筹抗御各类灾害,统筹做好灾害发展各个阶段的工作,统筹整合各方面资源,统筹运用各种减灾手段。此后,"综合减灾"的内容得到不断完善。

《国家综合防灾减灾规划(2011—2015 年)》基本原则中提到"综合减灾"相应的内容为"坚持防灾、抗灾和救灾相结合,综合推进灾害管理各个方面和各个环节的工作。"《国家综合防灾减灾规划(2016—2020 年)》中相应的内容修改为"坚持防灾抗灾救灾过程有机统一,综合运用各类资源和多种手段,强化统筹协调,推进各领域、全过程的灾害管理工作。"

综合减灾的内容及含义还在不断丰富和发展。

3. 安全生产与生产安全

安全生产与生产安全从形式上看是"安全"和"生产"两个词的不同排列。

"安全"在《现代汉语词典》中的解释是：没有危险；不受威胁；不出事故。英文"安全"有两个单词：safety 和 security，与汉语的词义相对应。

"生产"在广义上即指工作或劳动，包括室内工作、室外工作、脑力工作、体力工作，领导工作、被领导工作，产品工作、服务工作，自然产品工作、人工产品工作，物质工作、精神工作等等。狭义上即指直接产生或制造、加工产品的活动，包括人工生产或人工、自然混合生产，属于整个国民经济体系中的工作。

"事故"是指个人或集体在为实现某种意图而进行的活动中，突然发生的、违反人的意志、迫使活动暂时或永久停止的事件。《职业安全卫生术语》(GB/T 15236—2008)中明确"事故"就是指造成死亡、疾病、伤害、损伤或其他损失的意外情况。

"安全生产"是指在社会生产活动中，通过人—机器—环境的和谐运作，使社会生产活动中危及劳动者生命和健康的各种事故风险和伤害因素始终处于有效控制状态。

"生产安全"指在生产经营活动中，一种不要造成人员伤害和财产损失的美好愿景。常常与事故放在一起组成"生产安全事故"，指生产过程中发生的人员伤害和财产损失事故，是相对狭义的概念，多用于企业。

安全生产与生产安全的概念辨析和适用范围如表 1-3 所示。

表 1-3　安全生产与生产安全的概念辨析和适用范围

概　　念	宽泛性	适用范围	与"事故"能否搭配
安全生产	宽泛	政府等管理部门	否
生产安全	狭窄	企业	是

4. 应急管理与危机管理、风险管理

与应急管理最相关的两个概念，一个是危机管理，一个是风险管理。

(1) 应急管理与危机管理

应急管理与危机管理具有相似性。追根溯源，应急来源于 Emergency，危机为 Crisis。Crisis 最早起源于希腊语中的"krinein"，指"有可能变好或变坏的转折点或关键时刻"。应急管理和危机管理的起源和发展不同，因此二者的含义也有差别。

① 从研究范围或任务来看，应急管理比危机管理范围更广。一些学者从应急管理的范围或任务定义危机管理。格林(Green)注意到，危机管理的一个特征是"事态已经发展到无法控制的程度"。一旦发生危机，时间因素非常关键，减少损失将是主要的任务。危机管理的任务是尽可能控制事态，把损失控制在一定的范围内，在事态失控后要争取重新控制住。米特罗夫(Mitroff)和佩尔森(Pearson)认为，收集、分析和传播信息是危机管理者的直接任务。危机发生的最初几小时(或危机持续时间很长时的最初几天)，管理者应同步采取一系列关键的行动。这些行动是"甄别事实，深度分析，控制损失，加强沟通"等一系列关键的行动。

国内一些学者也对危机管理进行了定义。薛澜等(2003)认为,危机管理的核心内容是在有限信息、有限资源、有限时间的条件下,寻求突发事件"满意"的处理方案,迅速从正常情况转换到紧急情况。苏伟伦(2002)认为,危机管理是指组织或个人通过危机监测、危机预控、危机决策和危机处理,达到避免、减少危机产生的危害,甚至将危机转化为机会的目的。熊卫平(2016)的观点与苏伟伦相似,认为社会组织通过危机监测、危机预警、危机决策和危机处理以及危机善后,达到避免、减少危机产生的危害,总结危机发生、发展的规律,对危机处理科学化、系统化的一种新型管理体系。

② 从应对的积极性来看,危机管理是面临事件的积极措施,可以不出现多余成本;而应急管理是灾难性事件的高级阶段,是在上一次造成的损失和灾难后果基础上的管理。

③ 从涉及的学科领域来看,危机管理需要公关方法和技巧,技术只是辅助因素;而应急管理则需要优化与决策理论、信息技术、经济学、管理学、社会学等多门学科的支撑。

④ 从研究的广度来看,危机管理处理的事件更为宏观,且影响面更广,可能造成的损失更大。但是可以通过恰当的处置方式,仍然有机会挽回潜在的损失,使事件不至于造成不可挽救的后果。应急管理则是应对各种突发性事件,对曾经造成过损失的情况下进行的管理,主要研究的重点是对突发事件的缓解、准备、响应和恢复。

危机管理和应急管理是孪生领域,因此有很多相似之处。

① 危机管理的重点在于危机的特性、紧急性和巨大的威胁及其所对应的非常规决策、行动与战略性思考等管理特征。应急管理对应更加宽泛的事件,危机必然导致应急状态,但并非所有的应急状态都由危机导致,实际上大部分应急状态完全与危机无关。

② 应急管理更多属于公共管理的范畴,一般而言,应急管理是一个发展与执行公共政策和政府活动的过程。危机管理包含管理领域内容,如评价、理解与应对各种严重危机情景的技术和技能等,主要是针对从事件发生之时直到恢复过程的开始。应急管理的范围则与其所对应的突发事件一样,要比危机管理涉及的范围广,大量非危机性突发事件需要纳入应急管理的范畴中。

③ 从管理对象看,应急管理涵盖了危机管理;而从管理主体看,危机管理涵盖应急管理。

④ 从研究目的来看,应急管理与危机管理并无差异。无论危机管理还是应急管理,它们的目的都是要最大限度地降低人类社会悲剧的发生。危机管理和应急管理并无本质差异。

国外突发事件应急管理多是以危机管理出现。罗伯特·吉尔(Robert Gurr)认为,危机研究和管理的目的就是要最大限度地降低人类社会悲剧的发生。库姆斯(Coombs)认为,危机管理代表一系列旨在防范危机、应对危机和减轻与危机相关的实际损害的行动因素,换言之危机管理主要在于防止危机发生和降低危机发生率,减少危机的负面影响从而保护组织和人们免受损害。劳伦斯·巴顿认为,危机管理是针对危机情景发展包括消除危机的技术、建立正式沟通体系以避免和管理危机等一系列实践活动的总称,危机管理不仅是公共危机还包括企业危机,范围更为宽广。

1.3 应急管理

（2）应急管理与风险管理

风险概念原是早期资本主义商贸航行的一个术语，意思是冒险进入未知领域，随后成为商业行为和金融投资中的常用概念。而风险管理最早起源于20世纪的美国——1931年美国管理协会提出"风险管理"概念。20世纪70年代，生产事故的频频发生使得科学家开始把风险概念应用于技术性事故。

风险管理主要解决如何防范和应对各种风险，以避免演化为突发事件和危机事件。如果防范不及时、应对不力，就会传导、叠加、演变、升级，使小的矛盾风险挑战发展成大的矛盾风险挑战，局部的矛盾风险挑战演变为系统的矛盾风险挑战，国际上的矛盾风险挑战演变为国内的矛盾风险挑战，经济、社会、文化、生态领域的矛盾风险挑战转化为政治矛盾风险挑战，最终危及党的执政地位、危及国家安全。

事实上，风险管理是以"不发生事故"为目标，而不论风险管理工作做得多好，都只是降低突发事件发生的概率，应对、处置工作必不可少。大应急管理理念不仅关注事前的防范，还关注事中的管理和事后的处置，是一种全过程管理。

风险管理是防患于未然，强调未雨绸缪，关口前移，这样应急管理部门在灾害来临的时候，一方面应对起来比较有序，另一方面能提升抵御灾害的能力。防范化解重大风险，必须树立风险管理和安全发展理念，事关人民群众生命财产安全、国家安全和发展全局，是应急管理部门的首要任务。

应急管理和危机管理主要是针对非常态管理，风险管理则是居于常态管理与非常态管理的中间地带，主要解决如何防范和应对各种风险，以避免演化为突发公共事件和危机。也就是说"应急管理"是全过程管理，既要高度警惕"黑天鹅"事件，也要防范"灰犀牛"事件；① 既要有防范风险的先手，也要有应对和化解风险挑战的高招；既要打好防范和抵御风险的有准备之战，也要打好化险为夷、转危为机的战略主动战。

1.3.3 应急管理发展历程

应急管理古已有之，人类的历史从某种意义上可以说是各种突发事件的应对史，尤其是自然灾害事件的应对在中国五千年的历史文化中有很多的典故，例如"大禹治水""都江堰"水利工程等。伴随着这些斗争史，"存而不忘亡、安而不忘危、治而不忘乱"等居安思危、预防在先的应急理念与危机意识思想萌芽逐步得到酝酿。

1. 中华人民共和国成立：被动应对期

新中国成立初期，由于战时体制以及其他因素的影响，传统的计划经济运行是以高度集权为特点、以层级的行政区划为构架。这种体制一直延续到改革开放初期。在新中国建立之初，该政治体制是适应经济体制的要求的，对克服分散主义起了积极作用。

---

① "灰犀牛"是与"黑天鹅"相互补足的概念："灰犀牛"事件是太过于常见以至于人们习以为常的风险，而"黑天鹅"事件则是极其罕见的、出乎人们意料的风险。

(1) 防灾减灾救灾

1949 年,中央人民政府政务院设立内务部,主管民政工作,其中自然灾害救济是重点工作之一。由于自然灾害涉及多个部门,1950 年 2 月 28 日,中央人民政府又成立了救灾协调机构——中央救灾委员会。政法委员会、内务部、财经委员会、财政部、农业部、水利部、铁道部、交通部、食品工业部、贸易部、合作事业管理局、卫生部、全国妇联等 13 个单位负责人参加了成立大会。这是一个综合协调、统一指挥的救灾管理部门,其主要职责是:作为全国救灾工作的最高指挥机关,"使各有关部门相互配合,步调一致,统一领导全国救灾工作"。1950 年第一次民政工作会议提出灾害救济方针是"生产自救、节约度荒、群众互助、以工代赈,并辅之以必要的救济"。

1959 年至 1961 年发生了三年自然灾害,在此期间因饥馑而非正常死亡(饿死)的农民多达 1000 万人。毛泽东主席指示:"必须继续认真地进行对于灾民的救济工作。"并明确指出:"这是一件大事,人民政府业已开始着手采取救济和安置失业人员的办法,以期有步骤地解决这个问题。"政府认识到救灾工作的重要性,特别注重生产救助,提高灾民生产方面的恢复能力。随着社会主义改造的进行,中国救灾委员会和内务部撤销,集体经济的力量壮大,这一方针又被及时调整为"依靠集体,群众互助,生产自救,辅之以必要的救济"。该方针在国力弱小、工业化程度较低的情况下,自然灾害发生后的灾荒救助、生活救助非常重要。

(2) 安全生产和劳动保护

建立在战争废墟和旧社会遗址上的新中国,安全隐患丛生,伤亡事故多发。1949 年以来东北、华北、山东等地矿区共有 16.9 万人死于各类生产安全事故,工人生命和国家财产遭受重大损失。1949 年 11 月劳动部成立,履行国家安全生产综合监管和行政监察职责。在全国范围内开展了群众性的工矿安全卫生大检查。经过上下各方的共同努力,"一五"计划时期安全生产成效显著,是我国历史上第一个安全生产形势相对稳定的时期。

1950 年第一季度,各地煤矿相继发生 10 起大的事故,特别是河南省新豫煤矿公司宜洛老李沟井"2·27"瓦斯爆炸事故,造成严重的生命和财产损失。党和政府高度重视这起严重事故,召开了新中国成立以来第一次专题研究安全生产工作的会议。"在实施增产节约的同时,必须注意职工的安全、健康和必不可少的福利。如果只注意前一方面,忘记后一方面,那是不对的。"

1958 年,"大跃进"掀起的急功近利、高产超产之风引发的事故高发。在当时的环境和条件下,中央人民政府关于安全生产的要求难以得到贯彻实施,安全生产形势恶化,发生了新中国煤矿史上死亡人数最多的事故——山西省大同矿务局老白洞煤矿煤尘爆炸事故。事故并没有起到警示全国的作用。党和国家的安全生产方针政策受到怀疑、抵制甚至批判,劳动保护与安全生产机构受到冲击,安全生产监管被抨击为"活命哲学"和"管、卡、压",生产事故频繁发生,出现了高峰期。

这个阶段没有突发事件和应急管理的概念。对于作为事实上的突发事件,灾害或灾难被分灾种分别单独应对,如公安消防部门主要负责灭火、水利部门主要负责应对水旱灾害、安全生产部门主要负责应对企业安全事故等。这种制度设计是适合当时经济和社会发展需求的。由于在突发公共事件响应过程中是以自上而下传递计划指令进行信息的沟通,地方各级政府的主观能动性不能充分发挥,因而是一种被动应对时期,决策缺乏科学、民主,不能对突发公共事件进行有效管理。

2. 改革开放：临时协调期

(1) 应急管理

"应急管理"这一术语是由核电行业最早引入我国的。1986年4月26日,苏联切尔诺贝利核电站发生核事故,大量放射性物质泄漏,成为核电时代以来最大的事故。我国应国际原子能机构的要求,大力加强对核安全的监管,在原国家计划委员会成立了"国家应急办"。1989年5月27日,人民日报发表了《我国核安全进入法制化轨道——已发布6个核安全法规24个安全导则》,其中提到了"核事故应急管理"。当时冷战尚未结束,核安全具有很高的敏感性与保密性,"应急管理"这一概念并未广为人知。

这个时期,我国自然灾害、事故灾难、公共卫生事件与社会安全事件的应对都有专门的部门。例如,民政、地震、气象、水利、国土资源等部门负责自然灾害应对,安监、消防等部门负责事故灾难的应对,卫生部门负责公共卫生事件的应对,政法、公安等部门负责社会安全事件的应对,民政部作为常设性的减灾与救助机构。这种单一灾种应对模式对工业社会中简单风险的应对起着重大作用。

(2) 防灾减灾救灾

随着经济体制的转变,我国灾害救助保障制度也进行了及时的调整。1982年以后,我国探索救灾款的分级管理,对部分省、自治区、直辖市实行救灾款包干,使生活救济与生产扶持相结合。发动群众互助互济,建立农村基层扶贫互助储金会、储粮会等互助合作组织。

1998年后,救灾体制全面系统规范,救助工作快速发展,以1999年民政部、财政部《关于进一步加强救灾款使用管理工作的通知》为标志,救灾体制又一次进行了调整。其主要内容包括：

① 重新明确救灾款的使用范围,即解决灾民无力克服的衣、食、住、医等生活困难,紧急抢救、转移和安置灾民,灾民倒房恢复重建。

② 停止救灾扶贫周转金的制度,停止救灾款用于扶贫支出的制度,群众互助互济型的农村基层扶贫互助储金会客观上全面关闭甚至破产。

③ 停止救灾保险试点。

④ 建立中央级救灾物资储备制度。

2002年以来,救灾工作方针得到重大调整,救灾范围不断扩大,救助标准不断提高,综合协调机制得到强化,不断规范救灾工作的具体程序。可以说,中国的救灾体制得到全面系统的规范,救助工作进入快速发展阶段。

(3) 安全生产

20世纪90年代以后,我国进入工业化快速发展的轨道,在经济需求的刺激下,煤炭、冶金、化工等行业规模、产量迅猛扩张,造成事故频发,这是经济快速发展与安全生产监管能力不足的矛盾所引发的。

1998年国务院机构改革中,国家经济贸易委员会(简称国家经贸委)成立安全生产局。这也意味着,原来劳动部的安全生产管理职能被一分为四:国家经贸委负责综合管理安全生产工作,卫生部负责职业卫生监察,劳动和社会保障部负责劳动权益保护,质检总局负责锅炉压力容器安全。这种局面导致监管职能重叠,监管力量被削弱。1999年12月,为了扭转煤矿安全生产形势,国家煤炭工业局加挂了"国家煤矿安全监察局"的牌子。2001年2月,以国家经贸委安全生产局和被撤销的9个委管局为基础,成立国家安全生产监督管理局。而且,国家安全生产监督管理局与国家煤矿安全监察局"一个机构,两块牌子",成为国家经贸委下的副部级局。2002年,《中华人民共和国安全生产法》颁布。这些改革措施使得安全生产与劳动保护的概念出现明显的区别。安全生产与其"母体"——劳动保护相剥离。

在"非典"事件发生之前,政府对于突发公共事件的综合治理以及相关预防工作重视不够充分。政府应对突发公共事件的力量依然分散,单灾种的应急版本多,综合性的少。处置各类重特大突发公共事件的部门较多,但大多各自为政。我国的突发公共事件管理机构分属不同的管理部门,政府部门之间职能划分不够清晰,许多事项管理的权力、责任存在着严重的条块分割、部门封锁现象。

当突发公共事件爆发时,许多事项往往要由中央政府统一下令才不得已相互配合一下。我国这种分散管理体制造成突发事件发生时各机构沟通不畅,无法协调统一、步调一致,对需要多个部门协同运作的复合型突发公共事件的管理就更显效率低下。

当重特大突发公共事件来临并造成一定的灾难、形成危机后,决策机关紧急宣布成立一个临时性协调机构,选派得力干部,风风火火地紧抓一阵子,待危机过后就撤消解散,人员各自回归原单位。以后再遇到大的突发公共事件,就如法炮制一遍。可见,我国在进行突发公共事件应急管理中主要依赖于政府的现有行政机构。突发事件发生时成立的指挥部或领导小组,带着浓厚的临时色彩,因此在进行跨部门协调时工作量很大,效果也不明显。

3. 2003年"非典"爆发:以"一案三制"为核心的应急管理期

(1) 应急管理

自2003年"非典"疫情爆发以来,我国对突发事件应急管理给予了前所未有的高度重视,"应急管理"已成为一个家喻户晓的社会热门词汇,中国的应急管理取得了长足的发展。

2003年是中国应急管理的起步之年。2003年4月13日,全国"防非"工作会议上,温家宝总理提出"要沉着应对,措施果断;依靠科学,有效防治;加强合作,完善机制。"4月14日,温家宝主持国务院常务会议,提出建设突发公共卫生事件反应机制,要做到"中央统一指挥,地方分级负责;依法规范管理,保证快速反应;完善检测体系,提高预警能力;改善基础条件,保障持续运行。"7月28日,在抗击"非典"表彰大会上,党中央、国务院第一次明确提出,政府除了常态管理以外,要高度重视非常态管理。2003年11月,国务院成立了应急预案工作小组,重点推动突发公共事件应急预案编制工作和应急体制、机制、法制建设工作。

2004年是中国的应急预案编制之年。2004年3月25日,国务院办公厅在郑州市召开"部分省(市)及大城市制定、完善应急预案工作座谈会",确定把围绕"一案三制"开展应急管理体系建设,制定突发公众事件应急预案,建立健全突发公共事件的体制、机制和法制,提高政府处置突发公共事件能力,作为当年政府工作的重要内容。国务院办公厅分别印发了《国务院有关部门和单位制定和修订突发公共事件应急预案框架指南》和《省(区、市)人民政府突发公共事件总体应急预案框架指南》。

2005年是全面推进"一案三制"工作之年。2005年1月26日,国务院第79次常务会议通过了《国家突发公共事件总体应急预案》。3月23日,中央军委召开军队处置突发事件应急指挥机制会议。4月17日,国务院以国发〔2005〕11号文件正式下发《国家突发公共事件总体应急预案》。6月7日,国务院、中央军委公布《军队参加抢险救灾条例》,自7月1日起实施。7月22日,国务院在北京召开首次全国应急管理工作会议,会议要求各地成立应急管理机构,这次会议标志着中国应急管理工作进入一个新的历史阶段。会议指出,加强应急管理工作要遵循的原则包括健全体制、明确责任;居安思危、预防为主;强化法制、依靠科技;协同应对、快速反应;加强基层、全民参与。12月,国务院成立应急管理机构,即国务院应急办(国务院总值班室),履行应急值守、信息汇总和综合协调的职能。

2006年是全面加强应急能力建设之年。十届人大四次会议审议通过的《中华人民共和国国民经济和社会发展第十一个五年规划纲要》将公共安全建设列为专节。应急管理工作首次被列入国家经济社会发展规划。2006年6月,《国务院关于全面加强应急管理工作的意见》公布;提出了加强"一案三制"工作的具体措施。7月7—8日召开的第二次全国应急管理工作会议特别要求:在"十一五"期间,建成覆盖各地区、各行业、各单位的应急预案体系;健全分类管理、分级负责、条块结合、属地为主的应急管理体制;构建统一指挥、反应灵敏、协调有序、运转高效的应急管理机制;完善应急管理法律法规;建设突发公共事件预警预报信息系统和专业化、社会化相结合的应急管理保障体系;形成政府主导、部门协调、军地结合、全社会共同参与的应急管理工作格局。9月,在南京扬子石化召开了中央企业应急管理和预案编制工作现场会,推动应急管理"进企业"工作。12月31日,国务院应急管理专家组成立。

2007年是基层应急管理工作之年。2007年5月,全国基层应急管理工作座谈会在浙江诸暨召开,座谈会指出,要建立起"横向到边、纵向到底"的应急预案体系;建立健全基层应急管理组织体系,将应急管理工作纳入干部政绩考核体系;建设"政府统筹协调、群众广泛参与、防范严密到位、处置快捷高效"的基层应急管理工作体系;深入开展科普宣教和应急演练活动;建立专兼结合的基层综合应急队伍;尽快制定完善相关法规政策。8月30日《中华人民共和国突发事件应对法》通过,并自11月1日起施行。这标志着应急管理工作在规范化、制度化和法制化的道路上迈出了重大步伐。

2008年是中国应急管理的大考之年。2008年对于中国应急管理是一个不同寻常之年。年初经历了南方暴风雪的考验;5月又经历了汶川地震的冲击;8月成功地举办了北京奥运会,实现了"平安奥运"的目标。中国应急管理经历了多场严峻的挑战。

2009年是应急管理的巩固提高之年。2009年,中国应急管理完成了新中国成立60周年庆典安保任务,经历了乌鲁木齐事件的考验。2009年10月18日,国务院办公厅公布了

《关于加强基层应急队伍建设的意见》。同年,中德合建中国应急管理基地在国家行政学院揭牌。

(2) 防灾减灾

以"非典"为政策窗口,我国引入突发事件与应急管理的概念,开始将突发事件分成四大类并实行分类管理。自然灾害由"分灾种"形成"分灾类"管理,如表 1-4 所示。表 1-4 中的各机构又与防汛抗旱总指挥部、国家减灾委员会、抗震救灾指挥部、森林防火指挥部等高层次议事协调机构之间职能重叠、职责交叉。表 1-5 中的各救援体系之间资源无法实现共享,严重影响着救助效率。1998 年特大洪水之后到 2008 年汶川大地震这 10 年,国务院及各部委、省市下达的关于救灾和灾后重建的法规文件多达上千条。

表 1-4 重大公共危机与国务院对口主管部门(2006 年)[1]

名 称	种 类	主管部门
自然灾害	水旱灾害	水利部(国家防汛抗旱总指挥部)
	气象灾害	国家气象局/有关政府部门
	地震灾害	国家地震局(国务院抗震救灾指挥部)
	地质灾害	国土资源部/建设部/农业部
	草原森林	国家林业局(国家森林防火指挥部)
事故灾难	交通运输	交通部/民航总局/铁道部/公安部
	生产事故	行业主管部门/企业总部[2]
	公共设施	建设部/信息产业部/邮电部
	核与辐射	国防科工委
	生态环境	国家环保总局
公共卫生事件	传染病疫情	卫生部
	食物中毒事件	卫生部
	动物疫情	农业部
社会安全事件	治安事件	公安部
	恐怖事件	公安部
	经济安全事件	中国人民银行
	群体性事件	国家信访局/公安部/行业主管部门
	涉外事件	外交部

---

[1] 表中未列入政府综合管理部门,这些部门对各类公共危机都负有相应的管理职责。例如,民政部负责各类自然灾害救灾救助工作和综合减灾项目实施中国国际减灾委员会办公室也设在民政部,属于综合减灾救灾部门。国家发展和改革委员会负责对各类公共危机救援物资的统一调配和协调,负有综合协调管理的职责。国家安全生产监督管理局对安全生产中的各种事故灾难负有监督管理职责等。

[2] 表中行业主管部门和企业总部是指:矿山、石油、冶金、有色、建筑、地质;机械、轻工、纺织、烟草、电力、贸易;公路、水运、铁路、民航、建筑、水利、邮政、电信、林业、军工、旅游等部门。

表 1-5　国家专业应急救援体系(2006 年)

专业应急救援体系	国务院主管部门	管理层级	队伍、编制	职责
公安救援体系	公安部	各行政层级	各级公安和武警队伍	公安治安救援
消防救援体系	公安部	国家、省、地(市)、县4级	3000多个消防大队、2900个消防中队,共12万人	防火灭火抢险救灾
地震救援体系	国家地震局	国家、省、重点市(县)3级	国家紧急救援队、编制230人	灾害救援
洪水救援体系	水利部	国家、省、地、县4级	162支重点抗洪抢险专业队,约14 000人	抗洪抢险救援
核事故救援体系	国防科工委	国家、地方和核电厂3级	各级核应急管理指挥中心和核电厂	核事故处理救援

2004年民政部下发了一系列灾害应急救助、灾区民房恢复重建管理、春荒冬令灾民生活救助的相关工作规程,明确并细化了各级政府在救灾各环节工作中的主要职责和应对流程。12月,中国国际减灾委员会更名为国家减灾委员会,开始赋予其国家综合协调救灾减灾的职能;同时,全国抗灾救灾综合协调办公室的职能也开始强化,建立了月度灾情会商机制以及重大灾情会商机制。

2005年经国务院批准,国家减灾委员会成立了国家减灾委专家委员会。以增强科学技术在减灾领域中的应用,充分发挥科技工作者在减灾救灾工作中的作用。

2006年11月,第十二次全国民政工作会议提出在新的历史发展阶段,将"政府主导、分级管理、社会互助、生产自救"作为中国新的救灾工作方针,进一步强调了政府在救灾工作中的主导作用。将救灾目标由"不饿死人、不冻死人、不发生重大疫情和大批灾民盲目外流",调整为灾民"有饭吃、有衣穿、有房子住、有干净的水喝、有病能医、孩子有学上"。

2007年8月,国务院办公厅印发的《国家综合减灾"十一五"规划》继续充实了救灾工作方针:"政府主导、分级管理、社会参与;以防为主,防抗救相结合;各负其责,区域和部门协作减灾;减轻灾害风险与经济社会可持续发展相协调。"同年,全国减灾救灾标准化技术委员会成立,负责减灾救灾领域内全国标准化工作的技术工作组织,为加强减灾救灾标准化建设步伐,提高减灾救灾标准化工作质量,加大减灾救灾标准化宣传力度,增强减灾救灾标准化意识提供了技术和组织平台。

2008年4月,民政部公布《救灾捐赠管理办法》。同年9月6日,中国自行研制的"环境与灾害监测预报小卫星星座"A、B卫星成功发射。

2009年2月26日,中央机构编制委员会办公室批复成立民政部卫星减灾应用中心,承担科技技术减灾规划论证、科技开发、产品服务和交流合作以及环境减灾卫星运行管理、业务应用等职责。

2010年7月8日国务院公布《自然灾害救助条例》,把救灾工作方针确定为"以人为本、政府主导、分级管理、社会互助、灾民自救"。该方针特别突出强调了"以人为本"的工作理念,要求把确保人的生命安全放在首位,从受灾人员的实际需求出发更好地谋划和落实灾害救助工作,切实维护好受灾人员基本权益,保障好其基本生活。

(3) 安全生产

2003年是中国安全生产体制具有里程碑意义的一年。同年,机构改革将国家安全生产监督管理总局升级为国务院直属机构,独立地行使安全生产监管职责。10月,作为安全生产高层次议事协调机构的国务院安全生产委员会成立。2005年2月,国家安全生产监督管理总局升级为正部级的总局,并承担国务院安全生产委员会办公室的工作。一系列机构变迁既反映出我国当时安全生产形势的严峻,又体现出国家对安全生产工作的重视。此后,中国安全生产的体制进入了一个相对稳定期。

2006年2月21日,国家安全生产监督管理总局下设国家安全生产应急救援指挥中心成立,横向联合消防、海上搜救、铁路、民航、核工业、旅游、电力、特种设备、医疗救助等10个专项指挥部。而且,国家安全生产应急救援指挥中心下设矿山救援指挥中心,全国大部分省(区、市)也成立了矿山救援指挥中心,纵向上形成了国家—省—企业三级救援指挥体系。这从一个侧面说明,安全生产与应急管理在并行发展过程中,相互借鉴经验、取长补短,开始出现交叉关系,而不再是"两股道上跑的车"。表1-4列出了公共突发事件的应对及国务院对口的部门。表1-5列出了国家专业应急救援体系。

2008年9月,山西、河南、四川等地相继发生多起煤矿火灾和瓦斯突出、尾矿库溃坝、人员密集场所火灾、道路客车翻车等特别重大事故。特别是山西省临汾市襄汾县新塔矿业有限公司尾矿库"9·8"溃坝事故,造成283人死亡(失踪),是新中国成立以来最严重的尾矿库事故。

在事故灾难应急方面,安监与公安消防作为两个重要的管理部门,经常会因为无法确定事件性质是安全生产责任事故还是消防安全责任事故而影响应急管理工作。

4. 2018年应急管理部成立:由一个核心部门进行总牵头,各方协调配合

在新一轮机构改革中,应急管理部整合了11个部门的13项职能,自然灾害、生产事故和消防都被整合在应急管理的框架之下,这是一次全新的再造重建、脱胎换骨,不是简单"物理相加",而是起"化学反应"。2018年,全国安全生产实现近20年来同期最好水平,自然灾害造成的损失与近5年同期均值相比大幅降低。到2019年底来看,"1+1>2"的"化学反应"已经触发,各方力量和资源加快统筹协调,国家应急管理综合水平在稳扎稳打地提升。

1.3.4 应急管理周期

应急管理的生命周期理论已经形成比较成熟的观点。本教材从两种不同的角度进行分析。

(1) PPRR/MPRR 生命周期理论

美国联邦应急管理署(FEMA)提出的 PPRR 理论,即 prevention(预防)、preparation(准备)、response(应对)和 recovery(恢复),是应急管理应用比较广的理论。依据灾难的发生周期,美国全国州长协会(National Governor Association)在 20 世纪 70 年代将紧急事态管理的活动、政策和项目分为四个功能区:mitigation(减除)、preparedness(准备)、response(应对)和 recovery(恢复),所以又称"MPRR"模式。这就是紧急事态管理的生命周期理论或四个阶段理论。该理论是对紧急事态的全面管理,是无数次灾难中吸取的教训的总结。它从可能造成灾难的风险识别和减除开始,避免能够避免的灾难后果,减轻不能避免的灾难的影响;在应对和恢复过程中为下一次紧急事态的发生做好准备。如图 1-2 所示。

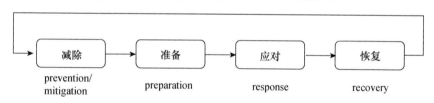

图 1-2 美国 PPRR/MPRR 生命周期理论示意

在 PPRR 模型中,"2P"比"2R"重要,做好"2P",才能做好"2R"。如果没有做好"2P","2R"只能起到非常有限的作用;相反地,做好"2P",即使"2R"没做好,突发事件的危险损害还能够在控制之内,这是"预防为主"原则的道理。

(2) 三阶段生命周期理论

三阶段生命周期理论是最基本、最常见的理论。即灾前、灾中和灾后,这三个阶段是三个宽泛的阶段,其中包括一些更有限制的、不明显的、易变的次阶段。

生产安全事故预防的"3P"理论,即:先其未然——事前预防策略(prevention);发而止之——事中应急策略(pacification);行而责之——事后惩戒策略(precept),简称"事前""事中"和"事后"。

生产安全事故的三阶段生命周期理论与自然灾害三阶段生命周期理论在时间逻辑上有所差别。自然灾害是在灾害发生的前、中、后,而生产安全事故的三阶段只是在事前的一种预防措施。具体而言:一是事故的预防工作,即通过安全管理和安全技术等手段,尽可能地防止事故的发生,实现本质安全;二是在假定事故必然发生的前提下,通过预先采取的预防措施,来达到降低或减缓事故的影响或后果严重程度,如加大建筑物的安全距离、工厂选址的安全规划、减少危险品的存量、设置防护墙以及开展公众教育等。

三阶段生命周期理论并非是由哪一位理论专家提出，只是按照时间逻辑进行了区分，其作为一般的分析框架，已经在很多研究中出现。

PPRR/MPRR 生命周期理论和三阶段生命周期理论是互通的。减除和准备贯穿事件的全过程，而应对只对应事件发生过程中，恢复对应的事后(如图 1-3 所示)。

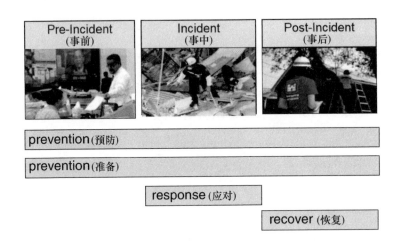

图 1-3　PPRR/MPRR 生命周期理论和三阶段生命周期理论对应示意

突发事件的复杂性使应急管理的阶段不易被明确界定。突发事件的内在要素之间以及周围环境在系统动力作用下，逐步达到自组织临界值，形成新的突发事件。这个影响过程是不易被界定的。

第 2 章　应急管理体制机制改革重要文件

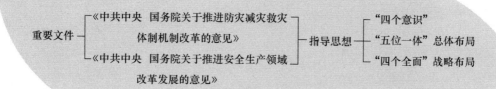

新中国成立 70 年,是我国安全生产、防灾减灾救灾、抢险救援等各项应急管理事业砥砺奋进、长足发展的 70 年。特别是党的十八大以来,应急管理事业迈入新的历史发展阶段。习近平总书记关于应急管理、安全生产、防灾减灾救灾等一系列重要论述,立意高远,内涵丰富,思想深刻,是新时代应急管理工作战略指针和思想基础。这些论述在 2016 年年底出台的两个重要文件《中共中央 国务院关于推进防灾减灾救灾体制机制改革的意见》和《中共中央 国务院关于推进安全生产领域改革发展的意见》中得到集中体现,为我国应急管理历史性变革明确了方向。

2.1 《中共中央 国务院关于推进防灾减灾救灾体制机制改革的意见》

对于加强防灾减灾救灾工作,习近平总书记在中央政治局集体学习和河北唐山考察时分别作出重要指示,要求进一步增强忧患意识、责任意识,全面提升全社会抵御自然灾害的综合防范能力。2016 年 12 月 19 日全面深化改革领导小组《中共中央 国务院关于推进防灾减灾救灾体制机制改革的意见》正式出台,明确了推进防灾减灾救灾体制机制改革的方向。意见的核心内容可以总结如下:

1. 重要意义

两个"事关",四个"力":防灾减灾救灾工作事关人民群众生命财产安全,事关社会和谐稳定,是衡量执政党领导力、检验政府执行力、评判国家动员力、彰显民族凝聚力的一个重要方面。

2. 指导思想

思想引领："四个意识"、"五位一体"总体布局，"四个全面"战略布局。

一个发展思想：以人民为中心的发展思想。

正确处理两个关系：正确处理人和自然的关系，正确处理防灾减灾救灾和经济社会发展的关系。

两个"坚持"，三个"转变"：坚持以防为主、防抗救相结合，坚持常态减灾和非常态救灾相统一，努力实现从注重灾后救助向注重灾前预防转变，从应对单一灾种向综合减灾转变，从减少灾害损失向减轻灾害风险转变。

3. 基本原则

(1) 坚持以人为本，切实保障人民群众生命财产安全；

(2) 坚持以防为主、防抗救相结合；

(3) 坚持综合减灾，统筹抵御各种自然灾害；

(4) 坚持分级负责、属地管理为主；

(5) 坚持党委领导、政府主导、社会力量和市场机制广泛参与。

4. 主要内容

从三方面推进改革：

(1) 健全统筹协调体制。总体要求是统筹灾害管理和综合减灾。其中，尤其是要加强各种自然灾害管理全过程的综合协调，强化资源统筹和工作协调。充分发挥国家减灾委员会等有关部门和军队、武警部队的职能作用。同时，要牢固树立灾害风险管理理念，转变重救灾轻减灾思想，将防灾减灾纳入国民教育计划。

(2) 健全属地管理体制。要强化地方应急救灾主体责任、健全灾后恢复重建工作制度、完善军地协调联动制度。对达到国家启动响应等级的自然灾害，中央发挥统筹指导和支持作用，地方党委和政府在灾害应对中发挥主体作用，承担主体责任。同时，要健全军队和武警部队参与抢险救灾的应急协调机制，提升军地应急救援协助水平。

(3) 完善社会力量和市场参与机制。一方面，要研究制定和完善社会力量参与防灾减灾救灾的相关制度，完善政府与社会力量协同救灾联动机制，落实支持措施；另一方面，要鼓励支持社会力量全方位参与，构建多方参与的社会化防灾减灾救灾格局，如加快巨灾保险制度建设、积极推进农业保险和农村住房保险工作等。

2.2 《中共中央 国务院关于推进安全生产领域改革发展的意见》

2016年12月18日，《中共中央 国务院关于推进安全生产领域改革发展的意见》印发。这是新中国成立以来第一个以党中央、国务院名义出台的安全生产工作的纲领性文件，对推动我国安全生产工作具有里程碑式的重大意义。该文件提出的一系列改革举措和任务要求,为当前和今后一个时期我国安全生产领域的改革发展指明了方向和路径。

1. 指导思想

思想引领:"四个意识""五位一体"总体布局,"四个全面"战略布局。

一条红线:发展绝不能以牺牲安全为代价。

三个着力点:着力强化企业安全生产主体责任、着力堵塞监督管理漏洞、着力解决不遵守法律法规问题。

"二严二有一完善":依靠严密责任体系、严格的法治措施、有效的体制机制、有力的基础保障和完善的系统治理。

2. 基本原则

(1) 坚持安全发展:始终把人的生命安全放在首位。

(2) 坚持改革创新:推进安全生产理论、制度、体制机制、科技、文化创新。

(3) 坚持依法监管:深化监管执法体制改革,完善法律法规和标准体系。

(4) 坚持源头防范:贯穿全过程,风险分级管控和隐患排查治理双重预防机制。

(5) 坚持系统治理:层级治理、行业治理、政府治理、社会治理相结合。

3. 目标任务

到 2020 年,安全生产监管体制机制基本成熟,法律制度基本完善,全国生产安全事故总量明显减少,职业病危害防治取得积极进展,重特大生产安全事故频发势头得到有效遏制,安全生产整体水平与全面建成小康社会目标相适应。到 2030 年,实现安全生产治理体系和治理能力现代化,全民安全文明素质全面提升,安全生产保障能力显著增强,为实现中华民族伟大复兴的中国梦奠定稳固可靠的安全生产基础。

4. 主要内容

(1) 健全落实安全生产责任制,是指明确地方党委和政府领导责任;明确部门监管责任;严格落实企业主体责任;健全责任考核机制;严格责任追究制度。

(2) 改革安全监管监察体制,是指完善监督管理体制、改革重点行业领域安全监管监察体制、进一步完善地方监管执法体制、健全应急救援管理体制。

(3) 大力推进依法治理,是指健全法律法规体系、完善标准体系、严格安全准入制度、规范监管执法行为、完善执法监督机制、健全监管执法保障体系、完善事故调查处理机制。

(4) 建立安全预防控制体系,是指加强安全风险管控、强化企业预防措施、建立隐患治理监督机制、强化城市运行安全保障、加强重点领域工程治理、建立完善职业病防治体系。

(5) 加强安全基础保障能力建设,是指完善安全投入长效机制、建立安全科技支撑体系、健全社会化服务体系、发挥市场机制推动作用、健全安全宣传教育体系。

2.3 重要理论

《中共中央 国务院关于推进防灾减灾救灾体制机制改革的意见》和《中共中央 国务院关于推进安全生产领域改革发展的意见》的指导思想都是"四个意识""五位一体"总体布局,"四个全面"战略布局。2018年10月10日习近平主持召开中央财经委员会第三次会议时再次明确牢固树立"四个意识",紧紧围绕统筹推进"五位一体"总体布局和协调推进"四个全面"战略布局。

1. "四个意识"

2016年1月29日,中共中央政治局召开会议,首次提出增强"四个意识"的要求,即全党要"增强政治意识、大局意识、核心意识、看齐意识。"党的十九大报告指出,"必须增强政治意识、大局意识、核心意识、看齐意识,自觉维护党中央权威和集中统一领导,自觉在思想上政治上行动上同党中央保持高度一致。"党的十九大修改通过的新党章也明确规定:"牢固树立政治意识、大局意识、核心意识、看齐意识,坚定维护以习近平同志为核心的党中央权威和集中统一领导,保证全党的团结统一和行动一致,保证党的决定得到迅速有效的贯彻执行。"

增强政治意识就是要坚定理想信念,坚定对马克思主义的信仰,始终坚持正确的政治方向,在思想上政治上行动上同党中央保持高度一致。增强大局意识,就是要牢固树立高度自觉的大局意识,自觉从大局看问题,把工作放到大局中去思考、定位、摆布,做到正确认识大局、自觉服从大局、坚决维护大局。增强核心意识,就是要坚决维护中国共产党这个中国特色社会主义事业的领导核心,维护党中央作为全党的领导决策核心。增强看齐意识,就是要经常、主动向党中央看齐,向党的理论和路线方针看齐。

"四个意识"是一个意蕴深刻、相互联系的有机整体,集中体现了根本的政治方向、政治立场、政治要求,是检验党员、干部政治素养的基本标准。

2. "五位一体"总体布局

"五位一体"总体布局是在党的十八大报告明确提出的,是指建设中国特色社会主义的总布局,包括经济建设、政治建设、文化建设、社会建设和生态文明建设。

新中国成立以后,以毛泽东、邓小平、江泽民同志为核心的党的三代领导集体,对中国特色社会主义建设的理论进行了不懈探索,使社会主义现代化建设的总体布局由在经济建设内部进行农业、轻工业和重工业综合平衡的布局,发展为经济、政治、文化建设"三位一体",相继为丰富和发展社会主义建设理论作出了重要贡献。在党的十七大报告中中国特色社会主义事业总体布局由经济、政治、文化建设"三位一体"拓展为包括社会建设在内的"四位一体"。在党的十八大报告中把生态文明建设纳入中国特色社会主义事业总体布局。2017年10月18—24日,党的十九大站在历史和全局的战略高度,对推进新时代"五位一体"总体布局作了全面部署。从经济、政治、文化、社会、生态文明五个方面,制定了新时代统筹推进"五位一体"总体布局的战略目标。

在"五位一体"中,经济建设、政治建设、文化建设、社会建设和生态文明建设这五大要素,是互为条件、相互促进的,既不可分割又各有自己的特定领域和特殊规律,彼此形成了内在的互动关系。经济建设是基础:它为政治建设、文化建设、社会建设和生态文明建设提供雄厚的物质基础,表现为物质生产和物质生活水平的提高和进步,它是整个社会文明的基础。政治建设是根本:它为经济建设、文化建设、社会建设和生态文明建设提供坚实的政治保证,是人类政治生活全面进步成果的总和,它包括进步的政治观念、政治行为和政治制度等,集中体现在进步的政治制度上。文化建设是灵魂:它为经济建设、政治建设、社会建设提供强大的精神动力,是人类在改造客观世界的同时改造主观世界的精神成果的总和,表现为人类思想道德和科学教育文化的发展,对经济建设、政治建设、社会建设和生态文明建设提供精神动力和智力支持。社会建设是枢纽:它为经济建设、政治建设、文化建设提供有利的社会环境和条件。生态文明建设是保障:它为经济建设、政治建设、社会建设、文化建设提供强大的坚强保障,是用科学发展观为指导来观察人与自然以及人与人的关系,不断克服人类活动中的负面效应,积极改善和优化人与自然、人与人的关系,建设有序的生态运行机制和良好的生态环境所取得的物质、精神、制度方面成果的总和。

我们党制定"五位一体"总体布局,其目的就是为了更好地实现、发展和维护广大人民群众的利益,它是我们党"以人为本、执政为民"理念在发展领域的体现,是一个造福于人民的整体布局。

3. "四个全面"战略布局

"四个全面",即全面建成小康社会、全面深化改革、全面依法治国、全面从严治党。

"四个全面"是在不同高层会议场合逐步提出的。2012年11月,党的十八大提出全面建成小康社会;2013年11月,十八届三中全会提出全面深化改革;2014年10月,十八届四中全会提出全面推进依法治国;2014年10月8日,党的群众路线教育实践活动总结大会上提出全面推进从严治党。"四个全面"战略布局是一个科学体系,相互之间有紧密的内在逻辑,"相辅相成、相互促进、相得益彰",如图2-1所示。

"四个全面"包括"一个战略目标,三大战略举措",全面建成小康社会是我们的战略目标,到2020年实现这个目标,我们国家的发展水平就会迈上一个大台阶,我们所有奋斗都要聚焦于这个目标。全面深化改革、全面依法治国、全面从严治党是三大战略举措,对实现全面建成小康社会战略目标一个都不能缺。不全面深化改革,发展就缺少动力,社会就没有活力。不全面依法治国,国家生活和社会生活就不能有序运行,就难以实现社会和谐稳定。不全面从严治党,党就做不到"打铁还需自身硬",也就难以发挥好领导核心作用。全面建成小康社会是现阶段的战略目标,也是实现中华民族伟大复兴中国梦的关键一步。全面深化改革是关系党和人民事业前途命运,关系党的执政基础和执政地位,关系党和国家事业发展全局的重大战略部署。全面依法治国是为更好治国理政提出的重大战略任务,既是立足于解决中国改革发展稳定中的矛盾和问题的现实考量,也是着眼于实现中华民族伟大复兴中国梦、实现党和国家长治久安的长远考虑。全面从严治党是推进党的建设新的伟大工程的必然要求,是共产党在新形势下进行具有许多新的历史特点的伟大斗争的根本保证。

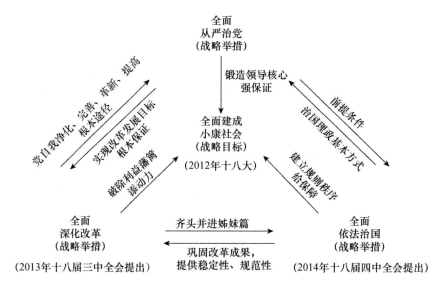

图 2-1 "四个全面"的逻辑关系
(2014 年党的群众路线教育实践活动总结大会提出)

牢固"四个意识",自觉维护党中央权威和集中统一领导,自觉在思想上政治上行动上同党中央保持高度一致,完善坚持党的领导的体制机制,坚持稳中求进工作总基调,统筹推进"五位一体"总体布局,协调推进"四个全面"战略布局,提高党把方向、谋大局、定政策、促改革的能力和定力,形成各方齐抓共管、协同配合的灾害事故防治格局。

第 3 章　新时代中国特色应急管理体制

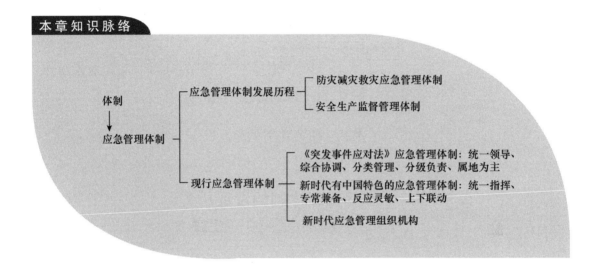

3.1　体制与应急管理体制

根据《辞海》的定义,体制是国家机关、企事业单位在机构设置、领导隶属关系和管理权限等方面的体系、制度、方法、形式等几个方面的总称;《现代汉语词典》对"体制"的定义则是"国家机关、企业、事业单位等的组织制度"。因此,体制中不仅包括实体机构,还包括对实体机构的责任界定和不同实体机构之间关系的规定。

从字面上理解,体制应该分为"体"和"制"两项内容。"体"是指能够容纳一定对象的空间,"制"是控制空间中的对象合理运行的方法与规则。如图 3-1 所示。

因此,体制的形成不仅需要成立一个实体机构,更要有对实体机构的责任界定和不同实体机构之间的关系规定。

应急管理体制是指政府各系统、部门整合各种资源,根据应急法制,针对各类突发事件的性质、特点和可能造成的社会危害,建立起旨在防止或减少危机发生的工作组织机构。根据应急管理体制的基本内涵,体制不仅包括"体",更包括"制"。"体"是指实体的工作组织机构,"制"是组织机构合理运行的方法与规则。

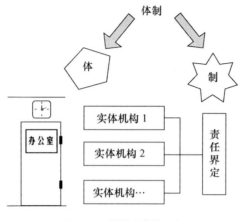

图 3-1 对"体制"的理解

3.2 应急管理体制的发展历程

3.2.1 防灾减灾救灾应急管理体制

自1949年中华人民共和国成立以来,党和政府就高度重视应急管理,应急管理体制建设随着各项事业的发展而发展,并逐渐完善起来。应急管理体制应对的危机范围逐渐扩大,其覆盖面从以自然灾害为主逐渐扩大到覆盖自然灾害、事故灾难、公共卫生事件和社会安全事件四个方面。进入新时代,应急管理的覆盖面集中在灾害事故方面。

我国政府应急管理体制的历史演进大体经历了四个阶段。

(1) 第一阶段:专门部门应对单一灾种的应急管理体制(新中国成立以来至改革开放初期,简称单一性应急管理体制)

这种单一灾种应急管理体制的特点是:① 应急管理的组织体系主要以某一相关主管部门为依托进行对口管理,其他部门参与;② 对自然灾害等应急事件分类别、分部门的预防和处置;③ 应急管理机构事实上是一种单一灾种的应对和管理机构。

历史经验表明,这种管理模式在应对所设机构管理范围以内的突发事件时是有效的,既能做到分工明确,又能协调各方力量共同应对突发事件。但是,各级各类突发公共事件越来越具有综合性、复合型和跨界域传播特征。由于缺乏综合性的应急管理机构,当出现已设机构管理范围以外的突发事件时,可能会因无专门应急机构而耽误迅速应对的最佳时机;即使某一突发事件有相应的机构负责应对,但由于这个机构无法协调其他部门予以协助,因而会造成应对不力的局面。2003年的"非典"事件教训深刻。

(2) 第二阶段:议事协调机构和联席会议制度共同参与的应急管理体制(改革开放以来至2003年防治"非典"期间)

这种共同参与的应急管理体制的特点是：为了应对日益复杂的公共突发事件，提高各部门的应对能力，增设了有关应急管理的议事协调机构，并以这些议事协调机构为依托，建立了一系列有关应急管理的联席会议制度，如国家防汛抗旱总指挥部与国家减灾委员会联席会议，以便于解决综合协调问题，为综合性应急管理体制的形成奠定了基础。

（3）第三阶段：强化政府综合管理职能的应急体制（2003年防治"非典"结束后至2018年，简称综合应急管理体制）

这种综合应急管理体制的主要特点是：① 党和政府把应急管理工作和应急管理体系建设提上了重要的议事日程，并为此进行了一系列的探索，取得了很多具有实质性进展的成果。② 全面推进了"一案三制"建设，将各类灾害和事故统一抽象为"突发事件"，将各类灾害的预防与应对统一抽象为"应急管理"，进而确立了突发事件应急管理的组织体系、一般程序、法律规范与行动方案。③ 在政府行政管理机构不做大的调整的状况下，依托政府办公厅（室）的应急管理办公室发挥枢纽作用，若干议事协调机构和联席会议制度进行协调，形成覆盖各类突发事件的应急管理体制。

（4）第四阶段：以一个核心部门进行总牵头、各方协调配合的应急管理体制（2018年应急管理部成立到现在）

这种应急管理体制的主要特点是：① 政府行政机关大变革，成立应急管理部，整合与应急相关的职能，边组建边应急，改变原有应急管理多头管理、资源分散、协调困难等问题，进而提高应急管理的效率。② 应急工作瞄准"全灾种"，转向"大应急"，坚持以防为主、防抗救相结合，坚持常态减灾和非常态救灾相统一，从注重灾后救助向注重灾前预防转变，从应对单一灾种向综合减灾转变，从减少灾害损失向减轻灾害风险转变，形成防灾减灾救灾新理念。③ 仍然体现综合性特点，但不仅仅只有综合性，同时还强调整体性和系统性。

3.2.2　安全生产监督管理体制

安全生产应急管理是指政府及其安全生产监管部门、相关机构和生产经营单位，为迅速有效地应对可能发生的生产事故尤其是重特大事故，减少事故所造成的生命和财产损失而组织开展的应急准备、应急处置、应急保障等一系列工作，包括应急管理法制、体制和机制建设，应急预案建设、应急培训演练、应急物资储备、抢险救灾、现场处置，开展预防性监督检查等。因此安全生产应急管理体制也是安全生产监督管理体制，指政府安全生产监督管理职责权利的配置格局、组织制度和运作方式，建立责权明确、协调一致、高效运转的监管体制是搞好安全生产的基础。新中国成立以来，随着经济体制、政府机构改革和安全生产形势的发展变化，我国安全生产监督管理体制也不断地改革和调整，逐步趋于完善，大体经历了四个阶段。

（1）工业经济部门负责行业监管、劳动部门履行综合监管和行政监察职责（1949年10月—1998年6月）

改革开放之前，我国的经济成分比较单一，工业生产活动集中在公有制企业。全民所有制企业（即国有企业）分别隶属于不同的工业经济部门，直接接受中央和地方政府相关部门的生产指令和监督管理。集体所有制企业尽管隶属于乡镇、街道等集体组织,但也要接受工业经济部门的计划约束和业务指导。与之相适应,工矿企业安全生产的监督管理,一向由工业经济部门负责实施。煤炭、冶金、石油、化工、机械、纺织等部门在安排部署生产任务的同时,也对本行业领域的安全生产提出具体要求。各部门都设立了承担安全生产监督职能的内部机构,负责研究制定本行业领域安全生产政策、法规和标准,组织开展监督检查、协调进行重特大事故抢险救援和调查处理。

计划经济时期,国家安全生产综合监管和行政监察职责由劳动管理部门负责履行。《中央人民政府劳动部暂行组织条例》规定了劳动部的主要职责任务:"监督一切公营企业、合作社企业、私营企业及公私合营企业遵守有关劳动问题之法律法令""检查各种企业、工厂、矿场之安全卫生设备状况。"在对安全生产实行行政监察的同时,还实行了工会监察和企业内部监察等。

除了 1958—1960 年"大跃进"和 1966—1976 年"十年动乱"这样的特殊时期,这种监管体制和工作格局,基本上适应了计划经济时期安全性的需要。

(2) 国家综合经济部门及其所属机构对安全生产实施监管监察(1998 年 6 月—2003 年 3 月)

1998 年 6 月国务院机构改革,将煤炭、冶金、化工、机械等工业经济部门改组为国家经济贸易委员会(简称国家经贸委)管理的国家局(副部级机构),并明确了以三年为过渡期,最终完全撤销工业经济部门,加快建立社会主义市场经济体制的改革目标。为适应工业经济部门缩编和撤销后,对各个行业领域安全生产实施统一监管的需要,国务院决定将劳动部承担的安全生产综合监管、职业卫生监察、矿山安全监察职能转移至国家经贸委。

1999 年 12 月国务院批准在国家煤炭工业局加挂"国家煤矿安全监察局"牌子。2001 年 2 月国家经贸委管理的 9 个国家局(即国家煤炭工业局、国家冶金工业局、国家石油和化学工业局、国家机械工业局、国家轻工业局、国家建筑材料工业局、国家有色金属工业局、国家纺织工业局、国家国内贸易局)全部撤销,同时以国家经贸安全生产局和被撤销的 9 个国家局的专业管理干部为基础,成立副部级的国家安全生产监督管理局。国家安全生产监督管理局与国家煤矿安全监察局实行"一个机构、两块牌子",仍由国家经贸委管理。

在国家经贸委及其所属机构对全国安全生产实施监督管理的这段时间里,安全生产法治建设、重点行业安全专项整治、煤矿安全技术改造等重点工作取得了积极进展,同时也暴露出综合经济部门管理安全生产的弊端和不足。尤其是在经济建设与安全生产发生矛盾,"保煤、保电、保增长"等成为"压倒性任务"时,安全标准和要求难免会降低,安全生产监督检查等日常性工作也会有所放松。再加上由于综合经济部门管理面很宽,相关负责同志的精力有限,难以深入研究、集中精力抓好安全生产。国家安全生产监督管理局作为"委管局",监督管理的权威性和执行力显得不足。20 世纪 90 年代末期我国事故总量开始节节攀升,2002 年达到历史峰值。

(3) 国务院设立专门机构履行安全生产综合监管职能(2003年3月—2018年4月)

2003年3月第十届全国人大第一次会议批准了国务院改革方案,国家安全生产监督管理局(国家煤矿安全监察局)由国家经贸委管理调整为国务院直属机构,代表国务院履行对全国安全生产的综合监管职能。随后又经中央机构编制委员会办公室批准,将原卫生部承担的作业场所职业卫生监督检查职责转移到国家安全生产监督管理局(国家煤矿安全监察局)。从此在国家层面上有了独立履行职责的安全生产综合监管机构,当年首次实现了全国事故总量下降。

2005年2月国务院下发《关于国家安全生产监督管理局(国家煤矿安全监察局)机构调整的通知》,决定将国家安全生产监督管理局调整为国家安全生产监督管理总局,规格为正部级;国家煤矿安全监察局单设,为国家安全生产监督管理总局管理的国家局。安全生产监管体制如图3-2所示。

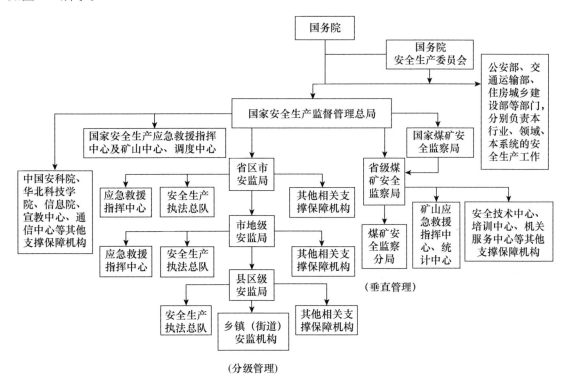

图3-2 安全生产监管体制(2018年以前)

(4) 应急管理部整合国家安全生产监督管理总局的职责(2018年4月至今)

2018年3月13日,第十三届全国人民代表大会第一次会议审议国务院机构改革方案,组建应急管理部,不再保留国家安全生产监督管理总局,其职责由应急管理部整合。

3.3 现行应急管理体制

3.3.1 《突发事件应对法》应急管理体制规定

我国突发事件应对职责分属于若干个不同部门,人力、物力、财力资源比较分散,存在责任不够明确、指挥不够统一、反应不够灵敏等问题。《中华人民共和国突发事件应对法》确立了"统一领导、综合协调、分类管理、分级负责、属地管理为主"的应急管理体制。

(1) 统一领导

所谓统一领导,是指在各级党委领导下。在中央,国务院是突发事件应急管理工作的最高行政领导机关;在地方,地方各级政府是本地区应急管理工作的行政领导机关,负责本行政区域各类突发事件应急管理工作,是负责此项工作的责任主体。在突发事件应对中,领导权主要表现为以相应责任为前提的指挥权、协调权。

党中央、国务院统一领导的应急管理体制模式不只是针对中央政府层面的应急管理体制。中央政府行使全国行政权,国务院是全国应急管理责任主体和最高行政领导机构,统一领导各类突发公共事件预防和处置工作。因此,党中央、国务院对应急管理的领导是在全局意义上讲的,是覆盖全国的。国务院设有安全生产委员会、国家减灾委员会等组织领导机构,负责领导和协调相关领域的应急管理。遇到重大公共危机,通常是启动非常设指挥机构或者成立临时性指挥机构,由国务院分管领导任总指挥,国务院有关部门参加,日常办事机构设在对口主管部门,统一指挥和协调各部门、各地区的应急处置工作。例如,2003年发生"非典"疫情时,2004年发生高致病性禽流感疫情时,国务院都成立了临时指挥机构,统一领导全国防治疫情工作。为了加强国务院非常态管理的协调职能,2005年年末国务院在国务院办公厅内设立了国务院应急管理办公室,为司局级机构,其职能是负责国务院办公厅所承担的相关应急管理方面的值班、信息汇总和综合协调工作,发挥运转枢纽作用。

中央政府统一的行政权是通过各级地方政府实现的。地方政府在国务院领导下具体实施应急管理的领导,即由党委和政府共同负责,并承担管理责任,在政府办公厅(办公室)内成立应急管理办公室,在各个相关部门确定管理职能,将政府应急管理权限落实在这些机构中,同时,接受国务院和上级政府的指导。

(2) 综合协调

综合协调有两层含义:一是政府对所属各有关部门,上级政府对下级各有关政府,政府与社会有关组织、团体之间的协调;二是各级政府突发事件应急管理工作的办事机构进行的日常协调。综合协调的本质和取向是在分工负责的基础上,强化统一指挥、协同联动,以减少运行环节、降低行政成本、提高快速反应能力。

(3) 分类管理

分类管理是指按照自然灾害、事故灾难、公共卫生事件和社会安全事件四类突发事件的不同特征实施应急管理,具体包括:根据不同类型的突发事件,确定管理规则,明确分级标准,开展预防和应急准备、监测与预警、应急处置与救援、事后恢复与重建等活动。此外,由于一类突发事件往往由一个或者几个相关部门牵头负责,因此分类管理实际上就是分类负责,以充分发挥诸如防汛抗旱、核应急、防震减灾、反恐等指挥机构及其办公室在相关领域应对突发事件中的作用。

(4) 分级负责

分级负责主要是根据突发事件的影响范围和突发事件的级别,确定突发事件应对工作由不同层级的政府负责。一般来说,一般和较大的自然灾害、事故灾难、公共卫生事件的应急处置工作分别由发生地县级和设区的市级人民政府统一领导;重大和特别重大的,由省级人民政府统一领导,其中影响全国、跨省级行政区域或者超出省级人民政府处置能力的特别重大的突发事件应对工作,由国务院统一领导。社会安全事件由于其特殊性,原则上,也是由发生地的县级人民政府组织处置,但必要时上级人民政府可以直接处置。需要指出,履行统一领导职责的地方人民政府不能消除或者有效控制突发事件引起的严重社会危害的,应当及时向上一级人民政府报告,请求支持。接到下级人民政府的报告后,上级人民政府应当根据实际情况对下级人民政府提供人力、财力支持和技术指导,必要时可以启用储备的应急救援物资、生活必需品和应急处置装备;有关突发事件升级的,应当由相应的上级人民政府统一领导应急处置工作。

为了应对职责范围内的重大公共危机,国务院各职能部门中负责有应急管理责任的机构分别建立了各自的应急管理指挥体系、应急救援体系和专业应急队伍(见表 1-4 和 1-5),并形成了危机事件的预警预报体制、部际协调体制和救援救助体制等。

(5) 属地管理

属地管理为主,主要有两种含义:一是突发事件应急处置工作原则上由地方负责,即由突发事件发生地的县级以上地方人民政府负责。二是法律、行政法规规定由国务院有关部门对特定突发事件的应对工作负责的,就应当由国务院有关部门管理为主。比如,《中国人民银行法》规定,商业银行已经或者可能发生信用危机,严重影响存款人的利益时,由中国人民银行对该银行实行接管,采取必要措施,以保护存款人利益,恢复商业银行正常经营能力。再比如,《核电厂核事故应急管理条例》规定,全国的核事故应急管理工作由国务院指定的部门负责。

3.3.2 新时代有中国特色的应急管理体制

2018 年 3 月,中共中央印发了《深化党和国家机构改革方案》,应急管理部应时而生,标志着我国应急管理体制做出重大改革。从"体"来看,从应急管理部到各省、市、县的应急管理局成立,并有序、有力、有效地开展工作。从"制"来看,逐步形成"统一指挥、专常兼备、反应灵敏、上下联动、平战结合"的中国特色的应急管理体制。该体制既是对《突发事件应对法》(2007 年)规定的"统一领导、综合协调、分类管理、分级负责、属地为主"的应急管理体制的传承,又是对其的深化。

中国特色的应急管理体制基本内容包括"统一指挥、专常兼备、反应灵敏、上下联动、平战结合"。

(1) 统一指挥

统一指挥明确的是应急管理的指挥权。《突发事件应对法》中的统一领导明确的是领导权，领导权主要表现为以相应责任为前提的指挥权、协调权。统一指挥则明确了在突发事件应对过程中统一指挥的重要作用，目的是防止出现多头管理、职责混乱的现象，提高应急管理的效率。

统一指挥之下，实行资源统一调度，形成全国一盘棋的组织指挥机制是我国应急救援的一大特点，也是一大优势。2018年之前，如表1-4所示，水利部负责水旱灾害防治，中国地震局负责地震灾害防治，国土资源部负责地质灾害防治，农业部负责草原防火，国家林业局负责森林防火，民政部负责灾害救助等。为了协调应对自然灾害，我国成立了防汛抗旱指挥部、抗震救灾指挥部、减灾委员会、森林防火指挥部等高层次议事协调机构，十分繁杂。应急管理部的成立使这些分散的职责得以有效的整合，便于统一指挥和协调。

统一指挥，不仅统一调动各种资源，还能够统筹救灾任务及救灾投入，这样就保证在灾区救援中形成合力，形成一盘棋的救援态势，既减少了灾区的混乱，又节约了救灾的资源，还提高了救灾的效果。

集中统一指挥是适应我国综合应急救援特点的体制内容。综合救援涉及多项业务，部门多、行业多，建立统一指挥调度机制，立足打大仗、打恶仗，完善跨区域增援调动机制，出台各类跨区域增援方案，灾害发生时，按照命令整建制调派充足力量，可以跨国、跨区域作战，按照"纵向到底、横向到边、不留死角、全面覆盖"的原则，直接指挥调度省(自治区、直辖市)、市、县级应急救援力量，掌握一手情况，下达作战命令，真正突显"快速性"标准。

(2) 专常兼备

专常兼备是指国家综合性应急救援队伍是常备应急骨干力量，履行专业应急救援和常规应急处置职能。相对于《突发事件应对法》中的"综合协调、分类管理"，专常兼备更加明确了对应急救援队伍能力的要求。

专常兼备是各部门之间的专常兼备。应急管理工作包括安全生产类、自然灾害类等突发事件和综合防灾减灾救灾工作，以及安全生产综合监督管理和工矿商贸行业安全生产监督管理工作，涵盖了消防管理职责、救灾职责、地质灾害防治职责、水旱防治职责、草原防火职责、森林防火职责、震灾应急救援职责等。不同的事件有不同的特征，不同的应对处置措施，需要专项应急牵头部门以及其他支持部门，启动不同的响应级别。

专常兼备是各救援队伍之间的专常兼备。应急救援队伍可以分成国家综合性消防救援队伍、专业应急救援队伍、解放军和武警部队应急救援队伍、社会应急救援队伍以及国际应急救援队伍。不同专常的队伍在统一指挥之下处置不同的灾害事故，发挥专常兼备的特点。

专常兼备还是救援物资的专常兼备。许多应急部门都储备了一定种类与数量的应急物资，但部门之间分割而缺少共享、共用，造成了重复储备或储备空白。整合分散于各个部门用的应急物资，可以提高物资储备与使用效率，降低储备成本。

（3）反应灵敏

应急救援在某种程度上就是和时间赛跑,反应灵敏既是要求,又是效果。

我国自然灾害呈大规模、高频率、群发性、风险持续增加的趋势,中央部署防灾减灾"两个坚持"和"三个转变"的改革,应急管理各部门成立就是为了进行综合协调和应急保障,提高灾害应急处置成效,最大程度地在灾害来临时保护人民群众生命财产安全。原来很多机构不在一个部门里边,很难充分协调,而同由一个部门来管的话,适应了灾害事故自身的发展链条,可以全过程地实施监管和及时地进行应急救援,效率自然会提高了很多,跨出了非常大的一步。

在统一指挥下,根据不同事件的特征,启动不同的响应级别和不同的应急救援队伍,减少行政环节、降低行政成本,提高快速反应能力。应急管理部在成立之后就承担起统筹、协调、组织全国防灾减灾救灾的职责,突发事件发生后能够立即组织制定各个灾种的应急预案和工作方案,全体人员进入应急状态,部党组成员24小时轮流在岗值班,每一次重大自然灾害都是在第一时间启动应急响应,第一时间派出应急救援队伍,同时把每一次应急响应作为实战演练,逐步磨合、完善应急处置方案和措施。

灾情信息的统一收集与发布为反应灵敏提供了可行性。面对同一场自然灾害,应急、减灾、防汛抗旱等部门都建立了自成体系的灾情收集与报告制度,经常出现灾情统计数字差异较大,给应急决策者带来很大的障碍与困难。灾情信息决定着应急力量与资源的调配范围与速度,是避免应急响应不足或应急响应过度的重要依据。应急管理部有条件统一各个应急信息平台,建立整合的灾情报告系统,并统一发布灾情信息。

统一指挥是反应灵敏的基础,反应灵敏是统一指挥的效果。自然灾害的发生可能会引发次生灾害,也会导致事故灾难。以往不同的灾害事故分属于不同的部门,不同部门之间沟通、协调需要浪费宝贵的救灾时间,应急管理部既负责指导火灾、水旱灾害、地质灾害等防治,也负责安全生产综合监督管理和工矿商贸行业安全生产监督管理,从而避免从前存在的责任不清、相互扯皮问题,有利于对灾难原因进行实事求是的调查评估,进而弥补风险监管的缝隙。

（4）上下联动

上下联动是指上级政府对下级各有关政府,政府与社会有关组织、团体的联动。相对于《突发事件应对法》规定的"分级负责、属地为主",上下联动明确了分级负责之间的关系不是独立行动,而是协调联动。在强调"属地为主"的同时,又说明上级政府和下级政府之间、民众之间、社会组织之间的联动关系。

上下联动是上级政府对下级各有关政府的联动。作为国务院组成部门,应急管理部的正部级机构设置高于原国务院应急办司局级的架构。新组建的应急管理部的10位领导中有3位是正部级干部,规格较高。随着地方政府设立对应的应急厅、局,上下形成一个具有凝聚力和归属感的系统,稳定应急管理队伍,使应急管理经验得以持续积累。

上下联动是上级政府与社会有关组织、团体和民众的联动。社会组织和民众是最初的应急响应单元,是直接的承灾体,既是公共安全保护的主要对象,又是实施公共安全保障的重要力量。公众参与对维护公共安全、预防和应对安全风险非常关键。在灾害事故来临时，公众第一时间的自救和互救对提高生存率发挥着不可替代的作用。习近平总书记在2005年面对台风肆虐时就描述过这种上下联动的场景：各级领导干部到岗到位、靠前指挥，基层广大党员和干部勇挑重担、动员群众，……领导干部和基层干部密切联系、党员干部与广大群众连为一体，本地群众与外来人员同受关注，党委、政府与地方部队协同作战，群众动员与资源动员配套进行……

上下联动关键在于协调性。重大突发事件具有极强的复杂性、关联性和耦合性，常常突破既有的地理边界和行政管理边界。通过上下联动推动有关地方、部门和企业履行责任，以上带下、上下一体，形成国家、省、市、县应急管理体系一体化。自十八大以来，我国灾害处置改变了"中央大包大揽、领导靠前指挥"的应急惯例，充分发挥地方政府在救灾过程中的积极性与主动性，中央提供支持与保障。《国务院机构改革方案》规定，"按照分级负责的原则，一般性灾害由地方各级政府负责，应急管理部代表中央统一响应支援；发生特别重大灾害时，应急管理部作为指挥部，协助中央指定的负责同志组织应急处置工作，保证政令畅通、指挥有效。"应急管理部的组建统筹了分散的应急资源和力量，提升了协同应对重大突发事件的能力。在特别重大灾害发生时，中央指定负责同志领导应急响应工作，协调党、政、军、群多方面力量。应急管理部作为指挥部，协助该同志开展应急处置工作，改变了巨灾应对中临时成立指挥部的弊端。

（5）平战结合

平战结合是指平时应急、战时应战的结合。该表述与专常兼备含义相近，因此，2019年11月党的十九届四中全会通过的《中共中央关于坚持和完善中国特色社会主义制度推进国家治理能力现代化若干重大问题的决定》指出"构建统一指挥，专常兼备、反应灵敏、上下联动的应急管理体制"。

3.3.3 新时代应急管理组织机构

2018年4月，作为国务院组成部门，新组建的应急管理部将下述部门的职责整合，包括：国家安全生产监督管理总局的职责，国务院办公厅的应急管理职责，公安部的消防管理职责，民政部的救灾职责，国土资源部的地质灾害防治、水利部的水旱灾害防治、农业部的草原防火、国家林业局的森林防火相关职责，中国地震局的震灾应急救援职责以及国家防汛抗旱总指挥部、国家减灾委员会、国务院抗震救灾指挥部、国家森林防火指挥部的职责。

自然灾害中的海洋灾害、生物病虫害应对和事故灾难中的核事故应对就分别被保留在海洋、农业、环境管理部门。在各类突发事件的应急管理过程中，气象、交通等部门的应急职能未被整合进入应急管理部。

新成立的应急管理部先后整合了以上11个部门的13项职责，其中包括5个国家指挥协调机构的职责，顺利完成了机构改革、人员转隶和公安消防、武警森林2支部队近20万人的转制，新组建了国家综合性消防救援队伍，31个省级应急管理厅局全面组建。新时代中国特色应急管理组织体制初步形成。

到 2019 年年底,我国应急管理体制的四梁八柱已经基本确立,国家和地方层面的改革正在积极有序推进。

1. 应急管理部职能配置、内设机构和人员编制规定

中共中央办公厅下发《关于印发〈应急管理部职能配置、内设机构和人员编制规定〉的通知》,第三条明确应急管理部贯彻落实党中央关于应急工作的方针政策和决策部署,在履行职责过程中坚持和加强党对应急工作的集中统一领导。主要职责是:

(一)负责应急管理工作,指导各地区各部门应对安全生产类、自然灾害类等突发事件和综合防灾减灾救灾工作。负责安全生产综合监督管理和工矿商贸行业安全生产监督管理工作。

(二)拟订应急管理、安全生产等方针政策,组织编制国家应急体系建设、安全生产和综合防灾减灾规划,起草相关法律法规草案,组织制定部门规章、规程和标准并监督实施。

(三)指导应急预案体系建设,建立完善事故灾难和自然灾害分级应对制度,组织编制国家总体应急预案和安全生产类、自然灾害类专项预案,综合协调应急预案衔接工作,组织开展预案演练,推动应急避难设施建设。

(四)牵头建立统一的应急管理信息系统,负责信息传输渠道的规划和布局,建立监测预警和灾情报告制度,健全自然灾害信息资源获取和共享机制,依法统一发布灾情。

(五)组织指导协调安全生产类、自然灾害类等突发事件应急救援,承担国家应对特别重大灾害指挥部工作,综合研判突发事件发展态势并提出应对建议,协助党中央、国务院指定的负责同志组织特别重大灾害应急处置工作。

(六)统一协调指挥各类应急专业队伍,建立应急协调联动机制,推进指挥平台对接,衔接解放军和武警部队参与应急救援工作。

(七)统筹应急救援力量建设,负责消防、森林和草原火灾扑救、抗洪抢险、地震和地质灾害救援、生产安全事故救援等专业应急救援力量建设,管理国家综合性应急救援队伍,指导地方及社会应急救援力量建设。

(八)负责消防工作,指导地方消防监督、火灾预防、火灾扑救等工作。

(九)指导协调森林和草原火灾、水旱灾害、地震和地质灾害等防治工作,负责自然灾害综合监测预警工作,指导开展自然灾害综合风险评估工作。

(十)组织协调灾害救助工作,组织指导灾情核查、损失评估、救灾捐赠工作,管理、分配中央救灾款物并监督使用。

(十一)依法行使国家安全生产综合监督管理职权,指导协调、监督检查国务院有关部门和各省(自治区、直辖市)政府安全生产工作,组织开展安全生产巡查、考核工作。

(十二)按照分级、属地原则,依法监督检查工矿商贸生产经营单位贯彻执行安全生产法律法规情况及其安全生产条件和有关设备(特种设备除外)、材料、劳动防护用品的安全生产管理工作。负责监督管理工矿商贸行业中央企业安全生产工作。依法组织并指导监督实施安全生产准入制度。负责危险化学品安全监督管理综合工作和烟花爆竹安全生产监督管理工作。

(十三)依法组织指导生产安全事故调查处理,监督事故查处和责任追究落实情况。组织开展自然灾害类突发事件的调查评估工作。

(十四)开展应急管理方面的国际交流与合作,组织参与安全生产类、自然灾害类等突发事件的国际救援工作。

(十五)制定应急物资储备和应急救援装备规划并组织实施,会同国家粮食和物资储备局等部门建立健全应急物资信息平台和调拨制度,在救灾时统一调度。

(十六)负责应急管理、安全生产宣传教育和培训工作,组织指导应急管理、安全生产的科学技术研究、推广应用和信息化建设工作。

(十七)管理中国地震局、国家煤矿安全监察局。

(十八)完成党中央、国务院交办的其他任务。

(十九)职能转变。应急管理部应加强、优化、统筹国家应急能力建设,构建统一领导、权责一致、权威高效的国家应急能力体系,推动形成统一指挥、专常兼备、反应灵敏、上下联动、平战结合的中国特色应急管理体制。一是坚持以防为主、防抗救结合,坚持常态减灾和非常态救灾相统一,努力实现从注重灾后救助向注重灾前预防转变,从应对单一灾种向综合灭灾转变,从减少灾害损失向减轻灾害风险转变,提高国家应急管理水平和防灾减灾救灾能力,防范化解重特大安全风险。二是坚持以人为本,把确保人民群众生命安全放在首位,确保受灾群众基本生活,加强应急预案演练,增强全民防灾减灾意识,提升公众知识普及和自救互救技能,切实减少人员伤亡和财产损失。三是树立安全发展理念,坚持生命至上、安全第一,完善安全生产责任,坚决遏制重特大安全事故。

(二十)有关职责分工

A. 与自然资源部、水利部、国家林业和草原局等部门在自然灾害防救方面的职责分工

(1)应急管理部负责组织编制国家总体应急预案和安全生产类、自然灾害类专项预案,综合协调应急预案衔接工作,组织开展预案演练。按照分级负责的原则,指导自然灾害类应急救援;组织协调重大灾害应急救援工作,并按权限作出决定;承担国家应对特别重大灾害指挥部工作,协助党中央、国务院指定的负责同志组织特别重大灾害应急处置工作。组织编制综合防灾减灾规划,指导协调相关部门森林和草原火灾、水旱灾害、地震和地质灾害等防治工作;会同自然资源部、水利部、中国气象局、国家林业和草原局等有关部门建立统一的应急管理信息平台,建立监测预警和灾情报告制度,健全自然灾害信息资源获取和共享机制,依法统一发布灾情。开展多灾种和灾害链综合监测预警,指导开展自然灾害综合风险评估。负责森林和草原火情监测预警工作,发布森林和草原火险、火灾信息。

(2)自然资源部负责落实综合防灾减灾规划相关要求,组织编制地质灾害防治规划和防护标准并指导实施;组织指导协调和监督地质灾害调查评价及隐患的普查、详查、排查;指导开展群测群防、专业监测和预报预警等工作;指导开展地质灾害工程治理工作;承担地质灾害应急救援的技术支撑工作。

(3)水利部负责落实综合防灾减灾规划相关要求,组织编制洪水干旱灾害防治规划和防

护标准并指导实施;承担水情旱情监测预警工作;组织编制重要江河湖泊和重要水工程的防御洪水抗御旱灾调度和应急水量调度方案,按程序报批并组织实施;承担防御洪水应急抢险的技术支撑工作;承担台风防御期间重要水工程调度工作。

(4) 各流域防汛抗旱指挥机构负责落实国家应急指挥机构以及水利部防汛抗旱的有关要求,执行国家应急指挥机构指令。

(5) 国家林业和草原局负责落实综合防灾减灾规划相关要求,组织编制森林和草原火灾防治规划和防护标准并指导实施;指导开展防火巡护、火源管理、防火设施建设等工作;组织指导国有林场林区和草原开展防火宣传教育、监测预警、督促检查等工作。

(6) 必要时,自然资源部、水利部、国家林业和草原局等部门可以提请应急管理部,以国家应急指挥机构名义部署相关防治工作。

B. 与国家粮食和物资储备局在中央救灾物资储备方面的职责分工

(1) 应急管理部负责提出中央救灾物资的储备需求和动用决策,组织编制中央救灾物资储备规划、品种目录和标准,会同国家粮食和物资储备局等部门确定年度购置计划,根据需要下达动用指令。

(2) 国家粮食和物资储备局根据中央救灾物资储备规划、品种目录和标准、年度购置计划,负责中央救灾物资的收储、轮换和日常管理,根据应急管理部的动用指令按程序组织调出。

2. 应急管理部主要职责

根据应急管理部机构设定,应急管理部主要职责如下:

组织编制国家应急总体预案和规划,指导各地区各部门应对突发事件工作,推动应急预案体系建设和预案演练。

建立灾情报告系统并统一发布灾情,统筹应急力量建设和物资储备并在救灾时统一调度,组织灾害救助体系建设,指导安全生产类、自然灾害类应急救援,承担国家应对特别重大灾害指挥部工作。

指导火灾、水旱灾害、地质灾害等防治。

负责安全生产综合监督管理和工矿商贸行业安全生产监督管理等。

公安消防部队、武警森林部队转制后,与安全生产等应急救援队伍一并作为综合性常备应急骨干力量,由应急管理部管理,实行专门管理和政策保障,采取符合其自身特点的职务职级序列和管理办法,提高职业荣誉感,保持有生力量和战斗力。

应急管理部要处理好防灾和救灾的关系,明确与相关部门和地方各自职责分工,建立协调配合机制。

3. 省级应急管理厅主要职责

省级应急管理厅主要职责以江苏省应急管理厅为例,主要职责包括:

(一) 负责应急管理工作,指导全省各级各部门应对安全生产类、自然灾害类等突发事件和综合防灾减灾救灾工作。负责安全生产综合监督管理和工矿商贸行业安全生产监督管理工作。

(二）拟订应急管理、安全生产等政策，组织编制省应急体系建设、安全生产和综合防灾减灾规划。起草相关地方性法规、规章草案，组织制定相关规程、标准并监督实施。

(三）指导应急预案体系建设，建立完善事故灾难和自然灾害分级应对制度。组织编制省总体应急预案和安全生产类、自然灾害类专项预案。综合协调应急预案衔接工作，组织开展预案演练，推动应急避难设施建设。

(四）牵头建立统一的应急管理信息系统，负责信息传输渠道的规划和布局。建立监测预警和灾情报告制度，健全自然灾害信息资源获取和共享机制，依法统一发布灾情。

(五）组织指导协调安全生产类、自然灾害类等突发事件应急救援。承担省应对重大灾害指挥部工作。综合研判突发事件发展态势并提出应对建议。协助省委、省政府指定的负责同志组织重大灾害应急处置工作。

(六）统一协调指挥各类应急专业队伍，建立应急协调联动机制，推进指挥平台对接。提请、衔接解放军和武警部队参与应急救援工作。

(七）统筹应急救援力量建设，负责消防、森林火灾扑救、抗洪抢险、地震和地质灾害救援、生产安全事故救援等专业应急救援力量建设。指导综合性应急救援队伍、各级各部门及社会应急救援力量建设。

(八）负责消防管理工作，指导全省各级消防监督、火灾预防、火灾扑救等工作。

(九）指导协调森林火灾、水旱灾害、地震和地质灾害等防治工作。负责自然灾害综合监测预警工作，指导开展自然灾害综合风险评估工作。

(十）组织协调灾害救助工作，组织指导灾情核查、损失评估、救灾捐赠工作。管理、分配中央下拨和省级救灾款物并监督使用。

(十一）依法行使安全生产综合监督管理职权，指导协调、监督检查省政府有关部门和各设区市政府安全生产工作。组织开展安全生产巡查、考核工作。

(十二）按照分级、属地原则，依法监督检查工矿商贸生产经营单位贯彻执行安全生产法律法规情况及其安全生产条件和有关设备（特种设备除外）、材料、劳动防护用品的安全生产管理工作。依法组织并指导监督实施安全生产准入制度。负责危险化学品安全监督管理综合工作和烟花爆竹安全生产监督管理工作。

(十三）依法组织指导生产安全事故调查处理，监督事故查处和责任追究落实情况。组织开展自然灾害类突发事件的调查评估工作。

(十四）开展应急管理、安全生产等方面的对外交流与合作，组织参与安全生产类、自然灾害类等突发事件的跨区域救援工作。

(十五）制定应急物资储备和应急救援装备规划并组织实施，会同省粮食和物资储备局等部门建立健全应急物资信息平台和调拨制度，在救灾时统一调度。

(十六）负责应急管理、安全生产、防灾减灾宣传教育和培训工作。组织指导相关科学技术研究、推广应用和信息化建设工作。

(十七）完成省委、省政府交办的其他任务。

4. 市级应急管理局主要职责

以江苏省无锡市应急管理局为例,市级应急管理局主要职责包括:

A. 加强对全市安全生产工作综合监督管理和指导协调职责

B. 加强对有关部门和市(县)、区政府安全生产工作监督检查职责

主要职责有:

(一) 组织起草全市安全生产地方性法规、规章草案,拟定安全生产政策和规划。指导协调全市安全生产工作,分析和预测全市安全生产形势,发布安全生产信息,协调解决安全生产中的重大问题。

(二) 承担全市安全生产综合监督管理责任,依法行使综合监督管理职权,指导协调、监督检查市政府有关部门和各市(县)、区人民政府安全生产工作,监督考核并通报安全生产控制指标执行情况。

(三) 承担工矿商贸行业安全生产监督管理责任,按照分级、属地原则,依法监督检查工矿商贸生产经营单位贯彻执行安全生产法律法规情况及其安全生产条件和有关设备(特种设备除外)、材料、劳动防护用品的安全生产管理工作。

(四) 拟定工矿商贸行业地方安全生产标准和规程并组织实施;监督检查重大危险源监控和重大事故隐患排查治理工作。

(五) 依法承担非煤矿山企业和危险化学品、烟花爆竹生产经营单位安全生产准入管理工作。负责危险化学品安全监督管理综合工作和烟花爆竹安全生产监督管理工作。

(六) 负责生产经营单位作业场所职业卫生的监督检查工作,负责职业卫生安全许可证的相关管理工作,组织查处职业危害事故和违法违规行为。

(七) 负责组织市安全生产大检查和专项督查,根据市政府授权,依法组织对安全生产事故的调查处理和办理结案工作,监督事故查处和责任追究落实情况。

(八) 负责指导和协调安全生产应急救援工作,综合管理全市生产安全伤亡事故和安全生产行政执法统计分析工作。

(九) 负责监督检查职责范围内新建、改建、扩建工程项目的安全设施与主体工程同时设计、同时施工、同时投产使用情况,承担相关建设项目安全设施设计审查和竣工验收工作。

(十) 组织指导全市安全生产宣传教育工作。组织全市安全生产监督管理人员的安全培训考核工作;承担特种作业人员(特种设备作业人员除外)的考核工作和工矿商贸生产经营单位主要负责人、安全生产管理人员的安全资格考核工作;监督检查工矿商贸生产经营单位安全生产和职业安全培训工作。

(十一) 指导协调全市安全生产检测检验工作,监督管理安全生产社会中介机构和安全评价工作。会同有关部门承担国家注册安全工程师执业资格考试的相关工作。

(十二) 组织指导协调和监督全市安全生产行政执法工作。

(十三) 组织拟定安全生产科技规划,指导协调安全生产信息化建设、安全生产科学技术研究和推广工作。组织开展安全生产方面的国际、国内交流与合作。

(十四) 承担市政府安全生产委员会的日常工作。

(十五) 承办市政府交办的其他事项。

5. 区级应急管理局主要职责

以江苏省无锡市梁溪区应急管理局为例,区级应急管理局主要职责包括:

(一) 负责应急管理工作,指导全区各级各部门应对安全生产类、自然灾害类等突发事件和综合防灾减灾救灾工作;负责安全生产综合监督管理和工商贸行业安全生产监督管理工作。

(二) 拟定应急管理、安全生产等政策,组织编制区应急体系建设、安全生产和综合防灾减灾规划,组织制定相关规程、标准并监督实施。

(三) 指导应急预案体系建设,督促相关部门建立完善事故灾难和自然灾害分级应对制度;组织编制区总体应急预案和生产安全类专项预案,指导相关部门编制其他安全生产类和自然灾害类专项预案;综合协调应急预案衔接工作,指导开展预案演练,推动应急避难设施建设。

(四) 牵头建立统一的应急管理信息系统,负责信息传输渠道的规划和布局;建立监测预警和灾情报告制度,健全自然灾害信息资源获取和共享机制,依法统一发布灾情。

(五) 组织指导协调安全生产类、自然灾害类等突发事件应急救援;承担区应对较大灾害指挥部工作;综合研判突发事件发展态势并提出应对建议;协助区委、区政府指定的负责同志组织较大灾害应急处置工作。

(六) 统一协调指挥各类应急专业队伍,建立应急协调联动机制,推进指挥平台对接;提请、衔接解放军和武警部队参与应急救援工作。

(七) 统筹应急救援力量建设,负责消防、森林火灾扑救、抗洪抢险、地震和地质灾害救援、生产安全事故救援等应急救援力量建设;指导综合性应急救援队伍、各级各部门及社会应急救援力量建设。

(八) 协调消防管理工作,指导全区各级消防监督、火灾预防、火灾扑救等工作。

(九) 指导协调森林火灾、水旱灾害、地震和地质灾害等防治工作;负责自然灾害综合监测预警工作,指导开展自然灾害综合风险评估工作。

(十) 组织协调灾害救助工作,组织指导灾情核查、损失评估、救灾捐赠工作;管理、分配上级下拨和区级救灾款物并监督使用。

(十一) 依法行使安全生产综合监督管理职权,指导协调、监督检查区政府有关部门和各街道安全生产工作;组织开展安全生产巡查、考核工作。

(十二) 按照分级、属地原则,依法监督检查工商贸生产经营单位贯彻执行安全生产法律法规情况及其安全生产条件和有关设备(特种设备除外)、材料、劳动防护用品的安全生产管理工作;依法组织并指导监督实施安全生产准入制度;负责危险化学品安全监督管理综合工作和烟花爆竹安全生产监督管理工作。

(十三) 依法组织指导生产安全事故调查处理,监督事故查处和责任追究落实情况;组织开展自然灾害类突发事件的调查评估工作。

（十四）开展应急管理、安全生产等方面的对外交流与合作,组织参与安全生产类、自然灾害类等突发事件的救援工作。

（十五）提出区级救灾物资的储备需求和动用决策,制定应急物资储备和应急救援装备规划并组织实施,建立健全应急物资信息平台和调拨制度,在救灾时统一调度;编制区级救灾物资储备规划、品种目录和标准,确定年度购置计划,根据需要下达动用指令;负责区级救灾物资的收储、轮换和日常管理,根据动用指令按程序组织调出。

（十六）负责应急管理、安全生产、防灾减灾宣传教育和培训工作;组织指导相关科学技术研究、推广应用和信息化建设工作。

（十七）完成区委、区政府交办的其他任务。

（十八）职能转变。加强、优化、统筹全区应急能力建设,构建统一领导、权责一致、权威高效的应急能力体系,推动形成统一指挥、专常兼备、反应灵敏、上下联动、平战结合的应急管理体制。一是坚持以防为主、防抗救结合,坚持常态减灾和非常态救灾相统一,努力实现从注重灾后救助向注重灾前预防转变,从应对单一灾种向综合减灾转变,从减少灾害损失向减轻灾害风险转变,提高全区应急管理水平和防灾减灾救灾能力,防范化解重特大安全风险;二是坚持以人为本,把确保人民群众生命安全放在首位,确保受灾群众基本生活,加强应急预案演练,增强全民防灾减灾意识,提升公众知识普及和自救互救技能,切实减少人员伤亡和财产损失;三是树立安全发展理念,坚持生命至上、安全第一,完善安全生产责任制,坚决遏制重特大安全事故。

通过对江苏省应急管理厅、无锡市应急管理局和江苏省无锡市梁溪区应急管理局职责对比分析发现,其职责非常相似。与应急管理部的"三定"方案中对职责的规定相类似。分析其原因:第一是因为各省的应急管理机构成立时间较短,尤其是区县的应急机构,对于如何有效开展应急工作还存在各种问题,只能是按照国家确定的职责,结合现有可调动的资源形成机构职能;第二是各区域的灾害事故有所不同,每个区域重特大风险隐患也不同,应急管理机构制定的政策和应急预案也应该不同。新成立的基层应急管理局大多数熟悉安全生产领域,对自然灾害和消防业务不熟悉,因此短时间内无法准确界定各级应急管理机构职责。

第 4 章 新时代应急管理机制

本章知识脉络

```
机制
 │
 ▼
应急管理机制
 │
 ▼
有中国特色的      ┬── 应急预案体系 ──┬── 应急预案编制
应急管理机制      │                └── 应急预案演练
 │              │
 │              ├── 应急救援指挥体系 ──┬── 应急救援指挥机制
 │              │                   ├── 会商研判机制
 │              │                   ├── 协调联动机制
 │              │                   └── 应急基础信息管理机制
 │              │
 │              ├── 应急处置体系 ──┬── 风险监测预警机制
 │              │                ├── 应急响应机制
 │              │                ├── "135"工作机制
 │              │                └── 24小时值班值守工作机制
 │              │
 │              ├── 救援力量体系 ──┬── 综合性消防救援队伍建设机制
 │              │                ├── 社会力量参与机制
 │              │                └── 市场参与机制
 │              │
 │              ├── 风险防范化解体系 ──┬── 防范化解重大自然灾害风险机制
 │              │                   ├── 防范化解安全生产风险机制
 │              │                   ├── 防范化解重大火灾风险机制
 │              │                   └── 风险防范化解的内容
 │              │
 │              └── 综合减灾工作体系 ──┬── 长效监管机制
 │                                  ├── 双重预防机制
 │                                  ├── 明查暗访常态化机制
 │                                  └── 防范救援救灾一体化机制
 ▲
 │
实战应用
```

4.1 机　　制

4.1.1 机制的含义

"机制"一词最早源于希腊文,原指机器的构造和工作原理。《现代汉语名词辞典》对"机制"的解释是:"对事物变化的枢纽关键起制衡的限制、协调作用的力量、机构和制度等。"《现代汉语词典》中对"机制"的解释是:"机器的构造和工作原理;有机体的构造、功能和相互关系;泛指一个复杂的工作系统和某些自然现象的物理化学规律。"我国权威的大型综合性工具书《辞海》有一个比较详尽的解释:"原指机器的构造和动作原理,生物学和医学在研究一种生物的功能时,常借指其内在工作方式,包括有关生物结构组成部分的相互关系,及其间发生的各种变化过程的物理、化学性质和相互关系。阐明一种生物功能的机制,意味着对它的认识已从现象的描述进到本质的说明。"

从"机制"的定义分析可以看出,机制从对机器的研究开始,后被引入到生物学、医学等学科,后又扩展到经济、社会、管理领域,如经济机制、管理机制等。现在,机制已成为一个泛指的概念,指系统内部的有机制约关系及其运行机理。

4.1.2 体制和机制的关系

体制和机制是两个经常被混用的词汇。其中"制"的内容一致都是运行的方法与规则,差异在于"体"和"机"。在第3章,我们讲了"体"是指组织机构,本章讲"机",指系统内部如何进行有机的运行。"体"与"机"就像人体骨架与肌肉:骨架提供人体的支撑,肌肉保持骨架的稳定性。也就是说,体制和机制是一体的,体制体现在机制里,机制是按照体制要求进行运转。体制有刚性,机制有柔性,体制决定机制。相对于体制,机制更有一定的弹性。

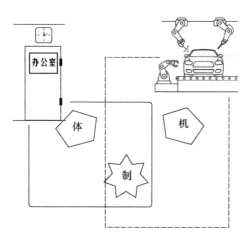

图 4-1　体制和机制的关系示意

4.2 应急管理机制

4.2.1 中国应急管理机制建设的背景

自 2002 年 11 月党的十六大以来,党中央、国务院在深刻总结历史经验、科学分析公共安全形势的基础上,审时度势,做出了全面加强应急管理工作的重大决策。党的十六届三中、四中、五中、六中全会都对全面加强应急管理工作、提高保障公共安全和处置突发事件的能力,做出部署、提出要求。党的十七大报告也对进一步健全突发事件应急管理机制提出了明确要求。

许多政府会议、报告和相关法规与文件中也明确和强调应急管理机制建设的重要性。2004 年 3 月 5 日,温家宝总理在十届全国人大二次会议上所作的政府工作报告中提出,要加快建立健全各种突发事件应急机制,提高政府应对公共危机的能力,此后每年的政府工作报告都对机制建设的内容做出进一步规定。2006 年 1 月正式向社会公布的《国家突发公共事件总体应急预案》和 2007 年 11 月 1 日起正式施行的《中华人民共和国突发事件应对法》,以及《国务院关于全面加强应急管理工作的意见》《"十一五"期间国家突发公共事件应急体系建设规划》等法律法规文件,都对健全完善应急机制做了具体规定。

应急管理机制建设的重要性也在应急管理系统的内部专题会议中得以体现。在 2005 年 7 月 22 日至 23 日召开的第一次全国应急管理工作会议上,时任总理温家宝强调,要加强全国应急体系建设和应急管理工作,必须做好健全组织体系、运行机制、保障制度等工作。随后,历年的全国应急管理工作会议都对机制建设问题进行了反复强调。2007 年 11 月 13 日,时任国务委员兼国务院秘书长华建敏在全国贯彻实施《突发事件应对法》的电视电话会议上提出,要充分发挥各级党委、政府的政治优势和组织优势,各级政府应急管理办事机构的综合协调优势以及各有关部门和机构的职能作用和专业优势,不断建立健全信息通报、预防预警、应急处置、舆论引导等方面的沟通协作机制,完善统一指挥、上下一致、部门联动、应急办综合协调的工作格局。2008 年 11 月 28 日,在中央组织部、国务院办公厅和国家行政学院共同主办的省部级领导干部"突发事件应急管理"专题研讨班上,时任国务委员兼国务院秘书长、国家行政学院院长马凯强调:"要注重强化应急工作的综合协调,实现快速反应、高效运转,形成协调有效的应急管理工作机制。"并对隐患排查监控、突发事件监测预警、信息报告和共享、应急处置协调联动、社会动员、信息发布和舆论引导、国际合作等机制的内容进行了详细的阐述。

这一系列举措的实施,都为开展建设有中国特色的应急管理机制奠定了坚实的基础。

4.2.2 应急管理机制

应急管理机制可被定义为：涵盖了事前、事发、事中和事后的突发事件应对全过程中各种制度化、程序化、规范化和理论化的方法与措施，以及应急系统内各子系统、各要素之间相互联系、相互作用、相互制约的方式及其应变机理。

应急管理机制的特征包括：

第一，应急管理机制是人类在总结、积累应急管理实践经验的基础上形成的制度化成果，是对政府在长期应急实践中使用的各种有效方法、手段和措施的总结和提炼，经过实践检验证明有效并在实践中不断健全和完善。它是适用于各种具体突发事件的管理而又凌驾于具体突发事件管理之上的普遍方法，一般要依靠多种方式、方法的集成而起作用。

第二，应急管理机制的实质内涵是一组建立在相关法律、法规和部门规章之上的政府应急工作流程体系，能展现出突发事件管理系统中组织之间及其内部的相互作用关系，而其外在形式则体现为政府管理突发事件的职责与能力。

第三，从运作流程来看，应急管理机制以应急管理全过程为主线，涵盖事前、事发、事中和事后各个阶段，包括预防与应急准备、监测与预警、应急处置与救援等多个环节。

4.2.3 应急管理体制与机制的关系

应急管理体系建设首先要解决的是应急管理体制问题。应急管理体制与机制又是不可分割的两个方面。

应急管理体制与机制的关系体现在：一方面，体制内含机制，应急组织是应急管理机制的"载体"，应急管理体制决定了机制建设的具体内容与特点，机制建设是应急管理体制的一个重要方面，要通过体制和法制的建设与发展来保障其实施；另一方面，应急管理机制的建设对于体制建设具有反作用，体制的建设具有滞后性，尤其当体制还处于完善与发展的情况下，机制的建设能帮助完善相关工作制度，从而有利于弥补体制中的不足并促进体制的发展与完善。

应急管理机制不同于体制的特点在于它是一种内在的功能，是组织体系在遇到突发事件后有效运转的机理性制度，它要使应急管理中的各个利益相关体有机地结合起来并且协调地发挥作用。总之，应急管理机制是为积极发挥体制作用服务的，同时又与体制有着相辅相成的关系，推动应急管理机制建设，既可以促进应急管理体制的健全和有效运转，也可以弥补体制存在的不足。

综上所述，我国的应急管理体制和机制是由我国的社会主义制度决定的。也就是说，我国的应急管理体制与机制的建设要与现阶段国家的相关制度相适应和匹配，同时其内涵与外延还应根据国家的发展得以进一步调整。

4.3 新时代有中国特色的应急管理机制

本书整理了应急管理部官网上"新闻"一栏中与机制相关的内容。从图4-2可知,"新闻"一栏包括时政专栏、应急要闻、部内动态、地方应急、救援力量、灾害事故信息、新闻发布会、媒体信息、专题专栏9个专栏。考虑到时政专栏和专题专栏与其他内容有可能重复、新闻发布会和媒体信息内容有可能重复,因此在资料统计的时候统计的是"应急要闻、部内动态、地方应急、救援力量、灾害事故信息、媒体信息"6个专栏的资料。时间从2018年1月30日—2019年11月30日,即应急管理部网站应急要闻发布的第一条新闻开始(如图4-3所示),截止到2019年11月29日中共中央政治局就我国应急管理体系和能力建设进行第十九次集体学习的新闻结束。

图4-2 应急管理部官网截屏

图4-3 应急管理部官网发布的第一条应急要闻截屏

在整理出来的新闻资料中,首先以"机制"作为关键词进行筛选,得出来的数据中删除宏观描述的机制内容,例如"防灾减灾救灾体制机制、工作机制、体制机制改革"等机制。经过二次筛选之后共得到312个具体的工作机制。这312个工作机制从不同的角度指导着应急工作。有些是应用于应急全过程的机制:风险防护机制、灾害风险的会商研判机制、应急响应机制、灾后重建机制等。有些是应用于单一灾种的,例如安全生产的机制有:企业安全风险防控机制、企业整改长效机制、风险防控和隐患治理双重预防机制等;防灾减灾的机制有:自然灾害预测预警信息资源整合共享机制、防灾减灾和应急救援的协调联动机制、地震和地质灾害应急救援协调机制等;应急救援的机制有:安全管理联动机制、"135"机制等。有些是从功能的角度描述的机制,如指挥机制、救援机制、响应机制等。

应急管理体制和机制是一体的,管理体制指导着工作机制。因此工作机制是与体制相对应的。各个机制分别与"统一指挥、专常兼备、反应灵敏、上下联动"的中国特色应急管理体制相对应。每一项体制的实现又不可能只依靠单一的机制起作用,因此本书将应急机制归纳为六大体系以适应新时代应急管理体制的需要,分别是应急预案体系、应急救援指挥体系、应急处置体系、救援力量体系、风险防范化解体系和综合减灾工作体系。如表4-1所示。

表 4-1 新时代应急管理体制和机制关系

体　　制	机　　制
统一指挥	应急救援指挥体系
专常兼备	救援力量体系,风险防范化解体系,综合减灾工作体系
反应灵敏	应急预案体系,应急处置体系
上下联动	应急救援指挥体系,救援力量体系

4.3.1　应急预案体系

根据《突发事件应急预案管理办法》(2013),应急预案是指各级人民政府及其部门、基层组织、企事业单位、社会团体等为依法、迅速、科学、有序应对突发事件,最大程度减少突发事件及其造成的损害而预先制订的工作方案。

根据《生产经营单位生产安全事故应急预案评估指南》(AQ/T9011—2019)规定,应急预案是针对可能发生的事故,为最大程度减少事故损害而预先制定的应急准备工作方案。因此应急预案的核心是解决突发事件的事前、事发、事中、事后谁来做、怎样做、做什么、何时做、用什么资源做等问题。

"组织编制国家应急总体预案和规划,指导各地区各部门应对突发事件工作,推动应急预案体系建设和预案演练",这是应急管理工作最主要和最重要的工作之一。如图4-4所示,应急管理部网站上列出的主要职责中,第一条就是应急预案的组织编制和指导工作。

根据2018年3月13日公布的《国务院机构改革方案》,应急管理部应充分发挥对各部门各地区应急预案管理工作的指导职能,加强与相关部门的协调与合作,形成协同救灾的应急响应能力。应急管理部具有以应急预案工作为抓手,指导各地区、各部门应对突发事件工作的职责:一是组织编制国家总体应急预案体系建设和规划,对应急管理进行顶层设计;二是推动应急预案体系建设和应急预案的演练。因此应急预案主要工作是预案的编制与演练。

图 4-4 应急管理部主要职责中关于应急预案内容的网络截屏

1. 应急预案编制

应急预案编制是应急管理的核心环节之一。各组织通过风险分析和应急能力评估,制订应急预案,做到有备无患,增强防范和应对各种突发事件的能力,把事故可能造成的危害减少到最低程度。应急预案体系建设的基本原则是"横向到边、纵向到底"。"横向到边"指的是应急预案体系按突发事件性质应覆盖可能发生的主要重大突发事件种类,"纵向到底"指的是应急预案体系按行政区域范围应从国家层面一直延伸到地方政府和企事业单位。应急预案是应急救援工作的指导文件,同时又具有法规权威性。为保证其科学性、针对性、操作性、规范性,应急预案具有较严格的编制过程。归纳起来,应急预案的编制可分为 5 个步骤:成立应急预案编制小组,风险分析与应急能力评估,编制应急预案,预案评审与发布,应急预案实施。具体见图 4-5。

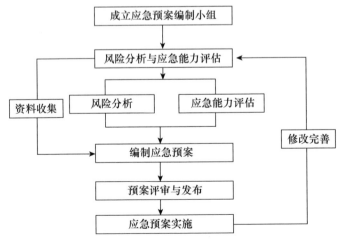

图 4-5 应急预案的编制过程

(1) 成立应急预案编制小组

成立应急预案编制小组,是将城市各有关职能部门、各类专业技术有效地结合起来的最佳方法,可以有效地保证应急预案的准确性和完整性,而且为应急各方提供一个非常重要的协作与交流机会,有利于统一应急各方的不同意见和观点。应急预案编制小组的成员确定后,须确定编制计划,明确任务分工,保证应急预案编制工作的科学有序。

(2) 风险分析与应急能力评估

风险分析与应急能力评估是编制应急预案的关键,所有应急预案都是建立在风险评估基础之上的。具体程序如图 4-6 所示。

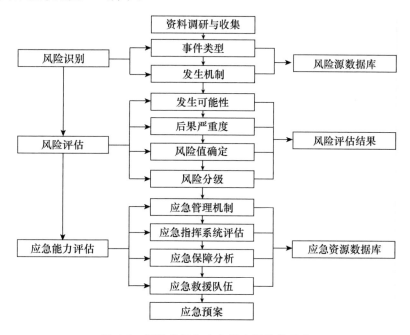

图 4-6 风险分析与应急能力评估的程序

风险分析包括风险识别和风险评估。

① 风险识别,其目的是将所辖区域中可能存在的重大危险因素识别出来,作为下一步风险评估的对象。总结历史上本地区发生过的重大事故灾难,将其分门别类,每种类型分成不同的级别,分析这些事故灾难的机理,明确影响这些事故灾难的因素都有哪些,为预防、预警、应对提供依据。

② 风险评估,是指评估事故或灾害发生时造成破坏的可能性以及可能导致的实际破坏或伤害程度,通常可能会选择对最坏情况进行分析。风险评估可提供以下信息:发生事故的环境特点和同时发生多种紧急事故的可能性、对人造成的伤害类型和相关的高危人群、对财产造成的破坏类型和后果、对环境造成的破坏类型和后果。

③ 应急能力评估,是指分析本地及其周边地区应急资源分布和具体的应急能力情况。同时将在这些工作基础上建立的危险源数据库、应急资源数据库和风险评估结果作为应急预案的附件,从而更好地起到风险控制的作用。

(3) 编制应急预案

应急预案的编制必须基于重大事故风险的分析结果、参考应急资源需求和现状以及有关法律法规要求。此外,应急预案编制时应充分收集和参阅已有的应急预案,包括上级部门的应急预案、所在地区的总体应急预案等,以最大限度地减少工作量和避免应急预案的重复或交叉,并确保与其他相关应急预案的协调和一致。

(4) 进行预案评审和发布

为保证应急预案的科学性、合理性以及与实际情况的符合性,应急预案必须经过评审。应急预案的评审,包括内部评审和外部评审两类。内部评审是指编制小组成员内部实施的评审,应急预案管理部门应要求预案编制单位在预案初稿编写工作完成之后,组织编写成员内部对其进行评审,保证预案语言简洁通畅,内容完整。外部评审是由本城市或外埠同级机构、上级机构、社区公众以及有关政府部门实施的评审。外部评审的主要作用是确保预案被各阶层接受。根据评审人员的不同,又可分为专家评审、同级评审、社区评审和政府评审。

应急预案经评审通过后,应当报有关部门批准,批准后进行正式发布和备案。一般情况下,各级政府的专项应急预案,应当经同级政府批准同意,由同级政府发布。部门应急预案和专项应急预案应当报行政主管部门备案。企事业单位的应急预案由单位领导批准,自行印发,并应报行政主管部门备案。

(5) 应急预案实施

应急预案实施是应急管理工作的重要环节。应急预案经批准发布后,应组织实施应急预案,包括开展预案的宣传、进行预案的培训、落实和检查各个有关部门的职责、程序和资源准备,组织预案的训练、演习,并定期评审和更新预案,使应急预案有机地融入到公共安全保障日常工作之中,将应急预案所规定的要求落实到实处。

2. 应急预案演练

依据国务院《突发事件应急演练指南》(2009),应急演练是指各级人民政府及其部门、企事业单位、社会团体等组织相关单位及人员,依据有关应急预案,模拟应对突发事件的活动。根据《生产安全事故应急演练基本规范》(AQ/T 9007—2019)将应急演练定义为针对可能发生的事故情景,依据应急预案而模拟开展的应急活动。

(1) 应急演练目的

① 检验预案,指发现应急预案中存在的问题,提高应急预案的针对性、实用性和可操作性。

② 完善准备,指完善应急管理标准制度,改进应急处置技术,补充应急装备和物资,提高应急能力。

③ 磨合机制,指完善应急管理部门、相关单位和人员的工作职责,提高协调配合能力。
④ 宣传教育,指普及应急管理知识,提高参演和观摩人员风险防范意识和自救互救能力。
⑤ 锻炼队伍,指熟悉应急预案,提高应急人员在紧急情况下妥善处置事故的能力。

(2) 应急演练分类

① 按照演练内容分为综合演练和单项演练:综合演练是针对应急预案中多项或全部应急响应功能开展的演练活动;单项演练是针对应急预案中某一项应急响应功能开展的演练活动。

② 按照演练形式分为实战演练和桌面演练:实战演练是针对事故情景,选择(或模拟)生产经营活动中的设备、设施、装置或场所,利用各类应急器材、装备、物资,通过决策行动、实际操作,完成真实应急响应的过程;桌面演练是针对事故情景,利用图纸、沙盘、流程图、计算机模拟、视频会议等辅助手段,进行交互式讨论和推演的应急演练活动。

③ 按照目的与作用分为检验性演练、示范性演练和研究性演练:检验性演练是为检验应急预案的可行性、应急准备的充分性、应急机制的协调性及相关人员的应急处置能力而组织的演练;示范性演练是为检验和展示综合应急救援能力,按照应急预案开展的具有较强指导宣教意义的规范性演练;研究性演练是为探讨和解决事故应急处置的重点、难点问题,试验新方案、新技术、新装备而组织的演练。

不同类型的演练可相互组合。

(3) 应急演练工作原则

① 符合相关规定,指按照国家相关法律法规、标准及有关规定组织开展演练。
② 依据预案演练,指结合生产面临的风险及事故特点,依据应急预案组织开展演练。
③ 注重能力提高,指突出以提高指挥协调能力、应急处置能力和应急准备能力组织开展演练。
④ 确保安全有序,指在保证参演人员、设备设施及演练场所安全的条件下组织开展演练。

(4) 应急演练的基本流程

① 计划,包括需求分析、明确任务和制订计划。
② 准备,包括成立演练组织机构、编制文件、工作保障。
③ 实施,包括现场检查、演练简介、启动、执行、演练记录、中断、结束
④ 评估总结,包括评估和总结两部分
⑤ 持续改进,包括应急预案修订完善和应急管理工作改进两部分。

4.3.2 应急救援指挥体系

党的十九届四中全会审议通过的《中共中央关于坚持和完善中国特色社会主义制度、推进国家治理体系和治理能力现代化若干重大问题的决定》指出,应急管理是国家治理体系和治理能力的重要组成部分。习近平总书记在主持中共中央政治局第十九次集体学习时的重要讲话中提出推进应急管理体系和能力现代化建设的要求。应急救援指挥体系是应急管理体系建设的重要内容之一。

充分发挥应急救援指挥机制,需要与相关部门和单位建立会商研判、协同响应、救援联动等机制。根据应急基础信息进行灾情预判,提前在重点地区、重点部位、重大工程预置救援力量,一旦有事第一时间救援,最大程度减少灾害损失。

因此应急救援指挥体系包括应急救援指挥机制、会商研判机制、协调联动机制、应急基础信息管理机制。

1. 应急救援指挥机制

灾害事故的性质及其应急活动的特点,都决定了灾害事故应急处置应实行统一指挥。只有这样,才能做到统一行动、步调一致,才能有令则行、有禁则止。否则,你干你的,我做我的,不仅工作搞不好,而且会造成更大的混乱,不利于灾害事故的解决。

长期以来,我国逐步形成了统一指挥、统一调度、"全国一盘棋"的组织指挥机制,在应对各种灾害事故中发挥着关键作用。该组织指挥机制即是中国应急救援的一大特点,也是一大优势。

统一指挥,不仅是指统一的指挥权,还包括统一调动各种资源、统筹救灾任务及救灾投入。在"全国一盘棋"的组织指挥机制下,可以发挥统筹调动各类、各地应急救援力量,应急救援机制迅速响应的组织指挥优势。

有效提升应急救援指挥效能,需要相关部门和单位限时报送灾害事故信息,完善应急指挥调度体系。在应急救援过程中,总指挥部、专项指挥部根据灾害事故处置需要设置前方指挥部,前方指挥部成立后,第一时间与后方指挥部建立联络并保持联络通畅,及时报告灾情和救援情况,开展对灾情态势、受灾群众疏散与安置等信息的综合分析和动态展示。后方指挥部根据情况向前方指挥部提出处置建议,前方指挥部应根据突发事件处置进展情况,向后方指挥部提出救援队伍、装备、物资等需求意见,后方指挥部及时协调救援队伍、装备、物资、卫生防疫等力量参与抢险救援工作,形成一个科学完善的应急救援指挥网络。

有效提升应急救援指挥效能,需要实现安全生产、消防管理、森林防火三个应急指挥平台的联通,基本实现应急部门与水利、自然资源、林草、气象等部门信息系统的互联互通,建立会商研判、协同响应、救援联动等机制。把指挥平台向基层市县延伸,建成纵向贯通、横向联接的应急指挥系统。通过应用"互联网+""云技术"等新技术,全面实现远程调度、应急决策、现场指挥有机统一。

应急救援指挥机制需要在实战中进行演练,云南省消防救援总队于2019年11月15日组织开展了灭火救援实战演练(如图4-7所示)。灭火救援实战演练包括空天地一体化应急救援实景演练、高层建筑火灾灭火救援实战演练、石油化工灾害事故灭火救援实战演练三个科目。空天地一体化应急救援实景演练是一场无人机与直升机、空中与地面协同救援的一体化指挥调度演练,展示了云南消防救援队伍改制后主动应对地震等重特大灾害应急响应、空天一体、救援指挥体系创新的最新成果。

图 4-7　云南省消防救援总队大型消防演练现场

2. 会商研判机制

应急管理、防灾减灾救灾和安全生产工作涉及行业领域众多，量大面广战线长，非一个部门力所能及，需要各部门协同作战。建立灾害事故的会商研判机制能够汇聚各方面专业力量，提高救援能力和效率。

在重大灾害事故处置阶段，应急管理部建立了多部门联合会商机制，由应急管理部牵头，自然资源部、水利部、气象局以及军队有关部门共同参与，每日联合会商研判。2019 年 6 月，江南、华南等地持续出现强降雨过程，局地大暴雨，引发多地出现洪涝灾害。针对当时防汛形势，2019 年 6 月 13 日，应急管理部召开全国应急系统抗洪救援调度会商会议，组织水利部、中国气象局、安能公司等单位有关负责人分析研判当时雨情、水情、汛情、灾情，与江西、湖南、广东、广西等省区应急管理厅视频连线，调度了解抢险救援救灾工作情况，对防汛抗洪抢险救援救灾工作进行再安排、再部署。要求各级防汛抗旱指挥部和应急管理部门要落实每日会商制度，密切监视天气变化，强化会商分析研判，第一时间掌握雨情、汛情、险情，做好风险分析研判，有针对性地防范高危地区的洪涝灾害风险，重点要严防和补齐漏洞，避免出现工作偏差。前期受灾地区要加大隐患排查和督导检查力度，确保重点区域、重要设施等度汛安全。

面对重大灾害，各省的会商机制也发挥着巨大的作用。2019 年 8 月 25 日，第 11 号台风"白鹿"的中心在福建省东山县沿海登陆。25 日上午，国家防汛抗旱总指挥部副总指挥、应急管理部党组书记黄明继续主持视频会商，连线中国气象局，调度广东、福建、湖南、江西等地防台风工作情况，密切跟踪台风登陆后带来的大风和降水影响，进一步部署做好台风防范应对工作(如图 4-8 所示)。福建省防汛抗旱指挥部 24 日上午会商研判认为，受"白鹿"影响，福建沿海地区将有大雨到暴雨，其中漳州、厦门、泉州有大暴雨。江西省 24 日晚召开台风"白鹿"应对工作视频会商会，通报了江西省防御台风"白鹿"准备工作的情况，听取了相关设区市应急管理部门应对工作情况汇报。

3. 协调联动机制

应急协调联动机制是应急管理机制中的一个重要而又复杂的组成部分。建设一个功能齐全、设施完善、平战结合、便于组织指挥的协调联动机制，有利于有效整合和发挥各方面社会资源，是适应新形势的迫切需要和切实提高应急管理能力的机制保证。

图 4-8　2019 年 8 月国家防汛抗旱总指挥部持续调度部署台风"白鹿"的防范应对

应急管理协调联动机制是指在公共突发事件应急过程中将政府诸多应急职能部门纳入统一指挥调度系统,以处理突发紧急事件和向公众提供救助服务的应急模式。

应急部门内部之间需要协调联动机制。2018 年国务院机构改革将分散于多个部门的自然灾害与事故灾难应急的主要职责加以整合,组建应急管理部。被整合 11 个部门的 13 项职责中包括 5 个国家指挥协调机构的职责,部门与部门之间职责边界、协同配合机制等还需细化完善,部门职责交叉、条条干预等问题也还不同程度存在。

应急管理部与其他部门和单位之间需要协调联动机制。根据《突发事件应对法》,我国突发事件分为四大类:自然灾害、事故灾难、公共卫生事件和社会安全事件,从管辖部门的角度看,分属于应急管理部、国家卫生健康委员会和公安部,因此协调还包括三个部门之间的协调。自然灾害中的海洋灾害、生物病虫害应对和事故灾难中的核事故应对就分别被保留在海洋、农业、环境管理部门,因此协调机制也包括海洋、农业和环境等部门的协调。在各类突发事件的应急管理过程中,气象、交通等部门的应急职能也不能缺少,也未被整合进入应急管理部,需要与气象、交通等部门的协调。应急管理部成立后,建立了应急响应的联动机制,由应急管理部牵头,由自然资源部、水利部、国家气象局等相关部门参加。应急管理部与军队之间建立军地应急救援联动机制,探索形成了一套行之有效的抢险救援技战术打法,有力有序有效应对了一系列超强台风、严重洪涝灾害、重大堰塞湖、重大森林火灾、特大山体滑坡和严重地震灾害,成功实施了各类重特大事故救援行动,把各种灾害和事故损失降到最低。

2019 年 3 月 29 日,国务院办公厅同意建立自然灾害防治工作部际联席会议,联席会议由应急管理部、国家发展和改革委员会、财政部、科技部、工业和信息化部、自然资源部、生态环境部、住房和城乡建设部、交通运输部、水利部、农业农村部、国家统计局、国家气象局、中央军委联合参谋部等14个部门和单位组成。应急管理部、国家发展和改革委员会、财政部为牵头部门。联席会议由应急管理部主要负责同志和国家发展和改革委员会、财政部有关负责同志共同担任召集人,其他成员单位有关负责同志为联席会议成员。根据工作需要,经联席会议研究确定,可增加成员单位。联席会议成员因工作变动需要调整的,由所在单位提出,联席会议确定。联席会议办公室设在应急管理部,承担联席会议日常工作,办公室主任由应急管理部分管负责同志兼任。联席会议设联络员由各成员单位有关司局负责同志担任。

各省也相继建立了各自的应急协调联动工作机制。2019年7月2日,吉林省和省军区战备建设局建立军地抢险救灾协调联动机制,省应急管理厅与省军区战备建设局共同研究,建立《吉林省军地抢险救灾协调联动机制(试行)》。从军地职能划分、常态业务协调、灾情信息通报和联合勘察、兵力需求提报、应急资源协同保障、联系方式等6个方面进行深入研究,进一步明确了军地双方的任务、预案对接、专业队伍建设、组织联训联演、信息通报、通报内容、联合勘察、平台建设、兵力需求提报、联系方式的具体方式方法。2019年10月,青海省应急管理厅和省气象局签订了加强应急管理与气象防灾减灾联动合作框架协议。双方以各自职能为基础,积极开展全面、深入、长期的战略合作,建立健全应急联动工作机制,为应急管理工作提供及时、科学、高效、专业的气象监测预报预警,不断提高气象服务应急管理的能力和水平。2019年11月2日,河南省印发了《河南省应急救援联动工作机制(试行)》,出台了应急救援联动工作机制,旨在加强省应急救援总指挥部和省各专项指挥部及成员单位、前后方指挥部之间的沟通协调,实现信息共享、会商研判、统一指挥、协调联动,形成应急救援合力,提高应急指挥和综合救援能力与效率。2019年11月3日,福建省召开全省非煤矿山安全监管和地震地质灾害救援工作座谈会时提出,要抓好非煤矿山安全监管工作,扎实推进地震和地质灾害应急救援协调机制建设,深入开展非煤矿山隐患排查和专项整治,扎实推进"头顶库"和采空区事故隐患治理。

通过以上各省应急管理协调联动机制工作的总结,协调联动有两个层面:一个侧重联动技术层面,通过信息技术的运用实现部门之间的统一行动与互相配合,以提高危机应对反应速度与效率;另一个侧重联动机制层面,强调将政府诸多应急职能部门纳入统一指挥调度系统,以处理突发事件和向公众提供救助服务的应急模式,从而取得更强的危机治理能力和更好治理绩效。

4. 应急基础信息管理机制

应急基础信息,主要指安全生产和自然灾害防治领域的风险和隐患信息以及各类灾害事故信息,这些都是应急管理重要的基础资源,是做好灾害事故防范处置工作的重要支撑。

应急管理部门既负责指导自然灾害的防治,也负责生产事故的综合整治,还负责工矿商贸行业安全生产监督管理。同时自然灾害和生产事故还可能相互转换。例如:2015年12月20日深圳光明新区柳溪工业园附近的工业余泥渣土因失稳垮塌造成了滑坡灾害;2016年6月23日江苏阜宁县龙卷风袭击造成一厂房坍塌,导致危险化学品泄漏。应急基础信息管理是加快建立灾害综合风险监测预警体系,全面提升综合减灾能力的基础性管理工作。应急救援指挥与相关部门和单位的会商研判、协同响应、救援联动等机制都需要建立在应急基础信息基础之上。

(1) 应急基础信息管理机制的作用

① 应急基础信息管理机制有利于全面了解灾害事故信息

应急基础信息由各地区、各有关部门和各行业企业分别掌握易导致出现监测空白和信息孤岛,不利于重大风险和隐患在线监测、超前预警预报和灾害事故高效处置。将各地区、各有关部门和各行业企业分别掌握的应急基础信息进行统一管理,依托互联网、云计算、大数据等技术,整合各方应急基础信息资源,推进共享共用,实现对重点行业企业以及各类自然灾害风险和隐患的智能监控和大数据监控,有助于实现重大风险和隐患在线监测、超前预警预报和灾害事故高效处置,将显著提升应急管理精细化、科学化、规范化水平。

② 应急基础信息管理机制有利于统一标准

应急管理部成立之前,同一场自然灾害数据可能不一样。国务院应急办、国家减灾委、防汛抗旱指挥部等部门不同体系的灾情收集与报告制度,公布的灾情的数据具有一定的差异,给应急决策和研究带来很大障碍与困难。通过建立应急基础信息管理机制,统一各个应急信息平台,收集应急资源信息、事件信息、地理空间信息、预案信息、知识库和模型库等,统一数据标准,建立整合灾情报告系统和信息交换机制,实现灾情统一发布和信息共享。

③ 应急基础信息管理机制有利于查找潜在危险源

通过全面接入风险和隐患信息,运用大数据等先进技术分析重大风险和重大隐患信息变化情况,查找潜在危险源,完善灾害事故趋势分析和应急预测模型,为应急管理提供前瞻性对策和措施建议。

(2) 应急基础信息管理机制的功能实现

① 灾害事故信息监测

应急基础信息需要有监测网络。全面提升综合减灾能力,需要加快各种灾害地面监测站网和国家民用空间基础设施建设,完善分工合理、职责清晰的自然灾害监测预报预警体系。开展以县为单位的全国自然灾害综合风险与减灾能力调查,发挥气象、水文、地震、地质、林业、海洋等防灾减灾部门作用,提升灾害风险预警能力,加强灾害风险评估、隐患排查治理。

应急管理部规划和建设全国应急管理大数据应用平台,各地区、各有关部门、各行业企业将各自掌握的安全生产、自然灾害防治领域的风险和隐患信息以及灾害事故信息逐步接入,协同做好灾害事故的防范处置工作。应急指挥中心建立一体化的值班体系,构建了信息接报网络,实现了各省、各有关部门业务信息渠道的畅通。

② 风险预测预警

围绕智能应急平台,打造各类应用体系,包括预案智能管理体系、智能决策辅助体系、预案应用体系和预案知识库等。各地区安委会、减灾委、应急管理部门以及相关部门和行业企业依托全国应急管理大数据应用平台加强应急基础信息管理。各地区、各有关部门分级分类建立安全生产领域覆盖所有行业和重点企业以及自然灾害防治领域覆盖各灾种的风险和隐患信息数据库,并全部接入全国应急管理大数据应用平台。各地区、各有关部门、各行业企业严格按照有关法律法规和规范性文件中的时限要求,依托全国应急管理大数据应用平台,分级分类做好灾害事故信息报送工作。

推进"互联网+监管"系统建设,加强应急基础信息统一管理,分级分类构建源头治理、动态管理、应急处置相结合的风险和隐患监管体系,实现远程网上巡查和在线执法,建立新型应急管理监管机制,确保各地区、各行业、各重点企业的风险和隐患监管主体责任落实到位。

③ 信息的发布

建立健全应急基础信息发布制度,各地区、各有关部门及时发布传播应急基础信息。严格管理应急基础信息发布行为,严禁各地区、各有关部门未经授权擅自发布有关信息。建立健全与灾害特征相适应的预警信息发布制度,明确发布流程和责任权限。开发面向公众的移动客户端,依靠物联网、移动互联等技术,面向公众推送应急管理信息、预警信息等,形成面向公众便捷权威的信息发布渠道。

充分利用各类传播渠道,通过多种途径将灾害预警信息发送到户到人,显著提高灾害预警信息发布的准确性和时效性,扩大社会公众覆盖面,有效解决信息发布"最后一公里"问题。

(3) 应急基础信息管理机制的实施办法

2019年5月国务院安全生产委员会办公室、国家减灾委员会办公室、应急管理部联合印发的《关于加强应急基础信息管理的通知》提出,全国应急管理大数据应用平台是支撑应急管理工作的"智慧中枢",通过感知网络,将安全生产领域、自然灾害防治领域基础数据、共享数据、感知数据接入、汇聚,形成全国应急管理数据资源池。

在此基础上,利用大数据、云计算、人工智能等信息技术,深入挖掘数据价值,实现安全态势智能感知、风险隐患精准预警、突发事件分析研判、应急指挥辅助决策等。对风险和隐患信息,各地区、各有关部门在督促指导企业全面开展风险辨识管控和隐患排查治理、开展自然灾害风险调查评估的基础上,建立风险和隐患信息数据库,并全部接入全国应急管理大数据应用平台。对灾害事故信息,要在严格执行信息报送有关规定的同时,依托全国应急管理大数据应用平台开展同步报送。全面提升事前、事发、事中和事后全业务链应用支撑能力。

应急基础信息管理机制建设要切实加强组织领导,明确工作责任,制订实施方案,防止出现监测空白和信息孤岛。要确保网络运行与信息数据安全,建立健全监督考核责任制,督促各项工作落实到位。要坚持一切从实际出发,高起点、高标准规划建设应急管理信息化系统。要立足当前、着眼长远,稳中推进、急用先行,按照近期、中期和远期目标制定任务书、施工图,满足服务党中央、国务院应急指挥和应急管理部实战需要。要统一规划、统一标准,按照统分结合的原则,既以科学务实管用的规划和标准,规范全系统信息化建设,又留有接口,发挥各有关方面的积极性,上下互动、整体推进,形成"全国一盘棋"。要加强组织领导,集中系统力量和社会智慧,吃透需求、明确计划,全程加强监督,确保建设成为示范工程、安全工程、廉洁工程。

4.3.3 应急处置体系

1. 风险监测预警机制

风险监测预警机制是突发公共事件应急管理的第一道防线,从内容上看,风险监测预警机制主要包括"监测""预测"和"预警"三个部分,是指应急管理的主体通过对有关事件现象过去和现在的数据、情报及资料的监测,以先进的信息技术平台,运用逻辑推理和科学预测的方法技术,对某些突发公共事件出现的约束条件、未来发展趋势和演变规律等做出科学的估计与推断,确定相应预警级别,并发出确切的警示信号,使政府和民众提前了解事件发展的状态,以便及时采取相应策略,使造成的损失降至最低。

健全安全风险监测预警机制。加快建立危险化学品、矿山、燃气管网等高危行业企业预警预报在线系统,强化源头防范治理的精准性,依靠信息化技术建立网上巡查手段,尽快实现重大风险隐患动态监控、及时发现、快速处置,增强监管效能。

健全灾害综合监测预警机制。应急管理部门会同相关部门利用灾害监测站网和基础设施建设,提升灾害综合监测预警能力。

2. 应急响应机制

应急响应是突发事件处于先期处置未能有效控制的状态。不同灾害事故应急响应启动的标准和内容不同,本书 1.2.2 节灾害事故的分级介绍了我国实施应急响应分级启动。根据突发公共事件的危害程度和事发地政府是否有足够的应付能力,来确定应急响应行动的级别和程序。如果省级政府有能力应对已经发生的突发公共事件,就应当由其负责组织应急处置工作,中央部门可予以技术、资金、物资等方面的援助,强化属地管理责任;省级政府感到无力对付或危机规模跨省时,再升级到由中央政府负责组织应对;对于已经发生或经监测预测认为可能发生的跨部门、跨省区的重大突发公共事件;由中央政府负责组织应对,形成以应对危机能力为主要依据的分级响应机制。应急响应过程需要有效地组织多个相关部门共同参与处置突发公共事件时,参与联合响应的各部门科学合理界定职责,既要勇挑重担,又不能大包大揽,要做到有主有次、有统有分,权责一致,与各有关部门形成合力。应急管理部建立的快速应急响应机制,一年间累计启动 59 次应急响应,派出 84 个工作组赶赴各地指导开展防灾救援救灾和事故处置工作,先后成功应对了超强台风"玛莉亚"和"山竹"、山东寿光洪涝灾害等一系列重大自然灾害。2019 年下半年各省也启动了不同类型的应急响应机制。2019 年 11 月,根据河北省大气污染防治工作领导小组办公室《关于启动区域一区域二重污染天气橙色预警和 Ⅱ 级应急响应的通知》要求,重污染天气应急响应期间,河北省部分企业采取停限产措施。企业停限产期间,各环节安全风险增加。为确保安全,河北省应急管理厅发布停限产企业安全生产提示。

2019 年 12 月 5 日,广东省佛山市高明区发生森林火灾。根据《广东省森林火灾应急预案》,广东省森林防灭火指挥部决定于 12 月 7 日 16 时 00 分启动森林火灾Ⅲ级应急响应。广东省森林防灭火指挥部办公室、广东省应急管理厅要求,省有关部门和火灾影响地区要全力以赴、争分夺秒,及时转移受影响区域人员,科学安全开展扑火工作,确保人民群众生命安全和社会稳定,最大程度降低灾害损失。其他地区要进一步落实森林防火责任,加强巡查值守,扎实落实森林防火各项措施,全力防范森林火灾。

2019年6月17日,四川省6.0级长宁地震发生后,森林消防局第一时间启动应急响应机制,指导队伍迅速投入地震救援行动,四川总队政委金德成连夜赶赴灾区,特种救援大队150名指战员第一时间到达,攀枝花支队100名指战员紧随增援。

3. "135"工作机制

"135"工作机制就是发生火警警情后,确保社区微型站1分钟内抵达现场,小型站3分钟抵达,消防中队5分钟抵达。我国的街巷错综复杂、人员密集,"大块头"的消防车难以穿行。各社区通过建设小型站和社区微型站,配备消防摩托车和电瓶车,建立起了社区微型站。实施"135"工作机制,能够有效遏制初起火灾,极大缓解了中队的压力。

4. 24小时值班值守工作机制

整合了13个部门和单位相关职能的应急管理部,被称为2018年国务院机构改革中的"超级大部"。正式挂牌前,在人员没有到位、办公地点尚待确定的情况下就进入了"应急"状态,建立起了由部领导轮流在岗带班的24小时值班值守工作机制,确保遇突发重特大安全事故或自然灾害时第一时间响应。应急管理部成立一年多来,24小时值班值守工作机制在各级应急管理部门发挥着重要作用。

2019年国庆期间,广东省应急管理系统在牢固树立"群众过节,我们过关"和为全国全省大局稳定做贡献的思想,领导干部一律停止休假,坚守岗位,深入一线检查督导,层层落实安全防范工作,责任到人、措施到位;各级应急管理部门严格落实24小时专人值班、主要领导在岗带班,坚持落实"五个一"机制;各类救援队伍严阵以待,加强值班备勤,迅速处置各类突发事件。整个国庆期间,全省未发生生产安全事故,安全生产和自然灾害形势总体平稳。

河南省从2019年9月13日中秋节起,全省应急管理系统开始取消休假,严格落实领导三级带班和值班员24小时在岗值班制度。省、市、县值班人员全部在岗在位,执行日视频连线会商、零报告制度,及时报送各类紧急信息。

山西省人民政府安全生产委员会办公室在2019年9月5日下发了《关于加强全省国庆节期间安全生产工作的通知》(以下简称《通知》),要求全省上下以防风险、保安全、迎大庆为主线,切实加强全省国庆节期间安全生产工作,确保人民群众度过一个欢乐、祥和、平安的节日。《通知》强调,各级各部门要严格执行24小时值班制度和领导干部在岗带班制度,严格落实信息报告制度,加强应急准备,加强舆情监测监控,切实提高应急救援和处置能力,维护社会平安稳定。

对于青海省来说,2019年1—10月安全生产形势总体平稳,但较大事故同比上升,安全生产形势不容乐观。针对岁末社会经济特点和灾害防治重点,青海省做好应急队伍、装备、物资准备,加强值班值守,严格执行领导干部带班、关键岗位24小时值班制度和事故信息报告制度,确保了及时科学有效应对事故险情。

4.3.4 救援力量体系

应急管理机构的改革不仅是相关职能的整合,还是相关资源的整合。将分散的资源整合为综合资源,将低效的资源整合为高效的资源。既节约了行政资源,也符合灾害事故防范处置的内在规律。

1. 综合性消防救援队伍建设机制

综合性消防救援队伍建设机制对提高防灾减灾救灾能力、维护社会公共安全、保护人民生命财产安全具有重大意义。

国家综合性消防救援队伍由应急管理部管理,是由公安消防部队、武警森林部队退出现役,成建制划归应急管理部后组建成立。公安消防部队、武警森林部队转制后职责大大拓展,由以前履行防火、灭火职责,在救援方面仅限于以抢救人员生命为主的应急救援任务,转变为坚持预防为先,全力防范化解重大安全风险,并在继续履行灭火救援职责的基础上,承担起包括水灾、旱灾、台风、地震、泥石流等自然灾害和交通、危险化学品等各类灾害事故的应对处置任务。2019年以来,一线消防救援指战员人均参加救援任务同比增加27.9%。综合性消防救援队伍完成了从火灾消防向全灾种应急救援转变,从区域性作战向跨区域、跨国应急救援转变,从灾后救援向防范救援救灾全过程参与转变。

截至2019年9月,国家综合性消防救援队伍分区域在全国布点建设了27支地震、山岳、水域、空勤专业队,2个消防救援搜救犬培训基地,在各省组建了机动支队、抗洪抢险救援队,各地同步组建了246支工程机械救援队、2800余支各类专业队,在边境线组建了6支跨国境森林草原灭火队,在黑龙江和云南分别建设了南、北方空中救援基地,并在拉动和实战中锤炼队伍、磨合机制,提升综合救援能力。

各省市针对综合性消防救援队伍建设,立足"全灾种""大应急"综合应急救援形势,针对各省市自身的特点,不断完善各种救援专业队伍建设。新疆面临着重大风险越来越复杂化、多样化的现状,除了过去"高地大化(高层建筑、地下建筑、大型商业综合体、化工企业)""老幼古标(老年人活动场所、儿童活动场所、文物古建筑、城市标志性建筑)"等灭火救援任务,这支队伍还承担地质矿山、风雨冰雪、交通运输、江河流域、危险化学品等重点领域应急救援任务。截至2019年4月,新疆消防救援队伍共有28支高层建筑专业救援队、18支水域救援队、9支石油化工灭火专业队、8支重型地震救援队、15支轻型地震救援队和15支搜救犬分队,还将逐步建成重型地质救援大队、重型工程机械救援大队、战勤保障大队等应对急难险重灾情的专业化、精细化力量。

2. 社会力量参与机制

(1) 社会救援力量

灾害事故的发生具有很强的突发性和紧急性,需要在巨大的时间与压力之下调集大量的人力、物力和财力,仅靠政府的力量是不够的,必须实施社会动员。

习近平总书记高度重视社会救援力量参与应急工作,强调"要把志愿者等社会救援力量有效组织起来,平时登记训练,需要时科学组织调度"。鼓励和引导社会力量、志愿者、退役军人参与应急救援,形成"民间自发组织,政府有效管理"的机制。

近年来,随着我国经济社会快速发展,社会应急力量参与救援的热情持续高涨,尤其是在汶川地震、玉树地震等重特大自然灾害救援中,大量社会力量与国家综合性消防救援队伍和其他专业应急救援队伍相互配合、优势互补,在生命救援、灾民救治、秩序维护、心理抚慰、物资筹措、善款募集等方面发挥了重要作用,充分体现了贴近基层、组织灵活的优势,逐步发展成长为应急救援力量体系的重要组成部分。

灾害的应对必须坚持党的领导,以党委为核心,构建各部门齐抓共管、多种力量共同参与的灾害治理网络。多元参与、共同治理灾害可以起到汇集民智、民力的作用,有效的应急管理一定会将安全意识和责任分解落实到每一基层社会单元、每一个社会成员身上。

作为一个防范化解重特大安全风险的主管部门,应急管理部肩负起整合优化应急力量和资源的工作。社会应急力量是我国应急体系的重要组成部分,要加强引导、强化服务,积极支持和规范队伍建设发展,推动社会应急力量发挥更大作用。应急管理部通过健全法律法规、搭建协作服务平台、组织竞赛和评估、建立与专业队伍共训共练和服务保障机制等,积极支持鼓励社会应急力量建设发展,规范有序参与救援行动。

截至 2019 年,甘肃省统筹推进专兼结合的应急救援力量体系建设,全省初步建立以消防救援、森林消防 2 支队伍为主,以 18 支应急管理部门统筹、企业为主体组建的安全生产专业救援队伍,交通、水利、自然资源、林草、地震等行业救援力量为辅,以社会力量为补充的应急救援队伍体系,将交通、水利、林草、地震等行业 14 支救援队伍建设纳入全省应急救援体系,加强人员业务培训和救援装备建设,提升了行业救援队伍"一专多能"的救援能力;与清华大学公共安全研究院、应急管理部信息研究院签订了科技信息化战略合作协议;与甘肃公航旅金汇通用有限公司签订了直升机救援合作协议;与蓝天、方舟、厚天等社会救援机构签订了合作协议,积极探索整合企业资源、社会力量和政府购买服务的社会化救援力量建设的新路子。明确了部队、武警参与救援行动用兵的审批权限和程序,开展调兵联动演练,形成了较为顺畅的军地联动机制。加大财政保障力度,争取中央和省级财政资金 10.9 亿元,购买应急特种车辆和各类装备物资 2.43 万余台(套);为省级救援基地配备危化现场侦测无人机、雷达生命探测仪、水下侦测机器人,购置应急通信指挥车、运兵车、后勤保障车,有效缓解了救援装备不足的问题。有序推进甘肃省矿山救援队质量标准化建设,4 支队伍达到国家特级标准,2 支队伍达到国家二级标准,2 支队伍达到国家三级标准。建立社会救援力量通行保障机制,全面落实了应急救援车辆免费通行、公路沿线优先保障各项政策,使应急救援力量能够在第一时间抵达灾害事故现场有效开展应对处置工作。

截至 2019 年 9 月,山东省初步建立了以国家综合性消防救援队伍为主力、以专业救援队伍为协同、以社会力量为辅助的应急队伍力量体系。下一步,山东将建立党委、政府统一领导,应急管理部门统筹协调,综合性消防救援队伍主调主战,各方应急救援力量密切协同的联调联战工作机制,将公安、应急、消防、交通、住房城乡建设、卫生健康、电力等部门所属政府应急力量,企业专职救援队、工程机械队、通信运营商和通用航空救援服务公司等企业应急力量,公益救援队、红十字会、消防志愿组织、青年志愿者协会等民间救援组织社会应急力量以及相关企事业单位专家、高等院校教授学者四类应急救援力量资源整合,实现省、市、县三级消防救援作战指挥中心与同级应急管理部门和应急救援力量互联互通。牵头组织各应急救援队伍开展专业化"比武"竞赛和经常性跨区域联合救援演练,实现不同力量之间的无缝隙对接,提升联合作战能力,确保灾害事故发生时形成救援合力,快速有序、科学高效处置,最大程度减少损失和影响。

(2) 信息员队伍

《民政部办公厅关于进一步加强灾害信息员队伍建设的通知》中指出,自从2007年灾害信息员职业获得批准以来,各级民政部门大力推进灾害信息员队伍建设。截至2018年1月,我国已实现乡镇网络报灾全覆盖,73.4万名灾害信息员的信息录入数据库并实现统一管理。全国各省、自治区、直辖市和新疆生产建设兵团均已实现乡镇网络报灾全覆盖。省、市、县、乡、村五级手机报灾APP在各地逐步推广使用。

各地建立本行政区域的灾害信息员队伍和加强业务培训与管理工作,需要与提升灾情管理水平结合起来,针对因机构改革工作未理顺出现的灾情报送工作中存在的不及时、不准确、不规范等突出问题,重构灾害信息员队伍,加强对队伍的管理和培训教育,切实增强培训效果,着力提升灾情报送水平。

① 明确灾害信息员的配置。原则上每个设区市、县(市、区)、乡镇(街道)、行政村(城镇社区)至少应设立1名灾害信息员,有条件的地方可设灾害信息员A、B岗。设区市和县(市、区)的灾害信息员由本级应急局从事救灾工作的人员担任;乡镇(街道)的灾害信息员由设区市和县级应急局在现有乡镇(街道)干部中协调落实,或通过购买服务方式聘用;行政村(城镇社区)的灾害信息员一般由村"两委"成员和社区工作人员担任,工作方式以兼职为主,也可在当地政府的统一领导下,加强与相关部门的协调,整合现有各类基层灾害信息员资源,丰富和完善灾害信息员的职责内容,实现"一专多能"和"一人多用",避免重复建设,为政府和涉灾部门提供全面的灾害信息服务。

② 明确灾害信息员的职责。灾害信息员在本级基层组织领导下工作,平时做好灾害隐患调查、防灾避灾知识宣传,应急期间负责接收和传递灾害预警预报信息、灾情信息收集和及时报送,协助做好转移安置、灾害评估、应急救助和恢复重建等工作。

③ 明确灾害信息员的培训方式、内容及分工。要将灾害信息员日常业务培训和实际工作有机结合起来,通过"走出去,请进来"或以集中培训、以会代训的形式,开展灾害基础知识、灾情统计报送、防灾减灾知识、减灾救灾法律法规和政策、中央和自治区有关防灾减灾救灾的新定位新理念新要求等方面的知识和技能培训。要积极推进乡镇(街道)灾情管理信息系统的普及应用,着力提高乡镇(街道)灾害信息员的灾情信息报送工作质量。

④ 明确灾害信息员的管理。各地应急部门要抓紧完善市、县(市、区)、乡镇(街道)、行政村(社区)四级基层灾害信息员队伍体系,进一步明确灾害信息员的权利和义务;建立健全灾害

信息员管理系统,完整记录灾害信息员的姓名、单位、住址、联系方式等基本信息,建立工作台账,制定工作流程和管理办法,做好与现行灾害信息管理制度的衔接,着重建立灾害信息员管理的长效机制。

3. 市场参与机制

坚持政府推动、市场运作原则,强化保险等市场机制在风险防范、损失补偿、恢复重建等方面的积极作用,不断扩大保险覆盖面,完善应对灾害的金融支持体系。

(1) 安全生产责任保险

建立健全安全生产责任保险制度。安全生产责任保险,是指保险机构对投保的生产经营单位发生的生产安全事故造成的人员伤亡和有关经济损失等予以赔偿,并且为投保的生产经营单位提供生产安全事故预防服务的商业保险。为了强化事故预防,切实保障投保的生产经营单位及有关人员的合法权益,应坚持风险防控、费率合理、理赔及时的原则,按照政策引导、政府推动、市场运作的方式推行安全生产责任保险工作。煤矿、非煤矿山、危险化学品、烟花爆竹、交通运输、建筑施工、民用爆炸物品、金属冶炼、渔业生产等高危行业领域的生产经营单位应当投保安全生产责任保险。安全生产责任保险的保费由生产经营单位缴纳,不得以任何方式摊派给从业人员个人。

(2) 巨灾保险

加快巨灾保险制度建设,逐步形成财政支持下的多层次巨灾风险分散机制。巨灾不同于一般的灾害,虽然发生概率较小,但是一旦发生,损失将非常巨大。统筹考虑现实需要和长远规划,建立健全城乡居民住宅地震巨灾保险制度。鼓励各地结合灾害风险特点,探索巨灾风险有效保障模式。积极推进农业保险和农村住房保险工作,健全各级财政补贴、农户自愿参加、保费合理分担的机制。

(3) 灾害民生综合保险

从2019年7月份开始,山东省全面推行灾害民生综合保险,保费全部由财政负担,群众不用拿一分钱,保障范围为洪涝、干旱、台风等13种自然灾害和溺水、爆炸、火灾5种特定意外事故。受台风"利奇马"影响,山东省已启动灾害民生综合保险救助保障机制,对因台风造成的人员伤亡、住房损失等案件及时接收报案、迅速勘查核损,为民生救助提供有力保障。自2019年8月9日受台风影响以来,截止到2019年8月14日8时,山东省已接收灾害民生综合保险救助申请4000多笔。

(4) 森林保险

我国森林保险业务于1982年开始办理,1984年在桂林进行试点。2018年,全国森林保险总面积达到23.26亿亩,我国森林保险规模已居全球第一。森林保险的实施范围覆盖24个省、自治区、直辖市,共计32个参保地区和单位,覆盖了全国77%的省级行政单位。参保主体涵盖了林农、家庭林场、林业合作社、林业企业、森林公园、自然保护区以及国有林场等几乎所有类型的林业生产经营主体。森林保险的风险保障能力从973.59亿元增加到14 521.60亿元,增加了14倍,森林保险提供的风险保障占林业产业总产值的19.78%。

中央财政森林保险保费补贴政策遵循"政府引导、市场运作、自主自愿、协同推进"的基本原则,对于生态公益林保险,在地方财政给予40%保费补贴的前提下,中央财政补贴50%;对于商品林保险,在省级财政给予25%保费的前提下,中央财政补贴30%。险种主要是火灾险和综合险,保险责任涵盖林业主要自然灾害、有害生物灾害、意外事故、疫病、疾病等。保险金额原则上是林木损失后的再植成本,每亩400~1250元不等。各参保地区结合地方实际采取了差异化的保险政策,部分省份按照风险差别进行了费率区分,部分省份对贫困地区在补贴上给予了倾斜,部分省份按照林种、树种和生长期等对险种进行了细分,部分省份制定了查勘定损标准、防灾防损资金使用办法、灾后恢复治理办法等相关规范性文件。

应急资源呈倒金字塔形配置。越到基层,越需要应急资源和能力,但基层的应急资源与能力相对匮乏。因此完善社会力量和市场参与机制,实现习近平总书记要求的"维护公共安全体系,要从最基础的地方做起。要把基层一线作为公共安全的主战场,坚持重心下移、力量下沉、保障下倾,改变基层权责、权能不匹配的问题"。

4.3.5 风险防范化解体系

2018年3月,国务委员王勇向十三届全国人大一次会议作关于国务院机构改革方案的说明时指出,应急管理部组建的目的之一就是防范化解重特大安全风险。强调未雨绸缪、关口前移,这样我们在灾害来临的时候,一方面应对起来比较有序,另一方面提升我们抵御灾害的能力。

1. 防范化解重大自然灾害风险

(1) 加强自然灾害风险的综合防范

我国是世界上自然灾害最严重的国家之一,各种灾害风险相互交织,相互叠加,我国自然灾害面临更加复杂的严峻形势和挑战,必须强化灾害风险的综合防范。

我国自然灾害有五个特点:一是灾害种类多,除了现代火山活动导致的灾害外,地球上几乎所有的自然灾害类型在我国都发生过;二是分布地域广,我国32个省、自治区、直辖市均不同程度受到自然灾害的影响,70%以上的城市、50%以上的人口分布在气象、地震、地质、海洋等灾害的高风险区;三是发生频率高,区域性洪涝、干旱每年都会发生,东南沿海地区平均每年有7个左右的台风登陆,同时我国地震占全球陆地破坏性地震的1/3,是世界上大陆地震最多的国家;四是灾害损失重,21世纪以来,我国平均每年因自然灾害造成的直接经济损失超过3000亿元,因自然灾害每年大约有3亿人次受灾;五是灾害风险高。

近年来,随着全球气候变暖,我国极端天气气候事件多发频发,高温、洪涝、干旱的风险进一步加剧,地质灾害风险也越来越高。这些高灾害风险区又都集中在东部人口密集和经济发达地区。随着经济全球化、城镇化快速发展,社会财富的聚集、人口密度的增加,各种灾害风险相互交织,相互叠加,我国自然灾害面临更加复杂的严峻形势和挑战。

针对日益增长的灾害风险挑战,我们应重点从以下七方面应对自然灾害风险:

① 牢固树立灾害风险管理和综合减灾的理念。要以防为主、防抗救相结合,坚持常态救灾与非常态救灾相统一,努力实现从注重灾后救助向注重灾前预防转变,从注重应对单一灾种向综合减灾转变,从注重减少灾害损失向注重减轻灾害风险转变。要进一步提升各级领导干部和全社会对灾害风险及其防范工作严峻性、紧迫性的认识,坚持以防为主,坚持未雨绸缪、关口前移,扎实做好日常减灾工作。

② 推动自然灾害防治责任的落实。严格落实部门分工负责,重点处理好"防"和"救"的关系,督促协调好有关部门切实承担起灾害预防的部门责任。按照分级负责、属地管理的原则,严格落实地方党委政府在自然灾害防治方面的主体作用,还要尊重规律,坚持人与自然的和谐,坚持科学防治、依法防治、群防群治。

③ 强化灾害风险的综合防范。应急管理部会同有关部门加快灾害监测站网和基础设施建设,提升灾害综合监测预警能力。同时也强化灾害风险的会商研判机制,定期研判灾害的发展趋势,评估灾害的风险。全面开展全国灾害综合风险普查试点,摸清隐患底数,开展全面整治。建立健全灾害预警信息发布制度,通过各种途径把灾害预警的信息发送到户到人,并提高灾害预警信息发布的准确性、时效性和公共覆盖面,切实解决"最后一公里"问题。

④ 加强自然灾害法律法规和预案体系的建设。根据机构改革职能调整等情况,加快修订相关法律法规和各类应急预案,推动自然灾害防治综合立法,并进一步完善相关的技术标准体系。

⑤ 夯实应急管理基层基础。应急管理部正在实施基层应急能力提升计划,开展全国综合减灾示范社区和示范县的创建,提高公众防灾减灾意识和自救互救能力。另外,还要充分发挥高等院校、科研院所等机构在科技支撑方面的作用,深入研究我国自然灾害孕育、发生、发展规律以及防治技术,推进先进技术和装备的研发应用,加快大数据、人工智能、物联网、先进指挥通信等在防灾减灾救灾中的应用。

⑥ 着力发挥社会力量的作用。坚持鼓励支持、引导规范、效率优先、自愿自助的原则,搭建一个社会组织、志愿者等社会力量全方位参与防灾减灾救灾工作的协调服务平台,协同开展减灾救灾、应急救援、灾后重建等工作。

⑦ 要加大科普宣传的力度。及时准确公布灾情、救援进展、工作动态、社会影响等情况,积极回应社会关切,在全社会营造一个重视预防、共同抗灾、全力减灾的良好氛围,大力宣传普及防灾减灾知识和自救互救技能,全面提升全民防灾减灾意识和能力。

(2) 提高自然灾害防治能力

2018年10月10日,习近平总书记主持召开中央财经委员会第三次会议,就提高自然灾害防治能力发表重要讲话,全面阐述了自然灾害防治的一系列重大理论和实践问题,部署实施灾害风险调查和重点隐患排查等9项重点工程。这是立足于我国灾害多发频发基本国情作出的重大战略决策,是维护人民生命安全、真正为人民造福的重大战略决策,是实现"两个一百年"的奋斗目标、实现中华民族伟大复兴中国梦和国家长治久安的重大战略决策。

具体措施有：建立健全自然灾害防治工作协调机制，深入开展综合减灾示范社区和示范县创建，稳步推进灾害风险调查和重点隐患排查工程试点，开展灾害风险趋势会商研判，逐步提升灾害风险监测预警信息化水平，高度重视技术支撑单位和人才队伍建设，为应急管理事业改革发展做出新的贡献。

2. 防范化解安全生产风险机制

防范化解安全生产风险，及时消除安全隐患，有效遏制生产安全事故。安全生产风险包括新和旧两类风险：新风险包括城市化快速发展的风险、产业转移形成的风险、新情况新问题产生的风险；旧风险包括已发生的事故教训以及建筑物、重要装备、机器设备和材料等使用老化风险。新旧风险防范要建立在灾害规律研究基础之上，识别并化解风险及关联风险。

具体措施有六大要点：强化红线意识，实施安全发展战略；建立健全安全生产责任体系；强化企业主体责任落实；加快安全监管方面改革创新；全面构建长效机制；领导干部要敢于担当。

① 红线意识，即安全生产红线意识。是指行业领域需要承担的安全生产工作责任，是政府部门需要冲刺的诺言，是生产工作需要坚守的底线，是人民群众需要获得的保障。人命关天，发展绝不能以牺牲人的生命为代价。这必须作为一条不可逾越的红线。

党的十八大以来，以习近平同志为核心的党中央多次强调安全生产，对安全生产工作高度重视。2013年6月6日，习近平总书记就做好安全生产工作再次做出指示，提出"安全生产红线"。要始终把人民生命安全放到首位，以对党和人民高度负责的精神，完善制度、强化责任、加强管理、严格监管，把安全生产责任制落到实处，切实防范重特大安全生产事故的发生。2013年12月6日，在国务院安全生产委员会全体会议上，李克强总理作出重要批示，要求进一步加强和改进安全生产工作。他指出，安全生产是人命关天的大事，是不能踩的"红线"。

② 安全生产责任体系。长期以来，我国形成了"政府属地管理、安全监管部门综合监管、行业主管部门直接监管、生产经营单位安全生产主体责任"的安全生产责任体系。2016年12月9日下发的《中共中央 国务院关于推进安全生产领域改革发展的意见》指出，要明确地方党委和政府领导责任，坚持"党政同责、一岗双责、齐抓共管、失职追责"的安全生产责任体系。

③ 企业主体责任。包括：每个行业都要建立安全规范、每个企业都要制定安全标准、每个岗位都要明确安全职责、每名员工都有有防范安全风险提示卡和每个工作日都要开展安全提醒。

3. 防范化解重大火灾风险机制

防范化解重大火灾风险，不断提升防范化解重大火灾风险能力。公安消防部队和武警森林部队是消防救援的主力队伍。根据《深化党和国家机构改革方案》和《组建国家综合性消防救援队伍框架方案》，这两支队伍与安全生产等应急救援队伍一并作为国家综合性常备应急骨干力量，由应急管理部管理。

冬春季是火灾高发时期，面临的防火形势十分复杂严峻。主动防范化解重大火灾风险，具体措施包括：

① 充分发挥主流媒体、新媒体、自媒体作用,扩大防火宣传受众面,增强全民防火意识。

② 大力开展火灾风险隐患排查、携装巡护和"清山、清林、清河套"等防火勤务,强化野外火源管控,同时加快推动落实林下超可燃物清理工作。

③ 不断提升练兵备战质量。

④ 及时补充战备物资、组织实战化专业训练,巩固提高队伍整体灭火实战能力。

⑤ 主动协调建立健全政府主导,应急管理、林草部门、森林消防以及其他行业部门通力协作的防火机制,形成森林防火的整体合力。

4. 防范化解风险的内容

(1) 防范化解风险的基本原则

① 要把握发展大势,深入学习贯彻习近平新时代中国特色社会主义思想,顺应人类社会发展的大势和人民对美好生活的向往,坚持中国特色社会主义道路,坚持高质量发展要求。

② 要把握基本事实,坚持分级管理,抓主要矛盾和矛盾的主要方面,找准所在地区和职责范围内的重大风险,把握风险临界值,掐住关键行业、关键企业、关键风险、关键问题,做到心中有数、对症下药、综合施策。

③ 要把握关键环节,以信息化手段加强风险监测,组建专业团队,落实关键人的责任。

④ 要把握科学方法,认真学习领会习总书记交给我们的一整套方法,坚持守土有责、守土尽责,科学预见发展走势和隐藏其中的风险挑战,完善风险防控机制,打好化险为夷、转危为机的战略主动战。

(2) 防范化解风险的要求

防范化解重大风险既是攻坚战,又是持久战。

① 坚定做好应急管理工作的信心。绝大多数风险是可防可控的,应对风险的有效办法越来越多,拥有强大的制度优势,只要准确把握灾害事故规律,就可做到化危为机、转危为安。

② 坚定不移扎实推进机构改革。站在推进国家治理体系和治理能力现代化的高度,结合实际创造性贯彻落实党中央、国务院决策部署,尽快理顺部门间统与分、防与救的职责,并在实践中加强磨合,强化应急管理的统筹协调。

③ 立足于防,科学治理。树牢安全发展理念和灾害风险管理理念,贯彻"三个必须"要求,加强源头治理、综合治理、精准治理,提高专业监管能力,有效化解重大风险。

④ 加强建设,提升能力。重点加强国家综合性救援队伍建设,加快实施自然灾害防治重点工程,组建好应急管理部门领导班子,加强干部培训,培育过硬作风。

(3) 防范化解风险的关键

防范化解风险的关键是要深入学习领会习近平总书记教给我们的新理念、新思想、新方法,增强风险防控的敏感性和系统性,采取有针对性的措施主动排查化解风险。

① 汲取事故教训,深入排查化解身边风险。对国内每一起重特大事故,对其他国家和地区发生的灾害事故,引以为鉴,切实做好本地区相关领域风险排查工作,防止发生类似事故。

② 提前研判化解城市化快速发展带来新的风险。充分考虑人口、资源和环境的承载能力，科学编制城市规划，精细管理城市运行，全面开展城市风险点、危险源普查，防止"认不清，想不到，管不到"等问题的发生。

③ 提前研判化解产业转移形成新的风险。依据当地功能区划要求，选准产业发展方向，严把项目源头关，防止盲目发展；抓住产业结构调整的有利时机，加快淘汰落后产能，推动产业转型升级。

④ 提前研判化解因时间推移而累积放大的风险。密切跟踪建筑物、重要装备、机器设备和材料等使用老化情况，把各类重大设施和装备使用年限纳入信息管理系统，提前自动预警，督促更新改造。

⑤ 紧盯新情况、新问题，密切关注防范新生风险。既要严密防范在体制改革、政策调整、企业转制等过程中可能出现的风险失控问题，又要密切关注新技术、新产业、新业态可能出现的新风险，提前研判、主动识别、及时改进措施，堵塞管理漏洞。

⑥ 研究灾害规律，科学识别化解关联风险。加强风险综合监测和研判，尽可能提前采取防范措施阻断灾害事故链条，充分利用大数据、人工智能等高科技手段，强化应急指挥决策的科技支撑。

（4）防范化解风险的方法

① 查风险。防范化解重大安全风险事关人民群众生命财产安全，人民群众的切身利益在哪里，人民群众对增强安全感的期待在哪里，人民对美好生活的向往在哪里，我们应急管理事业就在哪里，我们查找安全风险的方向就在哪里！查找安全风险，关键是站稳人民立场，坚持以人民为中心，从人民群众最关心、最直接、最现实的问题出发，从最影响人民群众获得感、幸福感、安全感的重要安全风险着手。

② 防风险。要树牢安全发展的理念，把牢重大安全风险的源头，扎牢安全防范的制度笼子，加强对安全风险的分析研判，确保防范在先、处置在小、出手在早，不让小的安全风险演化为重大安全风险，不让局部性风险演化为系统性风险，不能让安全风险演化成社会政治风险。安全风险犹如逆水行舟，滚石上山，丝毫不能掉以轻心，稍一放松就可能功亏一篑，略有松劲就可能事败人亡，必须步步为劳、稳扎稳打。

③ 化风险。查大风险、治大隐患、防大事故，既要下好防范风险的先手棋，也要备好化解风险的后手路；既打好防范风险埋伏战，也要打好化险为夷的主动战。灾害事故都有其发生发展的机理和规律，都是可以防控和治理的，要坚持找准问题、标本兼治，采取针对性措施。每一起重大灾害的应对和生产安全事故的处置，都有可能总结的经验和教训，要加强举一反三，利用灾害事故推动工作，把灾害事故转化为提高应急能力和提升行业本质安全水平的机遇。

④ 抗风险。面对重大安全风险，发扬刀山敢上、火海敢闯的精神，不畏艰险、冲锋在前，始终把人民安危放在第一位，始终奋战在人民群众最需要的第一线。敢于担当作为，既是神圣职责，也是政治品格，必须坚决扛起防范化解重大安全风险的政治责任，应对好每一场重大风险挑战。

"查"是发现问题,"防"是管控风险,"化"是治理隐患,"抗"是应急处置。它们既是四种能力,也是四种品质。"查"的源头是对党忠诚,"防"的背后是忧患意识,"化"的关键是责任落实,"抗"的本质是担当精神。

4.3.6 综合减灾工作体系

1. 长效监管机制

全面构建长效监管机制是防范化解安全生产风险的具体措施之一。安全生产是应急管理工作的"基本盘"。建立常抓严管的长效监管机制,加强约谈考核,推进落实党政领导干部安全生产责任制规定,对生产经营单位实施分类分级严管,严格监管执法,深化专项整治,严厉打击各类非法违法行为。

2018年,我国事故总量、较大事故和重特大事故保持了"三个继续下降"。2019年前8个月又保持了较大幅度的下降,事故起数和死亡人数同比分别下降了19.8%和19.4%,较大事故和重特大事故分别下降了17.7%和30.8%。纵向比较,安全生产取得了显著成效,但是与人民群众的期盼相比还有较大差距。事故总量虽然大幅度下降,但是死亡人数还是较大,2019年前8个月全国有1.8万人在各类生产安全事故中遇难,重特大事故还时有发生,我国还处在事故的多发易发阶段,尤其是一些新产业、新领域的发展,产生了一些新的隐患、新的风险,给安全监管工作带来了新的挑战。

2. 双重预防机制

(1) 安全风险分级管控和隐患排查治理双重预防

2016年4月28日,国务院安全生产委员会办公室印发《标本兼治遏制重特大事故工作指南》(安委办〔2016〕3号),提出着力构建安全风险分级管控和隐患排查治理双重预防性工作体系与机制。在二者之间的关系方面,又提出遏制重特大事故要把安全风险管理挺在隐患前面,把隐患排查治理挺在事故前面。

2016年10月9日,国务院安全生产委员会办公室印发《关于实施遏制重特大事故工作指南 构建双重预防机制的意见》(安委办〔2016〕11号),该文件再次强调:构建安全风险分级管控和隐患排查治理双重预防机制,是遏制重特大事故的重要举措。

2016年12月9日下发的《中共中央 国务院关于推进安全生产领域改革发展的意见》明确提出要构建安全风险分析管理和隐患排查治理双重预防机制。

从2019年5月6日到14日,国务院安全生产委员会危险化学品安全专项巡查组在山东先后对2个市级政府,4个县级政府,2个化工园区,以及涉硝化工艺、危废处置、危险化学品运输的10家企业开展巡查。总体看,巡查结果真实客观地反映了安全生产中现存的问题。其中,风险防控和隐患治理双重预防机制运行情况值得注意。

构建安全风险分级管控和隐患排查治理双重预防性工作机制包括:

① 健全安全风险评估分级和事故隐患排查分级标准体系。根据存在的主要风险隐患可能导致的后果并结合本地区、本行业领域实际,研究制定区域性、行业性安全风险和事故隐患

辨识、评估、分级标准,为开展安全风险分级管控和事故隐患排查治理提供依据。

② 全面排查评定安全风险和事故隐患等级。在深入总结分析重特大事故发生规律、特点和趋势的基础上,每年排查评估本地区的重点行业领域、重点部位、重点环节,依据相应标准,分别确定安全风险"红、橙、黄、蓝"(红色为安全风险最高级)4 个等级,分别确定事故隐患为重大隐患和一般隐患,并建立安全风险和事故隐患数据库,绘制省、市、县以及企业安全风险等级和重大事故隐患分布电子图,切实解决"想不到,管不到"问题。

③ 建立实行安全风险分级管控机制。按照"分区域、分级别、网格化"原则,实施安全风险差异化动态管理,明确落实每一处重大安全风险和重大危险源的安全管理与监管责任,强化风险管控技术、制度、管理措施,把可能导致的后果限制在可防、可控范围之内。健全安全风险公告警示和重大安全风险预警机制,定期对红色、橙色安全风险进行分析、评估、预警。落实企业安全风险分级管控岗位责任,建立企业安全风险公告、岗位安全风险确认和安全操作"明白卡"制度。

④ 实施事故隐患排查治理闭环管理。推进企业安全生产标准化和隐患排查治理体系建设,建立自查、自改、自报事故隐患的排查治理信息系统,建设政府部门信息化、数字化、智能化事故隐患排查治理网络管理平台并与企业互联互通,实现隐患排查、登记、评估、报告、监控、治理、销账的全过程记录和闭环管理。

(2) 灾害风险调查和重点隐患排查机制

灾害风险调查和重点隐患排查工程是习近平总书记提出的"自然灾害防治 9 大工程"之首,要以摸清灾害风险隐患底数、查明重点区域抗灾能力、客观认识各省市县灾害综合风险水平为主要目的,是首次综合多灾种、多承灾体、多防灾减灾救灾主体,调查各类灾害风险的全要素信息,排查和识别隐患信息,编制和修订单灾种风险区划图、自然灾害综合风险区划图和自然灾害综合防治区划图。各地要针对地震、地质灾害、干旱、洪水、台风、风雹、低温雨雪冰冻灾害、森林草原火灾、海洋灾害等灾害风险要素,突出地震、洪水、台风、地质灾害和安全生产等重点领域隐患排查,探索建立健全自然灾害监测预警制度、重大安全生产风险监测预警和评估论证机制。

3. 明查暗访常态化机制

建立明查暗访常态化机制,引入第三方专业机构,提高督查检查针对性、实效性;改进调查研究工作,建立应急管理部党组成员和各司局主要负责人基层联系点制度,建立问题台账,持续跟踪解决。

2019 年 5 月,国务院安全生产委员会考核巡查中查出了近两千条问题,因此应急管理部门建立了常态化暗访检查机制。强化重点行业领域安全生产执法检查,形成强大的严查严管氛围,督促企业、监管部门和地方政府切实落实相应责任;对发生重大事故和典型事故,以及考核巡查发现问题整改不力的地方政府开展约谈;此外,要进一步加强安全生产工作的社会监督,健全完善安全生产举报奖励机制,鼓励举报重大事故隐患和破坏安全生产的违法行为,形成全社会人人关注安全的良好氛围。

4. 防范救援救灾一体化机制

根据本教材 1.3.4 节应急管理周期理论中的 PPRR/MPRR 生命周期理论,美国联邦应急管理署将应急管理分为预防/减除、准备、响应、恢复四个阶段。防灾是对自然灾害与事故灾难进行预防、减除与准备,而救灾是对其进行响应与恢复。应急管理的职能与防范救援救灾一体化机制相适应。

自然灾害防治是国家治理的重要内容,其体系和能力也要实现现代化,即具备应对现代自然灾害的灵活性、适应性、响应性、创新性。按照安全发展的要求,防灾减灾必须注重灾前预防和综合减灾。这是灾害管理关口前移的重要表现,目的是把灾害损失的风险降到最低。统筹自然灾害的预防与救援,根据灾情预判,提前在重点地区、重点部位、重点工程预置救援力量,第一时间应急救援,最大程度减少灾害损失。一方面可以使我国应急管理避免重救轻防的弊端,另一方面也能够脚踏实地针对灾害的不可预测性进行有效的结果管理。灾前派出工作组,指导地方排查风险隐患,做好防范应对,灾害发生后指导抢险救援,灾后就地转为救灾工作组,协助地方做好群众救助工作。

安全生产工作的一体化是在一次次事故教训中形成的。2015 年 8 月,天津港危险品仓库发生爆炸事故,事故造成 173 人遇难,直接经济损失上百亿元。习近平总书记作出重要指示:要健全预警应急机制,加大安全监管执法力度,深入排查和有效化解各类安全生产风险,提高安全生产保障水平,努力推动安全生产形势实现根本好转。同年 12 月广东深圳恒泰工业园发生山体滑坡灾害,导致附近西气东输管道发生爆炸,22 栋民宅和厂房被埋,现场塌方面积 10 多万平方米,造成 3 人受伤,另有 27 人失联。中央有关部门指导地方加强各类灾害和安全生产隐患排查,制订预案,加强预警及应急处置等工作,确保人民群众生命财产安全。2019 年江苏响水天嘉宜化工公司"3·21"特别重大爆炸事故造成 78 人死亡,又暴露出安全生产基础性、源头性、瓶颈性问题突出。习近平总书记强调,各地和有关部门要深刻吸取教训,加强安全隐患排查,严格落实安全生产责任制,坚决防范重特大事故发生,确保人民群众生命和财产安全。中共中央政治局常委、国务院总理李克强作出批示,要科学有效做好搜救工作,全力以赴救治受伤人员,最大程度减少伤亡,采取有力措施控制危险源,注意防止发生次生事故。应急管理部督促各地进一步排查并消除危险化学品等重点行业安全生产隐患,夯实各环节责任。

建立完善防范救援救灾一体化的运行机制,"一体化"包括多重含义:

① 体现为救援队伍的一体化。按照中央的决定,全国公安消防部队和武警森林部队 20 万官兵整体转制,组建国家综合性消防救援队伍,由应急管理部管理。作为应急救援的主力军和国家队,将实现单一灾种救援向综合性救援,区域性救援向跨区域、跨国应急救援,从灾后救援向防范救援救灾全过程参与的三个转变。

② 体现为应急职能的一体化。应急管理职能的拓展需要消防救援队伍掌握更多本领,既能完成一般火灾扑救和抢险救援任务,又能处置各种特殊事故,还能应对水旱等自然灾害。总之,以前不干的,现在要干;以前不懂的,现在要学;以前不精的,现在要练。这是时代所需,也是职责所系。推进建设'1+N'的救援力量体系。"1"就是整合现有力量,打造一支由应急管

理部直属的综合性应急救援机动支队,这既是一支国内重特大灾害事故救援的尖刀拳头力量,又是一支可以代表中国实施跨国救援的常备力量;"N"就是依托17个省的消防总队特勤力量,按照水域、山岳、地震(地质)、空勤4种主要救援类型,建设27支国家级专业队伍,同时,在全国各省(自治区、直辖市)建设省级、市级、县级应急救援机动力量,形成覆盖城乡、形成合力的应急处置队伍网络。

③ 体现为应急资源的一体化。对各类应急资源进行整合优化,最大限度发挥资源效能,由"各自为战"转化为"协同作战",补齐短板,形成合力。对现有资源进行整合优化,扩大救灾物资储备种类和数量,推进分灾种、分区域的应急物资保障中心建设,形成"标准配置、精确管理、模块储运"的国家、省、市抢险救灾物资储备布局,建立铁路、公路、水运、航空应急调运与配送机制,确保第一时间能够把专业力量和应急物资迅速投放到灾区、事故现场,保障救灾行动的高效开展,真正展现"大应急"格局。

④ 体现为救援队伍、应急职能和各种资源的协调。应急管理部整合了13项职能,但整合不一定意味着协调。整合是手段,而协调才是目的。应急管理部涉及内部协调与外部协调两个维度。从内部协调来看,应急管理部涉及原安监、应急、消防、民政、林业、农业、水利、国土、地震等多个部门以及国家减灾委员会、国家防汛抗旱总指挥部、国务院抗震救灾指挥部、国家森林防火指挥部等四个议事协调机构,调整幅度大、涉及部门广,关系复杂。各部门虽然同有救灾职责,但自然灾害与事故灾难应对的规律不同。即便同为自然灾害,气象灾害与地震灾害应对的要求也有差异。不仅如此,各部门的组织文化、应急指挥体系、应急响应流程、甚至话语体系都有所区别。例如,公安消防、武警森林部队原属武警序列,其组织文化具有非常独特的军事色彩。还有,应急管理部组织架构的设计、领导职数的设定、相关人员的安置等牵动各方面的利益,协调难度很大,容易滋生不稳定、不和谐因素。从外部协调来看,当重大灾害发生后,卫生、公安、气象、交通等部门的配合必不可少。军队、武警的合作,社会组织的调动,志愿者的参与等都需要应急管理部门协调。内部协调和外部协调相结合形成一体化的运行机制。

4.4 有中国特色应急管理机制的实战应用

4.4.1 2018年"山竹"台风应对

2018年9月16日,第22号超强台风"山竹"在广东台山登陆,这次灾害虽然对广东、广西、海南、湖南等六省(区)造成了严重破坏,但是灾后有关部门统计发现,与路径相似强度相近的2008年"黑格"、2015年"彩虹"、2017年"天鸽"这三次台风相比,台风"山竹"造成的死亡失踪人数、倒塌房屋数量、直接经济损失均为最少。

这次台风危害之所以能够被大幅降低,背后与相关部门和地方政府应对大灾的机制密不可分。

2018年9月11日接到台风"山竹"预报后,应急管理部立即组织分析研究、会商研判,启动部内二级响应,部领导24小时应急值守,组织消防队伍迅速投入备战状态,派出工作组分赴受台风影响较大的广东、海南、广西指导防台风工作。台风"山竹"登陆前,采取了各地停工、停产、停运、停课、休市、船只回港、人员上岸等紧急措施,以及重点行业、重点单位、薄弱环节的安全风险排查已基本完成,提前紧急避险转移和安置受灾群众161.7万人。

同时,应急管理部提前将广东、海南、广西三省区2万余名消防官兵、60余个救援机动队调动到重点防御区域,部署浙江、安徽、江西、福建、湖北、湖南6个消防总队以及7支国家安全生产应急救援队伍3600余人待命增援。中央救灾物资在福州、长沙、南宁、昆明等储备库也按照应急管理部要求,加强应急值守,做好中央救灾物资调运准备,确保一旦灾区需要,中央救灾物资能及时运抵灾区。

9月13日接到台风"山竹"达到超强台风级别并将影响我国的预报后,应急管理部立即在前期派出多个工作组的基础上,派出部有关负责人带队赴广东督促指导地方防风抗台工作,部主要负责人连续5天坐镇部指挥中心,直接与一线视频连线调度指挥,根据台风变化和当地灾情,及时科学调度配置力量,采取针对性防御措施,有力有序有效开展应急救援。[①]

9月16日台风"山竹"登陆后,消防队伍充分发挥应急救援主力军、国家队作用,全力投入抢险救援。截至9月19日15时,广东、广西、海南、湖南、贵州、云南六省(区)消防部队共处置警情3193起,出动车辆、舟艇4604辆(艘)次,出动消防官兵2.4万人次,营救2460人,疏散转移1.17万人。

9月17日,国家减灾委员会、应急管理部启动国家Ⅳ级救灾应急响应,应急管理部工作组就地转为救灾应急响应工作组,深入受灾严重地区查看灾情,指导开展救灾工作,协调调集救灾物资和资金,支持做好受灾群众基本生活保障工作。

应急管理部积极探索创新工作机制,充分发挥各相关部门资源优势,凝聚防灾减灾救灾合力:一是应急管理部专门建立了台风每日会商研判机制,台风影响期间,会同气象、水利、交通等部门每天两次在部指挥中心集中研判分析,吃透问题风险,科学指导防台风工作;二是实行防范救援救灾一体化运作,事前派出工作组指导地方做好防台风工作,灾害发生后全力开展抢险救援,后期工作组就地转为救灾应急响应工作组,协调调集救灾物资和资金,指导协助地方做好受灾群众基本生活保障工作;三是建立了重点部位应急联动机制,主动对接应急预案、强化防范保护措施、预置抢险救援力量,配合相关地方、相关部门做好核电站、港珠澳大桥、大型储罐、大型建设工地等国家重大战略工程、重点部位的安全保护工作;四是建立新闻宣传引导机制,滚动发布强风、暴雨、地质灾害等应急避险预警提示和救援救灾信息,及时辟谣,动员引导公众防灾自救。

---

① 有关台风级别的相关内容参见6.1.3。

4.4.2　2018年金沙江堰塞湖险情处置

2018年10月,西藏昌都和四川省甘孜境内发生多次山体滑坡,堵塞金沙江干流河道,形成堰塞湖,严重威胁下游安全,灾区环境恶劣,救援难度大,加上救援力量构成比较复杂,急需统一的指挥调度。本次险情处置中主要实战了如下机制:

1. 建立了部门联动机制

应急管理部建立了与自然资源部、水利部、能源局等多个部门的联合会商、协同响应机制,同军委联合参谋部也建立了军地应急救援联动机制,派出联合工作组到现场统筹协调救援工作,配合地方党委政府指挥处置重大灾害。前方是联合工作组,后方是联合会商、联合指挥,这样就改变了过去各个部门派工作组、各个部门进行单项的救灾救援,把各个部门的资源统筹在一起。联合工作组既可以统筹西藏和四川两个地方的力量,还可以统筹军队和地方的力量,能够协同、高效地处置灾害。

2. 社会力量参与机制

金沙江堰塞湖安置工作包保责任人全面走访包保对象,深入细致地做实做好群众工作,坚决做到"应转尽转、不漏一户、不掉一人",排查集中安置点隐患,强化安置点及转移人员安全管理,防止已转移人员回流,严防安全事故。在确保沿江群众生命绝对安全的基础上,尽可能提前转移有价值的家庭财产、牲畜等,最大限度减少可能造成的损失。严格执行领导带班和24小时专人值班制度,实时掌握堰塞湖上下游水位、水量变化情况,进一步夯实防范处置工作责任,最大限度减少灾害损失,避免人员伤亡。

3. 应急基础信息管理机制

2018年11月6日晨,堰塞体下游仍然断流,上游水位仍在上涨,推算堰塞湖蓄水量为2.08亿立方米。部际联合工作组专家已经完成滑坡现场三维影像图,与上次滑坡时对比,现场地质条件已经发生较大变化。临时气象观测点已经前推至距滑坡现场400米处,与卫星遥感一起为现场抢险救援工作提供气象信息支持。滑坡现场已经实施交通管制,严格控制人车进入。下游已投用和在建水电站正依据水情变化,实施各种应对措施。

经过9次联合会商处置,通过开挖泄流槽成功引导堰塞湖水自然过流,险情逐步缓解,创造了人工干预堰塞湖泄流的成功范例。集中统一指挥、统一调度,不仅使救援科学有序,更提升了救援的精准度和效率。

4.4.3　2020年新型冠状病毒肺炎应急处置

新型冠状病毒肺炎(Corona Virus Disease 2019,COVID-19),简称"新冠肺炎",于2019年12月出现在湖北省武汉市等地,截至2020年4月20日,新冠肺炎已成为一场肆虐全球的疫情,确诊病例已经超过230万人,死亡人数超过16万人。

与全球疫情迅速蔓延的严峻形式相比,中国疫情防控高效有序地展开,并显现了积极成效。本教材汇总了2020年1月20—25日(主要是1月24日和25日)中国社会各界采取的应急管理机制,大致分为以下几个体系。

1. 应急预案体系

2020年1月24日,针对湖北省新冠肺炎疫情防控形势,根据《湖北省突发公共卫生事件应急预案》,湖北省新型冠状病毒感染的肺炎疫情防控指挥部决定,启动湖北省重大突发公共卫生事件Ⅰ级响应。

为保障人民群众的身体健康和生命安全,结合当地当前新型冠状病毒感染的肺炎疫情防控形势,全国30个省份启动Ⅰ级响应,实行最严格的防控措施。安徽、河南等省的卫生部门全系统进入紧急状态,全部取消春节休假,全员备战疫情防控。香港特区政府宣布应变级别由"严重"提升至最高级别"紧急"。

各级政府依法将新型冠状病毒感染的肺炎纳入传染病管理,按照多部门联防联控机制和突发公共卫生事件应急预案,进一步做好防控工作。

2. 应急救援指挥体系

(1) 应急救援指挥机制和会商研判机制

党中央、国务院高度重视新冠肺炎的防控。中共中央总书记、国家主席、中央军委主席习近平作出重要指示,各级党委和政府及有关部门要把人民群众生命安全和身体健康放在第一位,制订周密方案,组织各方力量开展防控,采取切实有效措施,坚决遏制疫情蔓延势头。中共中央政治局常委、国务院总理李克强作出批示,各相关部门和地方要以对人民群众健康高度负责的态度,完善应对方案,全力以赴做好防控工作。中共中央、国务院多次召开会议,听取新型冠状病毒感染的肺炎疫情防控工作汇报,进一步部署新型冠状病毒感染的肺炎疫情防控工作。

根据习近平指示和李克强要求,国务院联防联控机制1月20日召开电视电话会议,对新型冠状病毒感染的肺炎疫情防控工作进行全面部署。

国家卫生健康委员会成立新型冠状病毒感染的肺炎应对处置工作领导小组,指导地方做好疫情应对处置工作。牵头建立应对新型冠状病毒感染的肺炎疫情联防联控工作机制,成员单位共32个部门。联防联控工作机制下设疫情防控、医疗救治、科研攻关、宣传、外事、后勤保障、前方工作等工作组,分别由相关部委负责同志任组长,明确职责,分工协作,形成防控疫情的有效合力。国家卫生健康委员会要求各地交通运输、民航、铁路等部门要制定应急处理预案。在火车、汽车、飞机、船舶等交通工具上发现病例或疑似病例后,立即通知前方最近设有留验站的城市的车站、港口客运站、目的地机场做好留验准备。

湖北省等有关地方进一步落实属地责任,采取切实有效措施,坚决做好疫情防控各项工作。

(2) 协调联动机制

有关部门在疫情防控、患者救治、物资保障等多方面采取联防联控工作机制,推出一系列更加严格、更有针对性的举措。具体措施如表4-2所示。

表 4-2 新型冠状病毒肺炎疫情的各部门应急协调联动(截至 2020 年 1 月 25 日)

工作类别	部门	内容
交通类	铁路部门配合湖北省有关地市政府	关闭湖北省境内 72 个火车站离开当地通道,在全国范围内 387 个火车站配合当地防疫部门开展进出站旅客测温筛查工作
	交通运输部	对疫情防治应急物资及医患等人员运输的车辆跨省通行高速公路实行免收通行费政策,并保障优先通行 对运送疫情防治应急物资和医护人员车辆,免收高速公路费并优先通行
	海关总署联合国家卫健委发布公告	要求出入境人员在出入境时若有发热、咳嗽、呼吸困难等不适,应当向海关工作人员主动申报,配合做好体温监测、医学排查等卫生检疫工作
	企业	滴滴在武汉组建"医护保障车队",为医务工作者提供免费出行服务
经费类	财政部与国家卫生健康委员会	联合下发疫情防控经费有关保障政策的通知,明确对确诊患者发生的医疗费用和对参加防治工作的医务人员和防疫工作者发放临时性工作补助
	中国人民银行	从 1 月 25 日至 30 日,放开小额支付系统业务限额,确保各项资金汇划及时处理,支持全社会共同抗击新型冠状病毒感染的肺炎疫情
	湖北省	计预拨医保资金 10.3 亿元
	广西壮族自治区	分两批紧急拨付资金 5000 万元
	浙江省各级财政	紧急筹集防控经费 9.73 亿元
	国开行	发放应急贷款 20 亿元支援武汉抗击疫情 国开行湖北分行在 24 日当天完成授信审批、资金发放支付全流程工作。贷款将专项用于医疗救助、应急设备采购、工作经费等与疾病治疗及疫情防控相关的各项用途
	捐款企业	恒大集团捐赠 2 亿元;碧桂园首批捐赠 1 亿元
物资类	上海海关	上海海关全速通关了一批自德国进口的呼吸体外循环系统套件,共计 81 套,发往武汉市金银潭医院
	国家药监局	同意 7 个企业的新型冠状病毒检测试剂等 8 个产品进入应急审批程序,保证产品尽快完成注册申报准备,第一时间投入疫情防控
	工业和信息化部等	向武汉紧急调用了防护服 1.4 万件、医用手套 11 万双。通过协调紧急采购,为武汉落实各类口罩货源 300 万只,落实防护服货源 10 万件,落实护目镜 2180 副。收到武汉第二批物资需求清单后,立即开展行动,除手套、口罩、防护服外,组织落实了正压式送风系统、手持式红外线测温仪和 84 消毒液等用品货源
	商务部统筹协调安徽、江西、河南、湖南、重庆等省地商务主管部门	重点保障武汉市生活必需品市场供应;根据有关地方的要求,紧急联系江苏、山东等地口罩生产企业,协调落实口罩等货源 200 多万只
	企业	碧桂园首批捐赠 6 万只专业医用防护口罩;中国奥园集团向武汉调运 40 万个 N99、N95 等专业医用口罩;中国三峡集团紧急向武汉市捐赠 3000 万元;京东向武汉分批捐赠 100 万只医用口罩及 6 万件医疗物资;顺丰派出两架"专机"空运医疗物资

续表

工作类别	部门	内容
市场管控	市场监管总局	要求各地特别关注相关防疫用品、药品市场价格变动,明确对串通涨价、哄抬价格等违法行为从重从快处理
困难群体帮扶	民政部部署各级民政部门	老年人、儿童以及流浪乞讨人员等都属于易感人群,存在较大疫情发生风险 养老机构、特困人员供养服务机构、智障和精神病人福利机构、救助管理机构、儿童福利机构(含设儿童福利部的社会福利机构)、未成年人救助保护机构、殡葬服务机构、婚姻登记机关等抓紧制定完善疫情防控预案,压实防控工作责任,落实疫情防控的各项措施

3. 应急处置体系

(1) 风险监测预警机制

风险监测预警机制是突发公共事件应急管理的第一道防线。为了防止疫情输入、蔓延、输出,控制疾病传播,做到早发现、早报告、早隔离、早治疗和集中救治措施。实施信息强化疫情监测报告工作,国家卫生健康委员会从1月20日起在全国范围内实行新型冠状病毒感染的肺炎病例日报告和零报告制度,从1月21日起每日汇总发布全国各省份确诊病例数据。

(2) 应急响应机制

医护人员是救助的主体,患者是被救助的客体,医院是实施救助的场所,因此应急处置围绕这三个方面进行。

① 患者。对待患者,要全力做好救治工作,最大限度地减少死亡。全力救治患者特别是重症患者救治,对重症病例实行"一人一案";对疑似病例,尽快开展标本实验室检测,尽快明确诊断;对病例密切接触者,指导各地做好追踪管理、医学观察、体温监测等工作,隔离期满未发现异常的及时解除隔离。为缓解医疗资源不足、发热病人长久排队问题,武汉市要求所有医院发热门诊24小时接诊。发热病人中确诊和高度疑似新型肺炎的患者,医院必须"应收尽收",统一安排到指定医院接受治疗。

② 医护人员。对医务人员,加强业务培训和安全防护,严防医务人员感染。几万名(约35 591人)医护人员组成的315支援鄂医疗队从祖国的四面八方奔赴武汉,他们之中有:北京12支医疗队,2043名医护人员;广州9家三级甲等综合医院的128名广东省援鄂医疗队;陆军、海军、空军军医大学抽组的3支医疗队;空军军医大学143名医护人员;湖南省从株洲、衡阳两地三级医院抽调的1名领队、43名医生和93名护理人员;浙江37家医院的紧急医疗队……。国家卫生健康委员会派驻重症病例专家加强对患者救治的临床指导,公布了全国县级以上肺炎诊疗定点医疗机构、发热门诊名单,组建6支共1230人的医疗救治队驰援武汉,同时召集6支后备梯队随时待命。

③ 医院。武汉市新型冠状病毒感染的肺炎疫情防控指挥部于22日深夜(23日凌晨,除夕前一天)下令"封城",并决定第一批整体征用武汉市汉口医院、武汉市红十字会医院、武汉市普爱医院西院、武汉市第七医院、武汉市第九医院、武汉市武昌医院、武汉市第五医院7家医院,其门诊部全部作为发热门诊集中接诊全市发热患者并安排3000余张病床收治疑似和确诊病例。1月24日,武汉市把正在蔡甸区建设的专门医院正式命名为火神山医院。1月25日下午,武汉市新型冠状病毒感染的肺炎疫情防控指挥部召开调度会,决定除改建武汉蔡甸火神山医院之外,半个月之内再建一所应急医院——武汉雷神山医院。2月初武汉相继将国际会展中心、洪山体育馆、武汉客厅等大型建筑改造扩容成11家"方舱医院",接诊床位增至万余张,真正实现了"应收尽收"。

4. 风险防范化解体系

① 落实重点场所和公共交通工具的通风、消毒、测体温等必要措施,同时加强监测和预检分诊,确保疫情及时发现、有效处置。1月25日起阻断武昌、汉口、汉阳"武汉三镇"之间的公共交通,1月26日0时始,除经许可的保供运输车、免费交通车、公务用车外,中心城区区域实行机动车禁行管理。为解决市民居家出行不便等问题,全市紧急征集6000台出租车,分配给中心城区,每个社区3~5台,由社区居委会统一调度使用,自1月25日中午始,为辖区居民出行提供免费服务。车辆将主要为医护人员提供通勤服务、生活服务,接送发热病人到医院就诊,同时为生活不便居民上门免费提供送餐、送菜、送药等居家服务。

② 控制人员流动。关闭相关市场,湖南、江西等部分地区采取大数据分析和网格化核对方式进行排查防控,重点对疫情相关地域返乡人员建档跟踪管理。为避免人员聚集引发交叉感染,多地取消了春节期间的庙会、灯会、游园会等大型活动,以及市、区文艺演出等室内外聚集性活动。娱乐场所暂停营业。包括上海迪士尼乐园在内的上海各主要旅游景点、文化场馆暂时关闭;四川省博物馆、广汉三星堆博物馆、乐山大佛、峨眉山景区、成都大熊猫研究繁育基地、武侯祠博物馆等均已关闭。

③ 加强社区防控。加强新型冠状病毒感染的肺炎疫情社区防控工作总体要求:充分发挥社区动员能力,实施社区网格化、地毯式管理,群防群控、稳防稳控,有效落实综合性防控措施,做到"早发现、早报告、早隔离、早诊断、早治疗",防止疫情输入、蔓延、输出,控制疾病传播。

5. 综合减灾工作体系

① 集中力量加快疫情防控科技攻关。在已查明病原基础上,尽快查明传染源、传播途径,密切跟踪病毒毒力、传播力变化,做好应对疫情变化技术准备。科技部会同相关部门共同开展新型冠状病毒肺炎疫情应急科研攻关。成立以钟南山院士为组长、14位专家组成的新型冠状病毒感染的肺炎疫情联防联控工作机制科研攻关专家组。国家层面将迅速启动应急科技攻关项目,着重在病毒溯源、传播途径、动物模型建立、感染与致病机理、快速免疫学检测方法、基因组变异与进化、重症病人优化治疗方案、应急保护抗体研发、快速疫苗研发、中医药防治等10个方面进行部署。

② 对公众采取多种形式进行疾病防控知识科普宣教,提升自我防病意识和能力。科学宣传疫情防护知识,提高公众自我保护意识。加快查明病毒源头和感染、传播等机理,及时客观发布疫情和防控工作信息,科学宣传疫情防护知识。

③ 加强舆论引导。加强有关政策措施宣传解读工作。1月23日,湖北建立新冠肺炎疫情防控例行新闻发布机制。23日晚,首场例行新闻发布会在武汉举行。坚持公开透明,及时客观向社会通报疫情态势和防控工作进展,统一发布权威信息。

④ 强化国际交流合作,继续主动加强与世界卫生组织、有关国家和地区的疫情信息沟通,与世界卫生组织等及时、定期开展专家层面的防治技术细节交流,共同研讨完善疫情防控措施。

⑤ 深化国际合作,做好与世界卫生组织、有关国家和地区的沟通协调,密切协作形成合力,坚决防止疫情扩散蔓延加强与世界卫生组织、有关国家和地区沟通合作。

1月24日、25日两日是农历除夕和春节,本该是中国人阖家团聚的日子,但各级政府、各地援鄂医疗队以及广大企业都在为抗疫而行动。武汉从1月23日封城到4月8日全面解禁,历时76天的抗疫已取得阶断性胜利。目前进入"外防输入,内防反弹"的战略阶段。在党和国家的领导下,新时代有中国特色应急管理机制将各方面力量集合起来,凝心聚力、共克时坚。

通过以上实战经验来看,各个机制之间是密不可分的。不能单纯以时间界线来划分,每一个灾害事故的成功应对,都是多个机制共同发挥作用的结果。

第 5 章 新时代应急管理法制

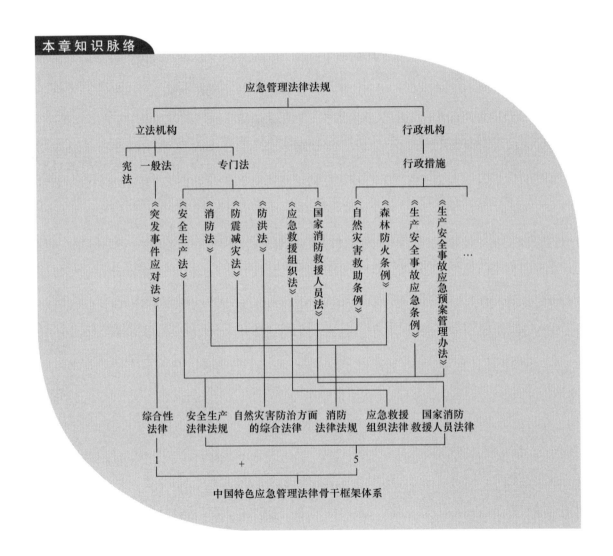

体制具有刚性,并制约着机制。法制是将应急体制与机制的核心设计用法律的形式稳定下来。依法应急是依法治国的一项基本内容。

5.1 法　　制

"法制"一词,我国古已有之。然而,直到现代,人们对于法制概念的理解和使用还是各有不同。其一,狭义的法制,即法律和制度,是指掌握政权的社会集团按照自己的意志,通过国家政权建立起来的法律和制度。其二,广义的法制,是指一切社会关系的参加者严格地、平等地执行和遵守法律,依法办事的原则和制度。其三,法制是一个多层次的概念,它不仅包括法律制度,而且包括法律实施和法律监督等一系列活动和过程。

根据法理和宪法、立法法的规定,我国现行有效的所有法律构成统一的法律体系。每一部法律都是该法律体系的有机组成部分,并且在法律体系中处于特定的位阶,归属于特定的门类。法律分类定位的基本原理如下。

5.1.1　法律位阶

所谓法律位阶,是指法律的纵向等级,法律位阶的划分标准是创制主体的权威性大小、调整事项的重要性高低和法律规范的抽象性程度强弱,法律分根本法(宪法)、基本法律、普通法律、行政法规、地方性法规和规章等位阶。仅从创制主体看,这些不同位阶的法律的立法者分别是:全国人民代表大会(2/3代表)、全国人民代表大会(1/2代表)、全国人民代表大会常务委员会、国务院、省级人民代表大会常委会、国务院组成部门和省级地方政府。《突发事件应对法》由全国人民代表大会常务委员会立法,故属于法律位阶中的普通法律。

5.1.2　法律门类

所谓法律门类,是指依照法律的调整对象和方法而对法律所作的分类。法律共分公法、私法和社会法三大类别,每一类别的法律又可区分为不同的部门。如公法就由宪法性法律、行政法、刑事法等实体法和诉讼法等程序法这些法律部门构成;私法主要由民法、商法、知识产权法等部门法构成;社会法由劳动法、社会保障法、弱势群体保护法等部门法构成。《突发事件应对法》属于公法中的行政法律部门,《紧急状态法》(《戒严法》等)属于公法中的宪法性法律部门。每一个部门法又可由若干子部门构成。同一类别的法律按照其适用范围和调整对象的相似性再构成相应的部门。如作为公法的宪法性法律部门《紧急状态法》和行政法法律部门《突发事件应对法》,可以合称为应急管理法。

特定法律部门的法律可以由不同位阶的法律规范构成。如作为公法的应急管理法,就由根本法(《宪法》)规范、基本法律(如《刑法》中的紧急避险条款就属于应急法律规范)、普通法律(如《突发事件应对法》《防洪法》等)、行政法规(如《汶川地震灾后重建条例》)、地方性法规和规章等法律规范构成。根据立法技术,部门法又可由一般的法典和单行的法律构成。突发事件应对法作为行政法的一个子部门,就由作为一般法典的《突发事件应对法》和一些单行的法律法规(如《防震减灾法》《防洪法》《传染病防治法》《安全生产法》等)构成。

为尽可能消除突发公共事件对社会造成的危害,政府需要法律赋予的更强的行政权力,以便采取各种有效的应急措施,组织社会力量,开展应对活动。在此期间,国家权力之间、国家权力与公民权利之间、公民权利之间的各种社会关系需要作相应的调整,政府的行政权力会得到相应的加强,公民的权利会受到相应的限制。在法制社会中,这些权力的加强与权利的限制必须限定在法律许可的范围之内。如果逾越法律规定的界限,即使这些权力与权利的调整会符合社会公共的利益,产生良好的整体效果,但是这仍是违背宪法原则的,政府不能在没有宪法明确授权的情况下行使额外的行政权力。因此,做好公共安全应急活动首先应实现应急活动的法治化。

5.2　应急管理法制

紧急和正常是两种截然不同的状态,在正常社会状态下运行的法律法规无法完全覆盖紧急状态下的所有特殊情况,需要有应急法律法规对紧急状态下国家权力之间、国家权力与公民权利之间、公民权利之间的各种社会关系的调整和规范。突发事件的应急处置走向规范化、制度化和法制化,能够使政府和公民在突发事件中明确权利、义务,使政府得到高度授权,维护国家利益和公共利益,使公民基本权益得到最大限度的保护。

应急管理法制是指人们为了防范和应对各类突发事件而制定的各种法律制度所形成的法律体系。我国应急管理法制是一个庞大的系统,包含了众多的法律规范。按照效力等级,它们可以被分为三个层次:《宪法》,其中包括有关紧急状态的条款;2007年颁布实施的《突发事件应对法》,这是我国应对突发事件应急管理的基本法;部门单行的法律、法规,如《中华人民共和国传染病防治法》《突发公共卫生事件应急条例》《中华人民共和国防震减灾法》等。

5.2.1　应急管理法制的特点

应急管理法制适用于紧急状态情况下的应急活动的行为规范,与正常社会状态的法律体系不尽相同,它具备以下几方面的特点。

(1) 权力优先性

在紧急状态下,与立法、司法等其他国家权力及法定的公民权利相比,行政紧急权力具有更大的权威性和某种优先性。例如可以限制或暂停某些宪定或法定公民权利的行为。

(2) 紧急处置性

在紧急状态下,即便没有针对某种特殊情况的具体法律规定,政府也可进行紧急处置,以防止公共利益和公民权利受到更大损害。

(3) 程序特殊性

在紧急状态下,行政紧急权力的行使可遵循一些特殊的法定程序,例如可通过简易程序紧急出台某些政令和措施,或者对某些政令和措施的出台设置更高的事中或事后审查门槛。

(4) 社会配合性

在紧急状态下,社会组织和公民有义务配合政府对行政紧急权力的实施,并在必要时提供各种帮助。

(5) 救济有限性

在紧急状态下,政府依法行使行政紧急权力,有时会造成公民合法权益的损害。有些损害可能是普遍而巨大的,政府可只提供有限的救济,如适当补偿(但不违背公平负担的原则)。

5.2.2 应急管理法制的框架

从法制的统一性和完结性的角度来讲,应急管理法制应该是一个完整体系,并行于正常社会状态下发挥作用的法律法规体系。从此种意义上,整个社会存在两套完整的法律法规体系:一套是在正常社会状态下发挥社会调节器作用的法律法规体系,它使整个社会处于有序状态之中;另一套是在紧急状态下和其范围内发挥社会调节器作用的法律法规体系,也就是应急管理的法律法规体系,它使社会在紧急状态下和其范围内同样处于一种有序状态之中。两者归结于宪法,它们的结合使法治走向统一和完结。

从宏观的角度来看,应急管理法制由与应急活动有关的 4 个层次的法律法规内容组成,如图 5-1 所示。

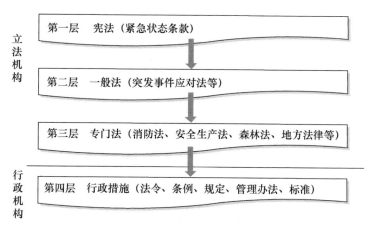

图 5-1 应急管理法制框架

应急法律法规体系是在国家应急法律法规体系的基础上,结合自身具有的特殊性,由国家及各地市有关应急活动法律法规制度构成的统一整体。第一,有关紧急状态下发挥作用的法律法规体系,以宪法为指导和纲领;体系内包含的各种法律、法规、规章和措施都要服从和统一于宪法,不得与宪法相冲突、相抵触。第二,体系内所有内容保持相互一致,互为补充和支持,体现出法制的连续性和一致性。第三,体系具有明显的层次结构,是由纲到目,从上到下的各级、各类法律法规构成的贯穿一致的有机整体。

总的来讲,应急法律法规体系分为4个层次

第一层:宪法(关于紧急状态制度的内容)

应急管理法制是整个社会法律法规体系在紧急状态下的具体表现,对维护公共安全、快速恢复社会秩序起着非常重要的作用,紧急状态制度入宪是客观事实所决定的。

① 宪法是一个国家的根本大法,宪法的核心任务和内容是规范国家权力的有效运行和保障公民的基本权利。凡是涉及根本的国家权力体制问题和公民的基本权利问题,都需要宪法来做出规定,包括紧急状态下的国家权力与公民权利。

② 在国家和社会管理过程中,宪法的地位和作用是至高无上的,具有最高的法律效力,是一切机关、组织和个人的根本行为准则。应急法律法规制度入宪成为保障宪法至上所必需。

③ 在紧急状态下,往往需要权力的高度集中,以便能够迅速做出决策并下达命令。为保证这一目的的实现,在紧急状态下可以暂时停止部分法律的实施,甚至暂停宪法中某些条款的实施。这种极端的措施必须要有宪法的授权。

由于宪法的性质和紧急状态制度的特殊性,完整的应急管理法制的第一层次或最高层次应体现在宪法上。

第二层:一般法

根据宪法制定统一的突发事件应对法,为应急管理法制提供基本的框架,确立我国突发事件应对法制的法律基础,具有重要意义。

我国最初列入全国人民代表大会常务委员会立法计划的是"紧急状态法",但紧急状态立法应含有突发事件应对,紧急状态法不仅是国家处理紧急状态事务的基本法,而且也应当是全部国家应急事务的基本法。建立综合性国家应急管理法制是当代国家应急管理的基本取向,同时制定紧急状态和一般应急两个并行的基本法是不科学和不可取的。紧急状态应对只是应急管理的一个过程,因此制定突发事件应对法是对我国全面的应急管理法律回应。

第三层:专门法

统一的突发事件应对基本法只是提供了应急管理的基本准则、基本职权和基本程序,它不是对现行应急管理方面的立法的汇编,不会简单地替代专门应急方面的法律,而是为现行和将来的专门应急立法规定标准和要求。因此,需要统一立法与专门立法相结合。

专门立法可以是"一事一法",即分别针对不同类型的突发事件专门立法,如防洪法、消防法等;也可以是"一阶段一法",即针对突发事件不同处理阶段的特点来分别立法,如灾害预防法、灾害救助法等。

第四层:行政措施

宪法,统一和专门的立法需要由立法机关起草、表决、通过和颁布,一般有一个较长的制定和形成过程,而且一旦形成,就会在很长的一段时间内发挥效能。对于具有短期行为、变动性比较强、具有区域效应、社会性较弱和技术性很强等特点的,与应急活动有关的管理,在保持与宪法、一般法和专门法中应急法律法规内容要求一致的基础上,政府可采用行政措施的方式进行颁布和实施,如条例、管理办法、应急规划、应急预案、技术标准等。

5.2.3 应急管理法制的构成

我国从1954年首次规定戒严制度至今,已经颁布了一系列与应急管理有关的法律、行政法规、部门规章,各地方根据这些法律、法规又颁布了适用于本行政区域的地方立法,从而构建了一个从中央到地方的应急法律规范体系。2018年之前国家层面的应急管理法制的构成由表5-1所示。

表 5-1 我国应急法律与规范(2018年以前,部分法律法规)

类型	综合类	自然灾害类	事故灾难类	公共卫生事件类	社会安全事件类
法律	宪法 突发事件应对法 保守国家秘密法 公益事业捐赠法 产品质量法 国务院组织法 民族区域自治法 行政处罚法 行政复议法 行政监察法 兵役法 国防法	防洪法 防沙治沙法 防震减灾法 气象法 森林法 水法 水土保持法	水污染防治法 安全生产法 大气污染防治法 固体废物污染环境防治法 海上交通安全法 海洋环境保护法 环境保护法 环境噪声污染防治法 环境影响评价法 电力法 建筑法 煤炭法 水污染防治法 消防法 矿山安全法 清洁生产促进法 道路交通安全法	食品安全法 传染病防治法 动物防疫法 国境卫生检疫法 进出境动植物检疫法 食品卫生法 野生动物保护法 职业病防治法 进出口商品检验法(修正) 药品管理法	戒严法 反分裂国家法 国家安全法 集会游行示威法 保险法 价格法 领海及毗连区法 民用航空法 人民航空法 人民警察法 商业银行法 银行业监督管理法 证券法 中国人民银行法 刑法(修正) 治安管理处罚法 反洗钱法 证券投资基金法 公民出境入境管理法
行政规范	汶川地震灾后恢复重建条例 信息公开条例 工伤保险条例 国务院关于特大安全事故行政责任追究的规定	气象灾害防御条例 抗旱条例 森林防火条例 草原防火条例 水文条例 地质灾害防治条例 防汛条例 破坏性地震应急条例 人工影响天气管理条例	道路运输条例 电力监管条例 道路交通安全法实施条例 石油天然气管道保护条例 矿山安全法实施条例 烟花爆竹安全管理条例 使用有毒物品作业场所劳动保护条例 防止拆船污染环境管理条例 防止船舶污染海域管理条例 防治海岸工程建设项目污染损害海洋环境管理条例	食品安全法实施条例 乳品质量安全监督管理条例 药品管理法实施条例 麻醉药品和精神药品管理条例 进出口商品检验法实施条例 农药管理条例 农业转基因生物安全管理条例	非法金融机构和非法金融业务活动取缔办法 人民币管理条例 公民出境入境管理法实施细则 娱乐场所管理条例 宗教事务条例 企业事业单位内部治安保卫条例 民用爆炸物品安全管理条例 国防交通条例

续表

类型	综合类	自然灾害类	事故灾难类	公共卫生事件类	社会安全事件类
行政规范	军队参加抢险救灾条例 劳动保障监察条例 企业劳动争议处理条例 失业保险条例 行政机关公务员处分条例 蓄滞洪区运用补偿暂行办法 军事设施保护法实施办法 行政复议法实施条例	森林病虫害防治条例 森林法实施条例 自然保护区条例 水土保持法实施条例	放射性同位素与射线装置安全和防护条例 国务院关于预防煤矿生产安全事故的特别规定 河道管理条例 核电厂核事故应急管理条例 机动车交通事故责任强制保险条例 建设工程安全生产管理条例 煤矿安全监察条例 民用核设施安全监督管理条例 内河交通安全管理条例 生产安全事故报告和调查处理条例 水库大坝安全管理条例 水污染防治法实施细则 特种设备安全监察条例 铁路运输安全保护条例 海洋石油勘探开发环境保护管理条例	兽药管理条例 饲料和饲料添加剂管理条例 突发公共卫生事件应急条例 重大动物疫情应急条例	计算机信息系统安全保护条例 殡葬管理条例 粮食流通管理条例 民用航空安全保卫条例 民用运力国防动员条例 期货交易管理暂行条例 信访条例 营业性演出管理条例 中央储备粮管理条例

1. 综合类

(1)《宪法》中的原则性规定

我国《宪法》在第八十条中规定,中华人民共和国主席根据全国人民代表大会的决定和全国人民代表大会常务委员会的决定"宣布进入紧急状态";第八十九条规定的国务院职权第十六项"依照法律规定决定省、自治区、直辖市的范围内部分地区进入紧急状态"。

(2)《突发事件应对法》

2007年十届全国人民代表大会常务委员会第二十九次会议通过的《突发事件应对法》立法初衷是将从在我国发生概率很小的紧急状态转为集中规范普通的应急管理,涉及的突发事件包括自然灾害、事故灾难、公共卫生事件和社会安全事件四类,即将焦点由小概率事件转为对高发频率应急事件的管理与关注,对我国行政应急法制的建设具有里程碑式的意义。

(3)综合类法律

综合类法律如公民权利救济法律规范,即涉及公民、法人和其他组织的合法权益受到损害之后的补救机制,包括行政复议、行政诉讼、国家赔偿和补偿方案的法律规范,但一般情况下我们认为主要为宪法原则性规定和《突发事件应对法》。

2. 突发事件单项应急法

根据突发事件的发生过程、性质和机理,突发事件主要分为以下四类:自然灾害、事故灾难、公共卫生事件和社会安全事件。2018年之前相应的单项立法如表5-1所示。

(1) 自然灾害类

自然灾害主要包括水旱灾害、气象灾害、地震灾害、地质灾害、海洋灾害、生物灾害和森林草原火灾等,相关的法律为《防洪法》《防沙治沙法》《防震减灾法》《气象法》《森林法》《水法》《水土保持法》等。

(2) 事故灾难类

事故灾难主要包括工矿商贸等企业的各类安全事故、交通运输事故、公共设施和设备事故、环境污染和生态破坏事件等,相关的法律为《水污染防治法》《安全生产法》《大气污染防治法》《海洋环境保护法》《道路交通安全法》等。

(3) 公共卫生事件类

公共卫生事件主要包括传染病疫情、群体性不明原因疾病、食品安全和职业危害、动物疫情以及其他严重影响公众健康和生命安全的事件,相关的法律为《食品安全法》《传染病防治法》《动物防疫法》《国境卫生检疫法》《药品管理法》等。

(4) 社会安全事件类

社会安全事件主要包括恐怖袭击事件、经济安全事件和涉外突发事件等,相关的法律包括《紧急状态法》《反分裂国家法》《国家安全法》《人民防空法》《银行业监督管理法》《中国人民银行法》《公民出境入境管理法》等。

3. 行政规范

应急管理法制还包括行政规范,这类规范较多,除具有规范指引作用外,还具有实践指导功能,是应急管理法制中重要的组成部分。应急行政规范主要包括如何处理四大类突发事件的具体规定。我国针对各种突发事件制定了大量应急管理行政规范,立法范围非常广泛,立法形式涉及行政法规、行政规章。具体如表5-1所示。

4. 香港、澳门基本法中的原则性规定

《中华人民共和国香港特别行政区基本法》第十八条规定:"全国人民代表大会常务委员会决定宣布战争状态或因香港特别行政区内发生香港特别行政区政府不能控制的危及国家统一或安全的动乱而决定香港特别行政区进入紧急状态,中央人民政府可发布命令将有关全国性法律在香港特别行政区实施。"《中华人民共和国澳门特别行政区基本法》第十八条规定:"全国人民代表大会常务委员会决定宣布战争状态或因澳门特别行政区内发生澳门特别行政区不能控制的危及国家统一或安全的动乱而决定澳门特别行政区进入紧急状态时,中央人民政府可发布命令将有关全国性法律在澳门特别行政区实施。"

总之,从整体来看,除了《宪法》中的规定和《突发事件应对法》等综合法外,现行的其他法律、行政法规、部门规章中也涉及突发事件应对的法律规范。各地方根据这些法律规范又制定了适用于本行政区域的地方立法,建立从中央至地方的突发事件应急管理法制体系。

5.3　有中国特色的应急管理法制

法律是治国之重器,良法是善治的前提。党的十八大以来,习近平总书记多次强调,建设中国特色社会主义法治体系,必须坚持立法先行,发挥立法的引领、推动作用。按照习近平总书记重要指示精神,应急管理部自2018年4月成立以来,高度重视应急管理法律体系建设,应急管理部党组书记黄明同志明确指出:要适应新体制新要求,必须加快创建新的制度,把习近平总书记关于应急管理方面的重要论述和中央决策部署转化为系统完备、科学规范、运行有效的法律制度体系,以法治思维和法治方式推动应急管理事业改革发展。统筹相关法律法规政策规划和标准建设,为应急管理、应急救援、防灾减灾救灾等工作提供法治保障。

2019年11月29日,习近平总书记在主持中央政治局第十九次集体学习时专门强调,要坚持依法管理,运用法治思维和法治方式提高应急管理法治化、规范化水平,系统梳理和修订应急管理相关法律法规,抓紧研究制定应急管理、自然灾害防治、应急救援组织、国家消防救援人员、危险化学品安全等方面的法律法规。总书记这一重要指示擘画了应急管理法律体系的宏伟蓝图。

应急管理部深入贯彻总书记重要指示精神,在有关立法机构的指导下,全力推进应急管理法律体系。在对应急管理领域法律法规全面梳理的基础上,研究提出了"1+5"应急管理法律骨干框架。"1"就是应急管理方面综合性法律,"5"就是5个方面的单行法律,包括安全生产法、消防法以及自然灾害防治、应急救援组织、国家消防救援人员等三个方面的法律,在整个大框架之下,又划分了安全生产、消防、自然灾害三个子法律体系。

5.3.1　安全生产法律

"1+5"应急管理法律骨干框架下将形成安全生产单行法律及子法律体系。围绕安全生产法,逐步形成包括《危险化学品安全法》《矿山安全法》《煤矿安全条例》等相关行业领域安全生产单行法律、法规和规章的,相对完善的安全生产法律法规子体系。

1. 安全生产立法修订过程

我国安全生产立法经历了漫长而曲折的过程,法律名称也几经变更。1981年3月国务院批准由国家劳动总局牵头起草《劳动保护法(草案)》。随后的征求意见和修改过程中,改名为《劳动安全卫生条例(草案)》。1996年4月劳动部与国务院法制局协商决定,将正在起草的《劳动安全卫生条例》《安全生产法》和《职业病防治条例》三个法律、法规合并为《劳动安全卫生法(草案)》。1998年国务院机构改革后,承担了安全生产综合管理职能的国家经贸委在原劳动部制定的《劳动卫生法(草案)》基础上,起草了《职业安全法(草案)》并报国务院法制办审查。2000年12月,国务院法制办将法制名称修改为《中华人民共和国安全生产法》。《中华人民共和国安全生产法》的公布施行具有重要的里程碑意义,标志着我国安全生产法律体系已经确立。

《中华人民共和国安全生产法》由第九届全国人民代表大会常务委员会第二十八次会议于2002年6月29日通过公布,自2002年11月1日起施行。

《安全生产法》公布施行后,在增强社会公众安全法治意识、依法开展政府安全监管工作、规范企业安全生产活动等方面收到了显著成效。但在法律的贯彻执行过程中,也反映和暴露出一些问题,主要是对企业主体责任的法律约束较弱,对企业长期存在的重大隐患、严重非法违法行为的处罚力度不够;政府监督还存在不少薄弱环节,监管范围未能实现全覆盖;执法监督机制不完善,一些监管人员不能履职尽责。2011年甬温线"7·23"特别重大铁路交通事故发生后,时任总理温家宝针对存在的问题,提出要对《安全生产法》进行修订,进一步完善安全生产法律制度。2014年8月31日第十二届全国人民代表大会常务委员会第十次会议通过了《全国人民代表大会常务委员会关于修改〈中华人民共和国安全生产法〉的决定》,《安全生产法》(修订)自2014年12月1日起施行。

党的十八大以来,以习近平为核心的党中央对安全生产工作高度重视,作出了一系列重大决策部署。为了贯彻落实习近平总书记关于安全生产的重要论述精神,2016年12月印发的《中共中央 国务院关于推进安全生产领域改革发展的意见》,对安全生产工作总体要求、基本原则、奋斗目标和改革措施等提出了具体要求。2017年11月,党的十九大对安全生产工作提出了新要求,强调了坚持以人民为中心,树立安全发展理念,弘扬生命至上、安全第一的思想,完善安全生产责任制,坚决遏制重特大事故。2018年国务院机构改革,原安全监管总局有关职责划入应急管理部。为全面贯彻落实习近平总书记关于安全生产的重要论述和党的十九大精神,落实国务院机构改革方案要求,将《中共中央 国务院关于推进安全生产领域改革发展的意见》有关政策要求法律化,确保有关改革举措落地见效。

2021年6月10日,十三届全国人大常委会第二十九次会议表决通过了关于修改《安全生产法》的决定。修改后的安全生产法将于2021年9月1日起施行。

2. 2014年修订的《安全生产法》的解读

(1) 主要修订内容

① 明确了劳务派遣用工的安全管理责任。劳务派遣形式用工比较普遍,用工单位、派遣单位相互回避责任的情况十分严重,从业人员安全培训不到位的现象较多。修订后的《安全生产法》对劳务派遣用工的安全责任作出了规定,明确使用劳务派遣人员的生产经营单位将现场劳务派遣人员纳入本单位从业人员统一管理,履行安全生产保障责任。

② 新增安全生产标准化建设的规定。国家推行安全生产标准化建设,生产经营单位应当开展以岗位达标、专业达标和企业达标为内容的安全生产标准化建设,加强安全生产基础工作。安全生产标准化等级与工伤保险费率挂钩。

县级以上各级人民政府安全生产监督管理部门和有关部门组织对生产经营单位安全生产标准化建设分级考核,考核结果向社会公开,并通报银行业、证券业、保险业等主管部门,作为生产经营单位信用评级的重要参考依据。

③ 新增安全生产状态定期报告制度。生产经营单位应当建立安全生产状态报告制度,并

按照国家有关规定定期向安全生产监督管理部门和有关部门提交本单位的安全生产状态报告。生产经营单位的主要负责人应当保证安全生产状态报告的内容客观真实、采取的措施符合相关要求。

④ 新增重大事故隐患治理的督办和代治理制度。县级以上地方各级人民政府安全生产监督管理部门或者有关部门应当建立重大事故隐患治理督办制度,督促生产经营单位消除重大事故隐患;对生产经营单位逾期不履行重大事故隐患治理责任的,应当向本级人民政府报告,可以提请人民法院依法冻结生产经营单位重大事故隐患治理所需资金,委托具有相应资质的单位代为治理。

⑤ 规定生产经营单位应当按照国家有关规定提取和使用安全生产费用。安全生产费用提取、使用办法由国务院财政部门会同国务院安全生产监督管理部门制定,安全生产费用的税前扣除按照税法有关规定执行。规定生产经营单位应当保障用于事故隐患排查治理、职业病危害预防、劳动防护用品配备、安全生产教育培训和应急演练等费用,并按照国家有关规定,在生产成本中据实列支,与《中华人民共和国职业病防治法》的表述相一致。

⑥ 增大查封、扣押违法范围。对不符合安全生产法律法规、国家标准或者行业标准的设施、设备、器材和非法、违法生产、经营、储存、使用的危险物品以及作业场所予以查封或者扣押,并应当在三十五日内依法作出处理决定。

⑦ 建立生产安全事故查处挂牌督办制度。国家建立生产安全事故查处挂牌督办制度。发生重大、较大生产安全事故,除按照有关规定进行调查处理外,国务院、省级人民政府的安全生产委员会分别对其查处情况实行挂牌督办,并在政府网站予以公示,接受社会监督。

⑧ 停止向违法企业供应动力等资源。负有安全生产监督管理职责的部门对生产经营单位依法作出停产停业整顿、停产停业、停止建设、停止施工、停止使用等行政处罚决定或者行政强制措施后,生产经营单位应当立即执行,并在三日之内报告整改措施和执行情况。

对于生产经营单位拒不执行行政处罚决定或者行政强制措施的,为防止发生生产安全事故,负有安全生产监督管理职责的部门有权通知有关单位采取停止生产经营单位用电、水、气和火工品供应等措施,有关单位应当予以配合。

⑨ 加大了对技术服务机构安全生产违法行为的处罚力度。承担安全评价、认证、检测、检验、培训工作的机构,出具虚假或者严重不符合事实的证明,构成犯罪的,依照刑法有关规定追究刑事责任;尚不够刑事处罚的,没收违法所得,违法所得在五万元以上的,并处违法所得二倍以上五倍以下的罚款,没有违法所得或者违法所得不足五万元的,单处或者并处五万元以上十万元以下的罚款,对其直接负责的主管人员和其他直接责任人员处二万元以上五万元以下的罚款;给他人造成损害的,与生产经营单位承担连带赔偿责任。

⑩ 加大了对生产经营单位安全生产违法行为的处罚力度。结合各地区经济发展水平、企业规模等实际,《安全生产法》(2014)维持罚款下限基本不变、将罚款上限提高了2~5倍,并且大多数罚则不再将限期整改作为前置条件。增加了对直接负责的主管人员和其他直接责任人员的处罚规定。强化了对安全生产违法行为的震慑力,也有利于降低执法成本、提高执法

效能。

⑪ 建立了严重违法行为公告和通报制度。要求负有安全生产监督管理部门建立安全生产违法行为信息库,如实记录生产经营单位的违法行为信息;对违法行为情节严重的生产经营单位,应当向社会公告,并通报行业主管部门、投资主管部门、国土资源主管部门、证券监督管理部门和有关金融机构。

(2) 2014年修订的《安全生产法》的特点

① 安全生产工作定位更加明确。完善了安全生产工作方针,完善了安全生产工作机制,增加了安全发展的总体要求。

② 安全生产主体责任更加突出。主要表现在六个方面:增加了安全生产责任制的具体要求;加强了安全生产投入的保障机制;新增了安全生产管理机构和人员的职责;明确了注册安全工程师参与安全管理的工作制度;突显了安全生产教育和培训的重要性;突出了事故隐患排查治理工作。

③ 安全生产领域部分行政审批更加简化。主要表现在两个方面:合并了"安全条件论证"和"安全评价"程序;取消了高危行业建设项目安全设施竣工验收审批。

④ 安全生产违法行为法律责任更加严厉。

(3) 2014年修订的《安全生产法》指导应急管理体制机制工作的作用

2014年修订的《安全生产法》,认真贯彻落实习近平总书记关于安全生产工作一系列重要指示精神,从强化安全生产工作的摆位、进一步落实生产经营单位主体责任、政府安全监管定位和加强基层执法力量、强化安全生产责任追究等四个方面入手,着眼于安全生产现实问题和发展要求,补充完善了相关法律制度规定。主要表现在以下十个方面。

① 坚持以人为本,推进安全发展。2014年修订版将坚持安全发展写入了总则。

② 建立完善安全生产方针和工作机制。《安全生产法》确定了"安全第一、预防为主、综合治理"的安全生产工作的"十二字方针",明确了安全生产的重要地位、主体任务和实现安全生产的根本途径。明确要求建立生产经营单位负责、职工参与、政府监管、行业自律、社会监督的机制,进一步明确各方安全生产职责。做好安全生产工作,落实生产经营单位主体责任是根本,职工参与是基础,政府监管是关键,行业自律是发展方向,社会监督是实现预防和减少生产安全事故目标的保障。(对应第三条)

③ 落实"三个必须",明确安全监管部门执法地位。按照"三个必须"(管业务必须管安全、管行业必须管安全、管生产经营必须管安全)的要求,《安全生产法》(2014版)一是规定国务院和县级以上地方人民政府应当建立健全安全生产工作协调机制,及时协调、解决安全生产监督管理中存在的重大问题;二是明确国务院和县级以上地方人民政府安全生产监督管理部门实施综合监督管理,有关部门在各自职责范围内对有关行业、领域的安全生产工作实施监督管理。并将其统称负有安全生产监督管理职责的部门;三是明确各级安全生产监督管理部门和其他负有安全生产监督管理职责的部门作为执法部门,依法开展安全生产行政执法工作,对生产经营单位执行法律、法规、国家标准或者行业标准的情况进行监督

检查。(对应第九条)

④ 明确乡镇人民政府以及街道办事处、开发区管理机构安全生产职责。(对应第八条)

⑤ 进一步强化生产经营单位的安全生产主体责任。做好安全生产工作,落实生产经营单位主体责任是根本。新法把明确安全责任、发挥生产经营单位安全生产管理机构和安全生产管理人员作用作为了一项重要内容。(对应第十八、十九、二十一、二十二条)

⑥ 建立事故预防和应急救援的制度。(对应第三十八、六十七、七十六条)

⑦ 建立安全生产标准化制度。(对应第四条)

⑧ 推行注册安全工程师制度。(对应第二十四条)

⑨ 推进安全生产责任保险制度。新法总结近年来的试点经验,通过引入保险机制,促进安全生产,规定国家鼓励生产经营单位投保安全生产责任保险。(对应第四十八、七十五条)。

⑩ 加大对安全生产违法行为的责任追究力度。(对应第九十一、九十二、一百零九条)

以上虽然是从不同角度来解读,但是核心内容都是关注 2014 年新修订的内容,对新修订的内容进行了分析和总结。每一条修订内容都是在 2002—2014 年十余年间,我国治国理念、经济社会、安全生产实践不断推进的结果,是与时俱进、以人为本的法制体现。

3. 2021 年修订的《安全生产法》的解读

我国生产安全事故死亡人数从历史最高峰 2002 年的约 14 万人,降至 2020 年的 2.71 万人,下降 80.6%;重特大事故起数从最多时的 2001 年一年发生 140 起下降到 2020 年的 16 起,下降 88.6%。但是,过去长期积累的传统隐患还没有完全消除,有的还在集中暴露,新的风险又不断涌现,虽然全国生产安全事故总体上呈下降趋势,但开始进入一个瓶颈期、平台期,而且稍有不慎,重特大事故还会出现反弹。同时新发展阶段、新发展理念、新发展格局又对安全生产工作提出了更高的要求,因此,安全生产工作仍处于爬坡期、过坎期。在这个阶段尤其是全国正在开展安全生产三年行动、制定实施"十四五"安全生产规划的关键时期,对安全生产法进行修改,正当其时、十分必要,为安全生产工作提供了有力的法律武器。

(1) 主要修订内容

《中华人民共和国安全生产法》的修改决定共 42 条,大约占原来条款的 1/3,主要包括 5 个方面的内容。

一是贯彻新思想新理念。2021 年修改以习近平新时代中国特色社会主义思想为指导,立足于人民群众对平安的需求向往,着眼解决影响构建新发展格局、实现高质量发展的安全生产突出问题,将习近平总书记关于安全生产工作一系列重要指示批示精神转化为法律规定,增加了安全生产工作坚持人民至上、生命至上,树牢安全发展理念,从源头上防范化解重大安全风险等规定,为统筹发展和安全两件大事提供了坚强的法治保障。

二是落实中央决策部署。《中共中央国务院关于推进安全生产领域改革发展的意见》,对安全生产工作的指导思想、基本原则、制度措施等做出了新的重大部署。这次修改深入贯彻中央文件精神,增加规定了重大事故隐患排查治理情况报告、高危行业领域强制实施安全生产责任保险、安全生产公益诉讼等重要制度。

三是健全安全生产责任体系。第一,强化党委和政府的领导责任。这次修改明确安全生产工作坚持党的领导,要求各级人民政府加强安全生产基础设施建设和安全生产监管能力建设,所需经费列入本级预算。第二,明确各有关部门的监管职责。规定安全生产工作实行"管行业必须管安全、管业务必须管安全、管生产经营必须管安全"。对新兴行业、领域的安全生产监督管理职责不明确的,明确由县级以上地方各级人民政府按照业务相近的原则确定监督管理部门。第三,压实生产经营单位的主体责任。明确生产经营单位的主要负责人是本单位安全生产第一责任人,对本单位的安全生产工作全面负责,其他负责人对职责范围内的安全生产工作负责。要求各类生产经营单位健全并落实全员安全生产责任制、安全风险分级管控和隐患排查治理双重预防机制,加强安全生产标准化、信息化建设,加大对安全生产资金、物资、技术、人员的投入保障力度,切实提高安全生产水平。

四是强化新问题新风险的防范应对。深刻汲取近年来事故教训,对安全生产事故中暴露的新问题作了针对性规定。比如,要求餐饮行业使用燃气的生产经营单位安装可燃气体报警装置并保障其正常使用;要求矿山等高危行业施工单位加强安全管理,不得非法转让施工资质,不得违法分包、转包;要求承担安全评价的一些机构实施报告公开制度,不得租借资质、挂靠、出具虚假报告。同时,对于新业态、新模式产生的新风险,强调应当建立健全并落实全员安全生产责任制,加强从业人员安全生产教育和培训,履行法定安全生产义务。

五是加大对违法行为的惩处力度。第一,罚款金额更高。这次修改普遍提高了对违法行为的罚款数额,就大家关注的事故罚款,由现行法规定的 20 万元至 2000 万元,提高至 30 万元至 1 亿元;对单位主要负责人的事故罚款数额由年收入的 $30\% \sim 80\%$,提高至 $40\% \sim 100\%$。现在对特别重大事故的罚款,最高可以达到 1 亿元的罚款。第二,处罚方式更严。违法行为一经发现,即责令整改并处罚款,拒不整改的,责令停产停业整改整顿,并且可以按日连续计罚。第三,惩戒力度更大。采取联合惩戒方式,最严重的要进行行业或者职业禁入等联合惩戒措施。通过"利剑高悬",有效打击震慑违法企业,保障守法企业合法权益。

修改后的安全生产法具有很强的指导性和可操作性。

(2) 2021 年修订的《安全生产法》明确"三个必须"

修改安全生产法将管行业必须管安全、管业务必须管安全、管生产经营必须管安全的"三个必须"原则写入法律,进一步明确了各方面的安全生产责任,建立起了一整套比较完善的责任体系。这"三个必须"的原则,是习近平总书记在 2013 年考察中石化黄岛经济开发区输油管线泄漏引发爆燃事故现场时首先提出的。

第一,明确了部门安全监管职责。"管行业必须管安全"明确了负有安全监管职责的各部门在各自的职责范围内对有关行业、领域的安全生产工作实施监督管理。

第二,明确了新兴行业领域安全监管职责。原则规定,由县级以上地方各级人民政府按照业务相近的原则确定监督管理部门,防止部门之间因为相互推责而形成的安全监管盲区。

第三,明确企业的决策层和管理层的安全管理职责。企业里除了主要负责人是第一责任人以外,其他的副职都要根据所分管的业务对安全生产工作负一定的责任。抓生产的同时必须兼顾安全、抓好安全。

当然,职能部门之间也要相互配合协作,修改后的安全生产法规定,负有安全监管职责的部门之间要相互配合、齐抓共管、信息共享、资源共用,这样才能依法加强安全监管工作,让部门之间既责任清晰,又齐抓共管,形成监管的合力。

(3) 2021年修订的《安全生产法》针对矿山安全生产修改完善的内容

一是规范了矿山建设项目外包施工管理。近年来,多起事故暴露出矿山外包施工队伍资质挂靠、出租、出借和现场管理混乱等问题,修改后的《安全生产法》作了针对性要求,规定"矿山、金属冶炼建设项目和用于生产、储存、装卸危险物品的建设项目施工单位应当加强对施工项目的安全管理,不得倒卖、出租、出借、挂靠或者以其他形式非法转让施工资质,不得将其承包的全部建设工程转包给第三人,或者将其承包的全部建设工程支解以后以分包的名义分别转包给第三人,不得将工程分包给不具备相应资质条件的单位"。

二是严格了动火、临时用电等危险作业要求。在原来规定的爆破、吊装等作业的基础上,增加动火、临时用电作业时应当安排专门人员进行现场安全管理,确保操作规程的遵守和安全措施的落实。

2021年修订的《安全生产法》针对当前矿山安全生产存在的主要问题,做出了明确规定,也为下一步矿山安全生产法治建设提出了要求。

(4) 2021年修订的《安全生产法》压实企业安全生产主体责任的法律制度

2021年《安全生产法》修订的一大亮点就是进一步压实了生产经营单位的安全生产主体责任,主要是建立以下几项重要的法律制度。

一是生产经营单位全员安全责任制。生产经营单位每一个部门、每一个岗位、每一个员工都不同程度直接或间接影响安全生产。安全生产人人都是主角,没有旁观者。2021年修订新增全员安全责任制的规定,就是要把生产经营单位全体员工的积极性和创造性调动起来,形成人人关心安全生产、人人提升安全素质、人人做好安全生产的局面,从而整体提升安全生产水平。

二是安全风险分级管控和隐患排查治理双重预防机制。安全风险分级管控是国内外企业安全管理的先进经验和成功做法。建立安全风险分级管控机制,要求生产经营单位定期组织开展风险辨识评估,严格落实分级管控措施,防止风险演变引发事故。隐患排查整治是安全生产法已经确立的重要制度,2021年修订又补充增加了重大事故隐患排查治理情况及时向有关部门报告的规定,目的是使生产经营单位在监管部门和本单位职工的双重监督下,确保隐患排查治理到位。

三是高危行业领域强制实施安全生产责任保险制度。2014年修订的《安全生产法》规定国家鼓励生产经营单位投保安全生产责任保险。2021年的修订增加了高危行业领域生产经营单位必须投保的规定。根据《中共中央 国务院关于推进安全生产领域改革发展的意见》的要求,高危行业领域主要是矿山、危险化学品、烟花爆竹、交通运输、建筑施工、民用爆炸物品、金属冶炼、渔业生产等八类。安全生产责任保险的保障范围不仅包括企业从业人员,还包括第三方的人员伤亡和财产损失,以及相关救援救护、事故鉴定和法律诉讼等费用。最重要的是,安全生产责任保险具有事故预防功能,保险机构必须为投保单位提供事故预防服务,帮助企业查找风险隐患,提高安全管理水平。

5.3.2 安全生产法规

1. 《生产安全事故应急条例》

我国安全生产处在脆弱期、爬坡期和过坎期,形势复杂严峻。自2018年4月应急管理部成立以来,我国发生了好几起重大事故。"6·29"京港澳高速衡阳衡东段大型客车与危险化学品车辆相撞,"7·12"四川省江安县阳春工业园区内宜宾恒达科技有限公司爆燃,"8·6"贵州省盘州市梓木戛煤矿煤与瓦斯突出事故,"9·13"福建东山沉船事故,"10·20"山东郓城冲击地压事故,"10·28"重庆万州公交车坠江事件,"11·28"河北张家口盛华化工厂重大爆燃事故,2019年2月内蒙古银漫矿业重大事故,等等。这些事故的发生暴露了我国在生产安全事故应急实践中,存在应急救援预案实效性不强、应急救援队伍能力不足、应急资源储备不充分、事故现场救援机制不够完善、救援程序不够明确、救援指挥不够科学等问题,尤其是在一些基层企业违章指挥、盲目施救现象时有发生。这些都严重影响到应急能力的提升,有时还造成次生灾害。

针对上述问题和薄弱环节,国务院制定专门的行政法规,进一步规范指导生产安全事故应急工作,提高应急能力,切实减少事故灾难造成的人员伤亡和财产损失。它不仅是贯彻落实以人民为中心的发展思想的务实举措,也是加强安全生产依法行政的现实需求。2018年12月5日国务院第三十三次常务会议通过《生产安全事故应急条例》,自2019年4月1日起施行。

(1)《生产安全事故应急条例》在应急管理法律体系中的地位

出台《生产安全事故应急条例》既是坚决遏制重特大事故、减少人员伤亡的重大举措,也是构建应急管理法律体系的重要步骤和内容。为此,应急管理部始终把安全生产工作作为整个应急工作的基本盘、基本面。《生产安全事故应急条例》是应急管理部组建以来国家出台的第一部安全生产领域的法规。

从《生产安全事故应急条例》内容本身来看,根据《立法法》,该条例属于国务院根据《安全生产法》《突发事件应对法》制定的行政法规,是应急管理法律体系中安全生产领域的配套法规,在加强生产安全事故应急工作中,具有重要的基础性、规范性作用,其目的就是通过进一步规范生产安全事故应急工作,保障人民群众生命和财产安全。《生产安全事故应急条例》对《安全生产法》《突发事件应对法》的有关内容进行了细化,其精神与上位法的有关规定是一脉相承的,特别是总结了以往事故应对中的好经验、好做法,增加了《生产安全事故应急条例》的操作性和执行性,用以系统地规范和指导生产安全事故的应急工作。

(2)《生产安全事故应急条例》提出的规范和要求

《生产安全事故应急条例》分五章、35条,该条例对生产安全事故应急体制、应急准备、现场应急救援及相应法律责任等内容提出了规范和要求。从章节上来对比,《生产安全事故应急条例》(2019)的章节与2002年版、2014年版《安全生产法》都有总则、法律责任、附责三个章节。《生产安全事故应急条例》(2019)重点突显了"应急准备"和"应急救援"两大核心内容。"法律责任"一章也是对"应急准备"和"应急救援"管理责任的强化。

2.《生产安全事故应急预案管理办法》

生产安全事故应急预案是应急管理的重要组成部分。为贯彻落实十三届全国人民代表大会一次会议批准的《国务院机构改革方案》和《生产安全事故应急条例》《国务院关于加快推进全国一体化在线政务服务平台建设的指导意见》，应急管理部对《生产安全事故应急预案管理办法》做出修订。《生产安全事故应急预案管理办法》(简称《预案管理办法》)是2016年6月3日国家安全生产监督管理总局令第88号公布，根据2019年7月11日应急管理部令第2号《应急管理部关于修改〈生产安全事故应急预案管理办法〉的决定》修正。

(1) 修订背景

机构改革后，应急管理部加快推进有关规章清理工作。据介绍，《预案管理办法》的修改主要基于三个方面的考虑：一是贯彻落实国务院有关要求的需要。2018年10月，国务院办公厅印发了《关于加快推进与政务服务"一网通办"不相适应的法规规章修订等工作的通知》，明确要求国务院有关部门修订与政务服务"一网通办"不相适应的法规规章，《预案管理办法》在应当修订的范围之列。二是贯彻落实国务院《生产安全事故应急条例》有关规定的需要，《生产安全事故应急条例》对重点生产经营单位应急预案的备案、演练等方面作出了新的要求，《预案管理办法》需要与之相配套衔接。三是贯彻落实《国务院机构改革方案》的需要。机构改革后，应急部门作为新组建部门，应急预案的主管部门应当由"安全生产监督管理部门"修改为"应急管理部门"。

应急管理部党组高度重视《预案管理办法》的修订工作。应急管理部政策法规司在救援协调和预案管理局、国家安全生产应急救援中心等单位大力配合下，认真研究生产安全事故应急预案管理现状，提出具体修改条款，征求了国家发展和改革委员会、教育部、科技部、工业和信息化部、公安部、司法部、生态环境部、住房和城乡建设部、交通运输部、农业农村部、文化和旅游部、国家卫生健康委员会、国务院国有资产监督管理委员会、国家市场监督管理总局、国家国防科技工业局等15个国务院有关部门的意见，在充分吸收各方的意见基础上作进一步完善后，报请应急管理部部务会审议通过。2019年7月11日应急管理部以部令第2号公布《应急管理部关于修改〈生产安全事故应急预案管理办法〉的决定》，自2019年9月1日起施行。

(2) 修订内容

生产安全事故预案管理涉及方方面面。《预案管理办法》修改任务重，时间紧。应急管理部政策法规司会同有关方面深入研究预案管理工作存在的问题，在明确工作总的思路基础上，突出预案管理亮点，既要坚决贯彻落实国务院关于"放管服"改革的有关要求，进一步精简应急预案备案相关材料，方便生产单位和企业备案，又要严格对照《生产安全事故应急条例》的新要求，找差距、强弱项，突出应急预案的重点领域、重点风险的防控，确保《预案管理办法》修改与

《生产安全事故应急条例》充分衔接,有效发挥预案在风险管控、隐患治理、应急演练、应急救援等方面的基础保障作用。此外,要遵循规章立法技术要求,对违反生产安全预案管理有关规定的行为,严格遵照《生产安全事故应急条例》进行处罚,不得突破上位法,确保不设立法规之外的其他义务。

《预案管理办法》修订涉及 19 项内容,涵盖生产安全事故应急预案的编制、评审、公布、备案、实施及监督管理工作。修改的主要内容包括：将《预案管理办法》第二十七条规定的生产经营单位申报应急预案备案应当提交"应急预案文本及电子文档",修改为"应急预案电子文档",减少企业和群众办事"线下跑",进一步落实"让信息多跑路,企业和群众少跑腿";依据《生产安全事故应急条例》第七条中关于重点生产经营单位应急预案备案的有关规定,对《预案管理办法》第二十六条作相应修改,规定易燃易爆物品、危险化学品等危险物品的生产、经营、储存、运输单位,矿山、金属冶炼、城市轨道交通运营、建筑施工单位等有关重点单位,按照分级属地原则,向有关部门进行应急预案备案;依据《生产安全事故应急条例》第八条中关于政府部门和重点生产经营单位应急预案演练的有关规定,对《预案管理办法》第三十二条和第三十三条中关于应急预案演练的相关内容作了相应修改,明确其他有关单位预案管理职责,对储存、使用易燃易爆物品、危险化学品等危险物品的科研机构、学校、医院等单位的应急预案的管理,参照本办法的有关规定执行。此外,对生产经营单位未按照规定进行应急预案备案的,根据《生产安全事故应急条例》要求作出相应处罚。

(3) 贯彻落实

生产安全事故应急预案管理直接关系到应急救援的效率,直接关系到人民群众的生命财产安全。要以开展"不忘初心,牢记使命"主题教育为契机,全面学习贯彻落实习近平总书记关于应急管理的重要论述,贯彻落实党中央、国务院决策部署,紧紧围绕应急管理部中心工作,进一步加强生产安全预案管理的各项工作,严格取消生产安全事故应急预案备案的纸质要求,将企业便利备案落地到位;加强对危险物品的生产、经营、储存、运输单位,矿山等重点监管单位,以及宾馆等重点经营单位的应急预案制修订、演练和实施情况的监督检查,进一步细化落实生产安全事故应急预案的各项要求,持续提升应急预案的系统性、科学性,推动应急预案管理更好地服务大国应急事业改革发展的需要。

5.3.3 自然灾害法律法规

自然灾害防治方面的子体系,包括有序推进《中华人民共和国防震减灾法》《中华人民共和国防洪法》《自然灾害救助条例》《森林防火条例》等单灾种的法律、行政法规制修订工作。

(1)《中华人民共和国防震减灾法》

1997 年 12 月 29 日第八届全国人民代表大会常务委员会第二十九次会议通过的《中华人民共和国防震减灾法》,明确了防震减灾工作实行预防为主、防御与救助相结合的方针,并对地震监测预报、地震灾害预防、地震应急三大工作体系作了规定。2008 年 5 月 12 日发生的汶川特大地震也反映出了防震减灾工作遇到的一些新问题。2008年12月27日中华人民共和国第十一届全国人民代表大会常务委员会第六次会议通过《中华人民共和国防震减灾法》的修订,自2009年5月1日起施行。

修订后的法律在保留原法总体结构的基础上,新增加了两章:一章是防震减灾规划,另一章是监督管理。原法共48条,修订后为93条,新增加条文45条。对原法律40余条进行了修改、完善,仅个别条款未做修改。重点对防震减灾规划、地震监测预报、地震灾害预防、地震应急救援、震后恢复重建等做了修改、完善,新增了地震灾后过渡性安置和监督管理等方面的内容。

(2)《地震安全性评价管理条例》

《地震安全性评价管理条例》于2001年11月15日由中华人民共和国国务院令第323号公布,自2002年1月1日起施行。根据2017年3月1日国务院令第676号公布的《国务院关于修改和废止部分行政法规的决定》和2019年3月2日国务院令第709号公布的《国务院关于修改和废止部分行政法规的决定》修正。修正的内容有:

① 将《地震安全性评价管理条例》第二章名称修改为"地震安全性评价单位"。

② 删去第六条、第八条、第十条、第二十条。

③ 第七条改为第六条,修改为"从事地震安全性评价的单位应当具备下列条件:

(一) 有与从事地震安全性评价相适应的地震学、地震地质学、工程地震学方面的专业技术人员;

(二) 有从事地震安全性评价的技术条件。"

④ 第九条改为第七条,修改为"禁止地震安全性评价单位以其他地震安全性评价单位的名义承揽地震安全性评价业务。禁止地震安全性评价单位允许其他单位以本单位的名义承揽地震安全性评价业务。"

⑤ 第二十一条改为第十七条,修改为"违反本条例的规定,地震安全性评价单位有下列行为之一的,由国务院地震工作主管部门或者县级以上地方人民政府负责管理地震工作的部门或者机构依据职权,责令改正,没收违法所得,并处1万元以上5万元以下的罚款:

(一) 以其他地震安全性评价单位的名义承揽地震安全性评价业务的;

(二) 允许其他单位以本单位名义承揽地震安全性评价业务的。"

⑥ 第二十二条改为第十八条,修改为"违反本条例的规定,国务院地震工作主管部门或者省、自治区、直辖市人民政府负责管理地震工作的部门或者机构不履行审定地震安全性评价报告职责,国务院地震工作主管部门或者县级以上地方人民政府负责管理地震工作的部门或者机构不履行监督管理职责,或者发现违法行为不予查处,致使公共财产、国家和人民利益遭受重大损失的,依法追究有关责任人的刑事责任;没有造成严重后果,尚不构成犯罪的,对部门或者机构负有责任的主管人员和其他直接责任人员给予降级或者撤职的处分。"

(3)《中华人民共和国防洪法》

《防洪法》于 1997 年 8 月 29 日在第八届全国人民代表大会常务委员会第二十七次会议上通过；2009 年 8 月 27 日根据中华人民共和国主席令第 18 号《全国人民代表大会常务委员会关于修改部分法律的决定》第一次修正；2015 年 4 月 24 日根据第十二届全国人民代表大会常务委员会第十四次会议《关于修改〈中华人民共和国港口法〉等七部法律的决定》第二次修正；2016 年 7 月 2 日根据第十二届全国人民代表大会常务委员会第二十一次会议《关于修改〈中华人民共和国节约能源法〉等六部法律的决定》第三次修正。

现行《防洪法》共八章、65 条，包括总则、防洪规划、治理与防护、防洪区和防洪工程设施的管理、防汛抗洪、保障措施、法律责任和附则。

(4)《自然灾害救助条例》

《自然灾害救助条例》于 2010 年 6 月 30 日由国务院第 117 次常务会议通过，2010 年 7 月 8 日中华人民共和国国务院令第 577 号公布，自 2010 年 9 月 1 日起施行。根据 2019 年 3 月 2 日国务院令第 709 号公布的《国务院关于修改和废止部分行政法规的决定》修正。

修正的内容为：将《自然灾害救助条例》第三条、第十六条、第十七条第一款、第二十一条第二款、第二十二条、第二十四条第二款、第三十条、第三十一条、第三十三条中的"民政部门"修改为"应急管理部门"。

第十条第一款修改为"国家建立自然灾害救助物资储备制度，由国务院应急管理部门分别会同国务院财政部门、发展改革部门、工业和信息化部门、粮食和物资储备部门制定全国自然灾害救助物资储备规划和储备库规划，并组织实施。其中，由国务院粮食和物资储备部门会同相关部门制定中央救灾物资储备库规划，并组织实施。"

第十三条、第十九条第三款、第二十条中的"民政等部门"修改为"应急管理等部门"。

第二十六条第一款、第二十八条中的"民政、财政等部门"修改为"应急管理、财政等部门"。

(5)《森林防火条例》

《森林防火条例》于 1988 年 1 月 16 日由国务院发布；2008 年 11 月 19 日国务院第 36 次常务会议修订通过，2008 年 12 月 1 日中华人民共和国国务院令第 541 号公布，自 2009 年 1 月 1 日起施行。现行《森林防火条例》共六章，56 条，包括总则、森林火灾的预防、森林火灾的扑救、灾后处置、法律责任和附则。

自然灾害种类繁多，因此各项法律法规也非常多。因此对各项法律法规进行及时梳理，有利于自然灾害的综合减灾工作的开展。

5.3.4 消防法律法规

"1+5"的应急管理法律体系骨干框架下，消防法又划分了相应子体系。

1.《中华人民共和国消防法》修订历史背景

火灾防范和救援工作一向受到党和政府高度重视，1953 年 9 月，国务院下发了首个消防工作的规范性文件——《关于加强消防工作的指示》，要求所有城市尤其是新兴工业城市必须建立公安消防队伍,消防警力不足的要加以充实;规模较大、火灾危险性较多的企业单位,应当单独建立专职消防队。随后发布的《消防监督条例》,明确规定在"企业、事业、合作社实行防火责任制度",建立由公安消防队伍、地方政府专职消防队、企业专职消防队所构成的消防体系。1995年3月日本东京地铁沙林毒气事件后,我国在各个大中型城市建立了特勤消防大队和中队,承担毒气、危险化学品泄漏等特殊灾害的处置和救援工作。

1998年9月1日现行的《消防法》施行,有力地推动了我国消防法治建设、社会化消防管理、公共消防设施建设以及消防监督执法规范化、提升政府应急救援能力、火灾隐患整改等工作,对预防和减少火灾危害,保护人身、财产安全,维护公共安全,发挥了重要作用。

随着我国经济社会的发展和政府职能的转变,面临着社会和广大人民群众对消防安全的新需求、新期待,面对着以人为本、保障和改善民生、强化社会管理和公共服务的新要求,1998年《消防法》的一些规定已经难以适应新时期消防工作的需要。

1998年《消防法》制约因素主要表现在:一是对消防工作责任主体规定不够全面,责任不够完善和清晰,制约和影响了消防工作责任制的落实,不适应消防工作社会化的需要;二是对消防监督管理制度的设置不适应形势需要,公安机关消防机构监督职责与有关责任主体的消防安全职责不明晰,不适应转变政府职能的要求;三是缺乏运用市场机制和经济手段防范火灾风险的规定,不利于发挥市场主体在保障消防安全方面的作用;四是对违反消防法规危害公共安全的行为规定不全,处罚力度不够,缺乏必要的强制措施,不能有效消除和制止违反消防法规行为和严重危及公共安全的火灾隐患。

2002年6月,全国人民代表大会常务委员会对现行《消防法》实施情况进行执法检查后,提出了"修改《消防法》,进一步完善与社会主义市场经济体制相适应的消防法律体系"的建议。2002年10月,公安部正式启动《消防法》修订工作。在深入调研,广泛征求地方政府、有关职能部门、企事业单位、专家学者及各级公安机关意见的基础上,反复修改,数易其稿,2006年4月,形成了《中华人民共和国消防法(修订草案送审稿)》,报请国务院审议。

国务院法制办收到修订草案送审稿后,在广泛征求意见的基础上,经进一步修改后,2008年3月,《中华人民共和国消防法(修订草案)》经国务院常务会议讨论通过,报全国人民代表大会常务委员会审议。

全国人民代表大会常务委员会于2008年4月、6月两次审议、修改了《中华人民共和国消防法(修订草案)》。经过广泛调研,《中华人民共和国消防法(修订草案)》于2008年10月28日经第十一届全国人民代表大会常务委员会第五次会议审议通过。

2008年《消防法》进一步明确了消防工作的属性——公安。消防部队为公安现役部队,纳入武警序列。2018年应急管理部成立后,公安消防部队、武警森林部队退出现役,成建制划归应急管理部消防局。因此消防属性发生了很大的变化。中华人民共和国主席令第29号《全国人民代表大会常务委员会关于修改〈中华人民共和国建筑法〉等八部法律的决定》已由中华人民共和国第十三届全国人民代表大会常务委员会第十次会议于2019年4月23日通过。这八部法律包括《中华人民共和国消防法》。2019版《消防法》变化主要表现在:第一,"称谓"变化,消防救援机构取代了机关消防机构,综合性消防救援队取代了消防队;第二,应急管理部门赋予了消防管理的职能;第三,住建部门承担建设工程相关审验、行政处罚及部分信息报送相关工作;第四,施行时间无缓冲时间,修订后即日执行。

除了《消防法》的修订之外,消防法律体系还包括其他规定、办法。如表5-2所示。

表5-2 消防法律法规修订历程

时间	法律法规
1957.11.30	国务院公布《消防监督条例》
1984.05.13	国务院公布《中华人民共和国消防条例》
1998.04.29	全国人民代表大会常务委员会发布《中华人民共和国消防法》
2008.10.28	全国人民代表大会常务委员会修订《中华人民共和国消防法》
2011.12.30	国务院发布2011(46号)文件《国务院关于加强和改进消防工作的意见》
2012.07.06	公安部部长办公会出台第121号令《公安部关于修改〈火灾事故调查调查规定〉的规定》
2014.02.03	公安部部长办公会出台公安部令第129号发布《社会消防技术服务管理规定》
2016.01.14	公安部令第136号修订《社会消防技术服务管理法规规定》
2018	10月公安消防部队、武警森林部队退出现役,组建国家综合性消防救援队伍
	11月国务院公布《中华人民共和国消防救援衔标志式样和佩带方法》
	12月国务院办公厅印发《关于国家综合性消防救援车辆悬挂应急救援专用号牌有关事项的通知》
2019.04.23	《全国人民代表大会常务委员会关于修改〈中华人民共和国建筑法〉等八部法律的决定》修订《中华人民共和国消防法》

总之,我国消防法律体系如图5-2所示。

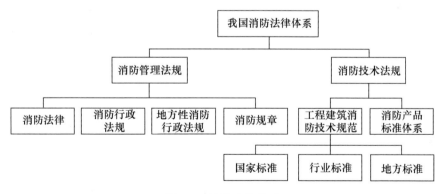

图5-2 消防法律体系

2. 法律责任

2008年修订《消防法》与1998年《消防法》相比,在有关法律责任的规定上作出了较大修

订,加大了消防行政处罚力度,进一步补充完善了消防行政处罚制度,主要包括:

一是加大消防行政处罚力度,增加了应予行政处罚的违反消防法规的行为,解决了原《消防法》对违反消防法规的行为规定的不全、不严密以及一些违法行为得不到及时制止、纠正和依法惩处的问题,维护了法律的严肃性和权威性。

二是调整了行政处罚的种类。《消防法》设定了警告、罚款、拘留、责令停产停业(停止施工、停止使用、停止执业)、没收违法所得、吊销相应资质、资格六类行政处罚,增加了责令停止执业、吊销相应资质、资格两种行政处罚,对一些严重违反消防法规的行为特别是危害公共安全的行为增设了拘留处罚,增强了法律的威慑力。

三是进一步明确了行政处罚的主体,即:①《消防法》规定的行政处罚,除《消防法》另有规定的外,由公安机关消防机构决定;② 拘留处罚由县级以上公安机关依照《治安管理处罚法》规定的程序决定;③ 责令停产停业,对经济和社会生活影响较大的,由公安机关消防机构提出意见,并由公安机关报请当地人民政府依法决定;④ 生产、销售不合格的消防产品或者国家明令淘汰的消防产品的,由产品质量监督部门或者工商行政管理部门依照《中华人民共和国产品质量法》的规定从重处罚;⑤ 消防技术服务机构出具、虚假失实文件,情节严重或者给他人造成重大损失的,由原许可机关依法责令停止执业或者吊销相应资质、资格。

四是取消了一些消防行政处罚责令限期改正的前置条件。

五是具体规定了消防行政处罚的罚款数额。综合考虑各地经济发展状况以及违反消防法规行为的危害程度,分别规定了罚款处罚的具体数额。

六是规定了强制执行。规定对逾期不执行公安机关消防机构作出的停产停业、停止使用、停止施工决定的,由作出决定的公安机关消防机构强制执行。责令停产停业,对经济和社会生活影响较大的,由公安机关消防机构提出意见,并由公安机关报请本级人民政府依法决定,由本级人民政府组织公安机关等部门实施。

5.3.5 其他单行法律

"1+5"的应急管理法律体系骨干框架包括 5 个方面的单行法律,除了前面介绍的安全生产法、自然灾害防治法和消防法之外,还包括应急救援组织、国家消防救援人员方面的法律。这两项法律正在建设中。

5.3.6 综合性法律

"1+5"的应急管理法律体系骨干框架中的"1",就是应急管理方面综合性法律。截止到 2021 年 6 月,应急管理的综合性法律还没有出台,因此,仍然是以 2007 年颁布并实施的《突发事件应对法》为现行的综合性法律。

《突发事件应对法》是 2007 年 8 月 30 日第十届全国人民代表大会常务委员会第二十九次会议通过的,2007 年 8 月 30 日中华人民共和国主席令第 69 号公布,自 2007 年 11 月 1 日起施行。《突发事件应对法》共7章、70条,结构上分为总则、预防与应急准备、监测与预警、应急处置与救援、事后恢复与重建、法律责任、附则几部分。总体思路如下:

(1) 把突发事件的预防和应急准备放在优先的位置

预防和应急准备是应对突发事件的基础。一般而言,国家对社会的管理有两种:一种是常态管理,一种是非常态管理。相对而言,人类对常态管理具有较多的经验,形成了许多行之有效的制度和办法,而对非常态管理,无论是从认识上,还是从制度上都还有一定差距。因此,《突发事件应对法》把预防和减少突发事件发生,作为立法的重要目的和出发点,对突发事件的预防、应急准备、监测、预警等制度作了详细规定。

具体包括:第一,国家建立重大突发事件风险评估体系,对可能发生的突发事件进行综合性评估;第二,建立了处置突发事件的组织体系和应急预案体系,为有效应对突发事件作了组织和制度准备;第三,建立了突发事件监测网络、预警机制和信息收集与报告制度,为最大限度减少人员伤亡、减轻财产损失提供了前提;第四,建立了应急救援物资、设备、设施的储备制度和经费保障制度,为有效处置突发事件提供了物资和经费保障;第五,建立了社会公众学习安全常识和参加应急演练的制度,为应对突发事件提供了良好的社会基础;第六,建立了由综合性应急救援队伍、专业性应急救援队伍、单位专职或者兼职应急救援队伍以及武装部队组成的应急救援队伍体系,为做好应急救援工作提供了可靠的人员保证。

(2) 坚持有效控制危机和最小代价原则

突发事件严重威胁、危害社会的整体利益。任何关于应急管理的制度设计都应当将有效控制、消除危机作为基本的出发点,以有利于控制和消除面临的现实威胁。因此,在立法思路上必须坚持效率优先,根据我国国情授予行政机关充分的权力,以有效整合社会资源,协调指挥各种社会力量,确保危机最大限度地得以控制和消除。

同时,又必须坚持最小代价原则。控制危机不可能不付出代价,但必须最大限度地降低代价。具体要求是:第一,在保障人的生命健康优先权的前提下,必须把对自由权、财产权的损害控制在最低限度;第二,坚持常态措施用尽原则,即只有在常态措施不足以处理问题时,才启用应急处置措施;第三,把对正常的生产、工作、学习和生活秩序的影响控制在最小范围,严格控制应急处置措施的适用对象和范围。为此,需要规定行政权力行使的规则和程序,以便将克服危机的代价降到最低限度。必须强调,缺乏权力行使规则的授权,会给授权本身带来巨大的风险。鉴于此,《突发事件应对法》在对突发事件进行分类、分级、分期的基础上,确定突发事件的社会危害程度,授予行政机关与突发事件的种类、级别和时期相适应的职权。同时,有关预警期采取的措施和应急处置措施,在价值取向上体现了最小代价原则。

(3) 对公民权利依法予以限制和保护相统一

在公民权利上,有平常权利的克减和应急权利的产生两方面。在应急期间公共安全上升到第一位,行政机关享有极大的应急处理权,所以公民权利必然受到克减。克减的范围和内容主要涉及具有公共相关性的自由权、对违法行政行为的抵抗权和法律救济申请权。应急立法关注的主要问题是克减的最低限度。除公民外,为了维护公共利益和社会秩序,法人和其他组织也需要积极参与有关突发事件的应对工作,还需要其履行特定义务。同时,公民也会因应急事件的发生产生一些应急权利,特别是维持生存的政府及时救助权、灾后恢复正常生产的政府帮助权等取得公救的权利。因此,《突发事件应对法》对有关单位和个人在突发事件预防和应急准备、监测和预警、应急处置和救援等方面服从指挥、提供协助、给予配合、必要时采取先行处置措施的法定义务做出了规定。《突发事件应对法》还确立了比例原则,公民的财产被征用有获得补偿的权利,预警期间的措施主要是防范性、保护性措施等。

(4) 建立统一领导、分级负责和综合协调的突发事件应对体制

突发事件的特性决定了需要一个权责明确、运转协调、科学高效的应急管理体制,这是提高快速反应能力、划分各级政府应急职责、有效整合各种资源、及时高效开展应急救援工作的关键。实行统一的领导体制,整合各种力量,是确保突发事件处置工作提高效率的根本举措。美、日、俄、英、意、加等国都相继整合各方面力量,建立了以政府主要负责人为首的突发事件应对机构,并在各级政府设立专门部门或者在政府办公厅设立专门办事机构,具体负责突发事件处置工作的综合协调,提供统一的信息和指挥平台。借鉴国外的经验,并根据我国的具体国情,《突发事件应对法》规定:"国家建立统一领导、综合协调、分类管理、分级负责、属地管理为主的应急管理体制。"该体制的内容在应急管理部成立之后已被修订为"统一指挥、专常兼备、反应灵敏、上下联动"。详细内容参见本书第 3 章。

《突发事件应对法》是 2007 年颁布实施的。经过十多年的发展建设,有部分内容在实践中得到发展。尤其是应急管理部成立后,应急管理体制发生重大变化,应急管理法制也需要与时俱进。

第 6 章 自救互救能力

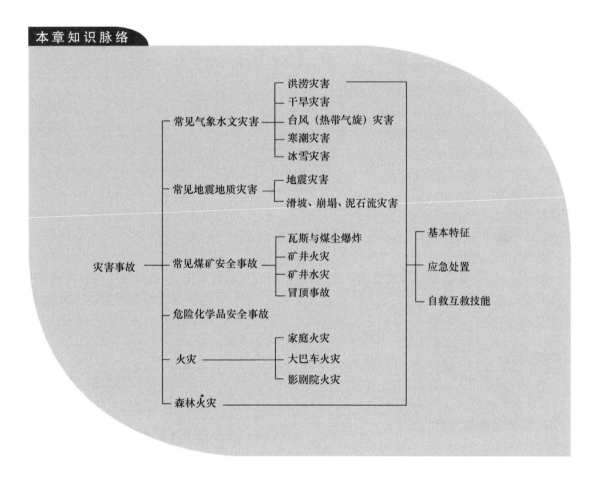

本章知识脉络

面对灾害事故,如何有效实现应急处置呢?本章选取了影响范围广、危害程度深的灾害事故,分别从灾害事故的基本特征、危害性和自救互救方法三个方面给予了阐述。为了保证自救互救方法的科学性,本章提供的方法根据国家应急信息网的科普知识进行整理。

6.1 常见气象水文灾害

6.1.1 洪涝灾害

洪涝灾害是因降雨、融雪、冰凌、溃坝(堤)、风暴潮等引发江河洪水、山洪泛滥以及渍涝等,对人类生命财产、社会功能等造成损害的自然灾害。

1. 洪涝灾害的基本特征

洪涝灾害包括洪水和内涝两类灾害。

(1) 洪水

洪水是指江、河、湖、海所含水体水量迅猛增加、水位急剧上涨超过常规水位的自然现象。洪水现象的出现,常会威胁到沿河、滨湖、近海地区的安全,一旦洪水泛滥,就会对人类的生命和财产造成巨大损失,我们称之为洪水灾害。而洪水是否具有灾害性,与当地的各种自然环境条件以及人为因素有密切关系。

一般来说,洪水灾害的发生与三个因素有关:一是存在诱发水灾的因素——如暴雨、地震、火山爆发、海啸等;二是存在受危害的对象,如受洪水淹没而遭受损害的人及其财产;三是人的防御和抵抗能力。

洪水在对人类的生活造成灾害影响的同时,也有它有利的一面,例如:洪水可以延缓植被侵占河槽的速度,抑制某些有害水生植物的过度生长,为鱼类提供更好的产卵基地,为动物群落提供更好的觅食、隐蔽和繁衍栖息的场所和生活环境;另外,洪水携带的泥沙在下游淤积,经过一段时间的累积,就会形成富饶的冲积平原和河口三角洲。

(2) 内涝

洪水在城市中发生就被称为内涝。内涝是指由于强降水或连续性降水超过城市排水能力致使城市内产生积水灾害的现象。

2. 洪涝灾害的危害

洪水的分类方法很多,一般按洪水的成因,将洪水分为暴雨洪水、融雪洪水、冰凌洪水、暴潮洪水等。其中暴雨洪水指的是由暴雨引起的江河水量迅增、水位急涨的洪水。相对于其他类型的洪水而言,暴雨洪水一般强度大、历时长、面积广。

我国绝大多数河流的洪水都是暴雨产生的,且多发生在夏秋季节,发生的时间由南往北推迟。仅 2018 年一年间,就多次发生过暴雨洪灾。

① 7月上旬,江西暴雨洪涝灾害。7 月 5—8 日,江西省部分地区遭受强降雨袭击。其中:7 月 5 日 20 时至 7 日 8 时,江西全省共有 14 个县(市、区)的 74 个监测站降雨量超过 250 毫米,63 个县(市、区)的 1494 个监测站介于 100~250 毫米,最大点雨量为景德镇昌江区 381 毫米。强降雨导致景德镇昌江区、抚州市临川区城区发生严重内涝,多个路段因积水通行困难,大量房屋、商铺进水,普遍进水深度达 2 米。据统计,灾害造成抚州、景德镇、吉安等 9 市 37 个

县(市、区)109.8万人受灾,1人死亡,13万人紧急转移安置,6.5万人需紧急生活救助;1900余间房屋倒塌,3300余间房屋不同程度损坏;农作物受灾面积9.76万公顷,其中绝收1.38万公顷。直接经济损失13.8亿元。

② 7月上旬,渝川陕甘暴雨洪涝灾害。7月6—12日,四川盆地及西北部分地区连续遭受强降雨袭击,局地还伴有雷暴大风、冰雹等强对流天气,引发洪涝、泥石流、风雹等灾害。四川盆地局地累计降水量超600毫米,甘肃东南部、陕西西南部和北部100～200毫米。其中:8—11日,四川盆地西部累计降水量有100～350毫米,绵阳、德阳和成都局地400～500毫米,绵阳江油局地达619毫米。据统计,灾害造成重庆、四川、陕西、甘肃4省(直辖市)35市(自治州)205个县(市、区)611.3万人受灾,25人死亡,2人失踪,50.8万人紧急转移安置,5.3万人需紧急生活救助;1.2万间房屋倒塌,19.5万间房屋不同程度损坏;农作物受灾面积38.5万公顷,其中绝收8.02万公顷。直接经济损失334.2亿元,其中四川、甘肃灾情较重。

③ 7月中下旬,西北地区洪涝风雹灾害。7月18—23日,西北部分地区出现分散性大雨或暴雨,其中:18日晚18时至24时,甘肃省临夏回族自治州遭受强降雨袭击,东乡族自治县6小时最大点降雨量114毫米,达板镇、果园乡、风山乡6小时最大降雨量30～60毫米,引发山洪灾害。据统计,灾害造成陕西、甘肃、青海、宁夏4省(自治区)18市(自治州)53个县(市、区)51万人受灾,25人死亡,4人失踪,2.9万人紧急转移安置,3700余人需紧急生活救助;4000余间房屋倒塌,2.9万间房屋不同程度损坏;农作物受灾面积3.44万公顷,其中绝收6200公顷。直接经济损失28.1亿元,其中甘肃灾情较重。

④ 7月中旬,内蒙古暴雨洪涝灾害。7月18—22日,内蒙古自治区多地出现暴雨和大暴雨天气。其中:7月18日23时至7月19日11时,全区有103个县(旗)出现降雨,3个县(旗)中的8个站出现大暴雨,降雨量达104.3～165毫米,最大降雨量出现在包头市固阳县杨六乞卜,达165毫米。受局地强降雨影响,巴彦淖尔市、包头市、呼和浩特市多条河流发生较大洪水,其中巴彦淖尔境内黄河支流乌苏图勒河及包头境内内陆河艾不盖河发生超历史洪水,导致部分农田被淹,农作物减产、绝收,农业、水利、交通等基础设施受损严重。据统计,灾害造成巴彦淖尔、包头、鄂尔多斯等10市(盟)40个县(市、区、旗)77万人受灾,13人死亡,1人失踪,10.3万人紧急转移安置,5400余人需紧急生活救助;近4900间房屋倒塌,2.4万间房屋不同程度损坏;农作物受灾面积31.86万公顷,其中绝收9.07万公顷。直接经济损失59.8亿元。

⑤ 7月末,新疆哈密市暴雨洪涝灾害。7月31日凌晨6时至9时30分,新疆维吾尔自治区哈密市伊州区沁城乡突降暴雨,其中:沁城乡小堡区域发生局部短时特大暴雨洪水,1小时最大降水量达110毫米,最大洪峰流量达731立方米/秒,为有水文记录资料以来最高记录;伊吾县境内同时出现大范围降雨,伊吾河最大洪峰流量达170立方米/秒,伊吾河流域下马崖区域瞬时流量创有水文记录以来最大记录。由于涌入射月沟水库(小型水库、库容678万立方米)的洪峰流量合计达1848立方米/秒,远远超过该水库300年一遇校核洪水标准(537立方

米/秒),水库迅速漫顶并局部溃坝,引发洪涝灾害。据统计,灾害造成新疆维吾尔自治区哈密市伊州区伊吾县和新疆生产建设兵团十三师8个团(场)共2.5万人受灾,32人死亡,6000余人紧急转移安置;1400余间房屋倒塌,7600余间房屋不同程度损坏;农作物受灾面积7900公顷,其中绝收1800公顷。直接经济损失11.1亿元。

⑥ 8月下旬,华南地区暴雨洪涝灾害。8月27日至9月1日,福建、广东、广西等地持续遭受强降雨袭击,广东中东部沿海地区、福建中部沿海地区和广西南部和东部局地累计降雨量有300~500毫米,广东汕尾、揭阳、惠州、珠海等地600~900毫米,惠州惠东、汕尾陆河局地达1086~1393毫米。其中:29日,广东珠海、中山、江门、深圳、东莞、惠州、汕尾、揭阳等8市出现特大暴雨(250~492毫米);30日,广东揭阳、汕头、汕尾、惠州、河源5市再次出现特大暴雨(250~600毫米),惠州惠东局地达727~1034毫米,突破广东日雨量历史记录,引发严重洪涝灾害。据统计,灾害造成福建、广东、广西3省(自治区)28市79个县(市、区)216.3万人受灾,4人死亡,2人失踪,13.2万人紧急转移安置,7.4万人需紧急生活救助;1100余间房屋倒塌,2600余间房屋不同程度损坏;农作物受灾面积8.5万公顷,其中绝收4500公顷。直接经济损失66.3亿元,其中广东灾情较重。

⑦ 8月末至9月初,云南暴雨洪涝灾害。8月28日至9月2日,云南省部分地区遭遇强降雨及强对流天气,引发洪涝、风雹、泥石流等灾害。其中:8月29日6时30分左右,普洱市墨江县通关镇突发泥石流灾害,造成8人死亡;9月2日凌晨,文山壮族苗族自治州麻栗坡县猛硐乡遭受强降雨袭击,造成10人死亡,11人失踪,猛硐乡通信和电力中断,多处道路塌方。据统计,灾害造成文山、普洱、临沧等14市(自治州)51个县(市、区)22万人受灾,20人死亡,12人失踪,2100余人紧急转移安置;400余间房屋倒塌,1万间房屋不同程度损坏;农作物受灾面积1.37万公顷,其中绝收3500公顷。直接经济损失24.7亿元。①

3. 洪涝灾害应急处置

通过前面的分析,我们发现暴雨是洪涝灾害的重要影响因素。那么暴雨来临时,我们需要掌握一些暴雨预防及避险自救的方法,以应对暴雨来袭。

(1)暴雨引发山洪

暴雨引发山洪爆发的情况下应注意:

① 保持冷静,尽快向山上或较高地方转移;

② 不要沿着行洪道方向跑,而要向两侧快速躲避;

③ 千万不要轻易涉水过河;

④ 如被山洪困在山中,应及时与当地有关部门取得联系,或发出求救信号,寻求救援。

(2)暴雨伴随雷击

雷击是常见的暴雨天气灾害,多发生在户外,虽不受人们重视,但其破坏性是巨大的。

---

① 国家减灾中心.2018年重大自然灾害事件盘点.https://baijiahao.baidu.com/s?id=1622267926142770410&wfr=spider&for=pc.2019-01-10,2019-06-01

A. 户外活动如何避免雷击

① 遇到突然的雷雨,可以蹲下,降低自己的高度,同时将双脚并拢,以减少跨步电压带来的危害。

② 不要在大树底下避雨。

③ 不要在水体边(江、河、湖、海、塘、渠等)、洼地及山顶、楼顶上停留。

④ 不要拿着金属物品及接打手机。

⑤ 不要触摸或者靠近防雷接地线,自来水管、用电器的接地线。

B. 如何预防室内雷击

① 打雷时,首先要做的就是关好门窗、远离进户的金属水管和与屋顶相连的下水管等。

② 尽量不要拨打、接听电话或使用电话上网,应拔掉电源和电话线及电视天线等可能将雷击引入的金属导线。稳妥科学的办法是在电源线上安装避雷器并做好接地。

③ 在雷雨天气不要使用太阳能热水器洗澡。

(3) 暴雨引发积水

暴雨天气可能会导致大面积积水,那么,面对积水导致的车辆浸水、溺水等情况我们该如何应对呢?

A. 当发生溺水且不熟悉水性时,可采取以下自救法:除呼救外,取仰卧位,头部向后,使鼻部露出水面呼吸。呼气要浅,吸气要深。此时千万不要慌张,不要将手臂上举乱扑动,否则身体会下沉更快。

B. 如果在车中,需要:

① 解开安全带,解车门安全锁,立即完全打开车窗,安定情绪,进行深呼吸。车辆入水后,水会快速涌进车内,这时水压非常大,车内的人很难打开车门逃生。只有当车内充满了水,车门两侧压力相等时,才有可能打开门。

② 如果没有及时打开窗,可通过破窗锤(或从座椅上拔出插枕)来击碎车窗玻璃,让水尽快进入车内,增加逃生机会。此外,要注意:通过猛踢、用手机砸等方式无法有效地打破玻璃。

③ 打开车门后,尽快向旁边游开。

6.1.2 干旱灾害

1. 干旱灾害的基本特征

干旱指因降水少、河川径流及其他水资源短缺,对城乡居民生活、工农业生产以及生态环境等造成损害的自然灾害。

干旱主要存在气象、水文、农业、社会经济学四种释义,四种释义的侧重点不同:气象干旱通常是强调区域大气状态在变干时期的持续时间和与多年平均状态相比的干旱程度;水文干旱一般是与降水量(包括降雪量)不足时期对地表或地下水供给(河流的流速与流量,湖泊与水库的水位,地下水)造成的影响相联系的;农业干旱将农业对气象干旱(或水文干旱)的响应的多种特征联系起来,主要表现在降水量的不足、土壤水的不足、地下水或水库水位的下降等方面;社会经济学干旱是指由于气象干旱(或水文干旱和农业干旱)的发生,社会对一些经济物资(水、食物、草料、水力电能等)的需要量超过供给量的社会经济学现象。

随着人类的经济发展和人口膨胀,水资源短缺现象日趋严重,这也直接导致了干旱地区的扩大与干旱化程度的加重,干旱化趋势已成为全球关注的问题。

2. 干旱灾害的危害

干旱是对人类社会影响最为严重的气候灾害之一,它具有出现频率高、持续时间长、波及范围广的特点。干旱的频繁发生和长期持续,不但会给社会经济,特别是农业生产带来巨大损失,还会造成水资源短缺、荒漠化加剧、沙尘暴频发等诸多生态和环境方面的不利影响。

2019年2月开始,泰国各地干旱少雨,据泰国相关研究机构预测,干旱天气将对泰国旱季的稻米、甘蔗等农作物的生产造成严重影响,经济损失约为153亿泰铢(约32.6亿元人民币),将达到国内生产总值的0.1%。[①]

2019年6月,印度多地遭遇极端天气,高温和干旱引发了严重的水资源危机。人口超过1000万的印度第四大城市钦奈市(Chennai)面临着严峻挑战。据英国广播公司报道,这座城市的4座主要水库已经完全干涸。

2013年6月下旬,我国长江以南大部地区出现了历史罕见的持续高温少雨天气,持续时间长、范围特别广、温度异常高。江南大部、华南北部有些气象站的极端最高气温和平均气温均超过历史同期最高记录,南方地区38℃以上的酷热天气日数为近50年来之最,并出现连续超过40℃的酷暑天气。高温少雨天气使得中国南方地区旱情发展迅速。数据显示,高温区域降水较常年同期减少52.6%,其中贵州、湖南平均气温为1951年以来最高,而降水量均为1951年以来最少。另据气象卫星遥感监测,2013年7月鄱阳湖水体面积比2012年同期减少25%、洞庭湖水体面积比2012年同期减少34%。高温干旱对一季稻、玉米等秋收作物所造成的危害已无法挽回。据统计,高温干旱造成南方湘、黔、渝、浙、赣、鄂、皖等七省(市)农作物受灾802.1万公顷、绝收112.3万公顷。

3. 干旱灾害的防御指南

干旱预警信号分二级,分别以橙色、红色表示。干旱指标等级划分,以国家标准《气象干旱等级》(GB/T20481—2006)中的综合气象干旱指数为标准。

(1) 橙色预警

A. 标准:预计未来1周综合气象干旱指数达到重旱(气象干旱为25~50年一遇),或者某一县(区)有40%以上的农作物受旱。

B. 防御指南:

① 有关部门按照职责做好防御干旱的应急工作;

② 有关部门启用应急备用水源,调度辖区内一切可用水源,优先保障城乡居民生活用水和牲畜饮水;

---

① 厄尔尼诺开始在东亚发威!泰国干旱或致稻谷减产,我国也得小心!https://baijiahao.baidu.com/s?id=1628429189661125427&wfr=spider&for=pc,2019-03-19,2019-06-19

③ 压减城镇供水指标,优先经济作物灌溉用水,限制大量农业灌溉用水;
④ 限制非生产性高耗水及服务业用水,限制排放工业污水;
⑤ 气象部门适时进行人工增雨作业。

(2) 红色预警

A. 标准:预计未来 1 周综合气象干旱指数达到特旱(气象干旱为 50 年以上一遇),或者某一县(区)有 60% 以上的农作物受旱。

B. 防御指南:
① 有关部门按照职责做好防御干旱的应急和救灾工作;
② 各级政府和有关部门启动远距离调水等应急供水方案,采取提外水、打深井、车载送水等多种手段,确保城乡居民生活和牲畜饮水;
③ 限时或者限量供应城镇居民生活用水,缩小或者阶段性停止农业灌溉供水;
④ 严禁非生产性高耗水及服务业用水,暂停排放工业污水;
⑤ 气象部门适时加大人工增雨作业力度。

干旱是大自然给我们的严重警告,地球淡水资源稀缺,我们要珍惜水源、保护环境,别让地球上最后一滴水变成我们的眼泪。

6.1.3 台风(热带气旋)灾害

1. 台风灾害的基本特征

台风是热带气旋的一级。热带气旋是发生在热带、亚热带地区海面上的气旋性环流,是地球物理环境中最具破坏性的天气系统之一。按照世界气象组织(World Meteorological Organization,WMO)统一规定,热带气旋共分 5 级,按风速从小到大分为热带低压、热带气旋、热带风暴、强热带风暴和台风。其中,中心最大风力达到 8~9 级的热带气旋称为热带风暴,达到 10~11 级的称为强热带风暴,风力超过 12 级的称为台风。具体分类如表 6-1 所示。

表 6-1 热带气旋分类

分类		风速/(km·h^{-1})	引起海浪高/m	描述
Ⅰ	热带低压	118~153	>1.2	基本无破坏
Ⅱ	热带气旋	154~177	>1.8	轻微破坏
Ⅲ	热带风暴	178~210	>2.7	破坏
Ⅳ	强热带风暴	211~249	>4.0	严重破坏
Ⅴ	台风	>249	>5.5	毁坏性破坏

台风和飓风的差别在于产生的海域不同而称谓不同。在大西洋、加勒比海地区和东太平洋地区的热带气旋称为飓风(hurricane),西太平洋地区及南海上的热带气旋称为台风(typhoon),印度洋地区称为旋风(cyclone)。它们本质相同,只是由于发生地不同而拥有了不

同的名字。

2. 台风灾害的危害

每年的夏秋季节,我国毗邻的西北太平洋上会生成不少名为台风的猛烈风暴,有的消散于海上,有的则登上陆地,带来狂风暴雨。台风给人们的生产生活带来了巨大的破坏。

台风预警信号一共分 4 级,分别是:蓝色、黄色、橙色、红色。台风分级标准及应对方法如表 6-2 所示。

表 6-2　台风分级标准及应对方法

台风预警信号	分级标准	应对方法
蓝色	24 小时内可能或已受台风影响,平均风力达 6 级以上或阵风 8 级以上	做好防风准备,关注台风信息
黄色	24 小时内可能或已受台风影响,平均风力达 8 级以上或阵风 10 级以上	进入防风状态,停止户外大型集会,停课
橙色	12 小时内可能或已受台风影响,平均风力达 10 级以上或阵风 12 级以上	进入紧急防风状态,停止大型集会,停业停课,转移疏散,人员躲避
红色	6 小时内可能或已受台风影响,平均风力达 12 级以上或阵风 14 级以上	停止集会,停业停课,人员躲避

但是,科学研究发现,台风除了给登陆地区带来暴风雨等严重灾害外,也有一定的好处:它为人类带来了丰沛的淡水,凭着这巨大的能量流动使地球保持着热平衡,使人类安居乐业,生生不息。

3. 台风灾害的应急处置

在台风来临的不同时间阶段,我们可采取的应急措施也有所不同。

(1) 台风来临前的准备

① 及时收听、收看或上网查阅台风预警信息,了解政府的防台行动对策。

② 关闭门窗,加固易被风吹动的搭建物。

③ 从危旧房屋中转移到安全处。

④ 处于可能受淹的低洼地区的居民要及时转移。

⑤ 检查电路、炉火、煤气等设施是否安全。

⑥ 幼儿园、学校应采取暂避措施,必要时停课。

(2) 台风来临时的避险

① 尽量不要外出。如果在外面,则不要在临时建筑物、广告牌、铁塔、大树等附近避风避雨。

② 如果开车的话,应立即将车开到地下停车场或隐蔽处。
③ 如果住在帐篷里,应立即收起帐篷,到坚固的房屋中避风。
④ 如果在结实的房屋里,应小心关好窗户,在窗玻璃上用胶布贴成"米"字图案,以防窗玻璃破碎。
⑤ 如果在水面上(如游泳),应立即上岸避风避雨。
⑥ 如遇打雷,要采取防雷措施。
⑦ 台风过后需要注意环境卫生,注意食物、水的安全。
⑧ 露天集体活动或室内大型集会应及时取消,并做好相关人员疏散工作。
⑨ 不要到台风经过的地区旅游或在海滩游泳,更不要乘船出海。

(3) 如何判断台风是否远离

当风雨骤然停止时,有可能是进入台风眼的现象,并非台风已经远离,短时间后狂风暴雨将会突然再发生。此后,风雨渐次减小,并变成间歇性降雨,慢慢地,风变小,云升高,雨渐停,这才是台风离开了。如果台风眼并未经过当地,但风向逐渐从偏北风变成偏南风,且风雨渐小,气压逐渐上升,云也逐渐消散,天气转好,这也表示台风正处于远离中。

6.1.4 寒潮灾害

1. 寒潮灾害的基本特征

强冷空气入侵或持续低温使农作物、动物、人类和设施因环境温度而受到损伤,并对生产生活等造成损害则称之为低温灾害。寒潮是一种常见低温灾害。什么是寒潮呢?寒潮是冬季的一种灾害性天气,群众习惯把寒潮称为寒流。所谓寒潮,是指来自高纬度地区的寒冷空气,在特定的天气形势下迅速加强并向中低纬度地区侵入,造成沿途地区大范围剧烈降温、大风和雨雪天气。这种冷空气南侵达到一定标准的就称为寒潮。

入侵中国的寒潮主要有三条路径:第一条是西路,从西伯利亚西部进入中国新疆,经河西走廊向东南推进;第二条是中路,从西伯利亚中部和蒙古进入中国后,经河套地区和华中南下;第三条是东路,从西伯利亚东部或蒙古东部进入中国东北地区,经华北地区南下。

2. 寒潮灾害的危害

寒潮是一种大型天气过程,寒潮造成的大面积降雪会导致沿途大范围的剧烈降温、大风和风雪天气,由寒潮引发的大风、霜冻、雪灾、雨凇等灾害对农业、交通、电力、航海以及人们的健康都有很大的影响。寒潮和强冷空气带来的大风、降温天气,是中国冬季半年主要的灾害性天气。寒潮大风对沿海地区威胁很大。

3. 寒潮灾害的应急处置

寒潮来临时的注意事项:
① 当气温发生骤降时,要注意添衣保暖,特别是要注意手、脸的保暖;

② 关好门窗,加固室外搭建物;
③ 外出时当心路滑跌倒;
④ 老弱病人,特别是心血管病人、哮喘病人等对气温变化敏感的人群尽量不要外出;
⑤ 注意休息,不要过度疲劳;
⑥ 采用煤炉取暖的家庭要提防煤气中毒;
⑦ 应关注天气预报,提前了解准确的寒潮消息或警报;
⑧ 事先对农作物、畜群等做好防寒准备。

相信有了这些应对措施,寒潮来临我们也不会慌乱。

6.1.5 冰雪灾害

1. 冰雪灾害的基本特征

降雪大到导致大范围积雪、暴风雪、雪崩或路面、水面、设施结冰,严重影响人畜健康与生存,或对交通、电力、通信系统等造成损害的自然灾害称为冰雪灾害。拉尼娜现象是造成低温冰雪灾害的主要原因之一。拉尼娜现象是厄尔尼诺现象的反相,指赤道附近东太平洋水温反常下降的一种现象,表现为东太平洋明显变冷,同时伴随着全球性气候紊乱,总是出现在厄尔尼诺现象之后。

人类对自然资源和环境的不合理开发和利用及全球气候系统的变化,也正在改变雪灾等气象灾害发生的地域、频率及强度分布。植被覆盖度的减少、裸地的增加,导致草地退化,为冰雪灾害灾情的放大提供了潜在条件。

2. 冰雪灾害的危害

研究表明,中国冰雪灾害东起渤海,西至帕米尔高原,南自高黎贡山,北抵漠河。纵横数千米的国土,每年都受到不同程度冰雪灾害的影响。历史上我国的冰雪灾害不胜枚举。冰雪灾害多发生在山区,一般对人身和工农业生产的直接影响不大。其最大危害是对公路交通运输造成影响,由此造成一系列的间接损失。

3. 冰雪灾害的应急处置

① 非机动车驾驶员应给轮胎少量放气,增加轮胎与路面的摩擦力;
② 冰雪天气行车应减速慢行,转弯时避免急转以防侧滑,踩刹车不要过急过死;
③ 在冰雪路面上行车,应安装防滑链,佩戴有色眼镜或变色眼镜;
④ 路过桥下、屋檐等处时,要迅速通过或绕道通过,以免其上所结冰凌因融化突然脱落而伤人;
⑤ 在道路上撒融雪剂,以防路面结冰;
⑥ 及时组织扫雪。

6.2 常见地震地质灾害

6.2.1 地震灾害

1. 地震

地震(earthquake)俗称地动,实际上是地球构造运动的一种表现形式,它是地球内部介质运动的结果。如同刮风、下雨、洪涝、山崩、火山爆发一样,地震是经常发生的一种突发性自然现象。据统计,地球上每年平均要发生 500 万次地震,其中人们能感觉到的有 5 万多次,会给人类社会造成不同程度破坏的约有 1000 次,而形成严重灾害的 7 级以上地震平均每年约 20 次,8 级或 8 级以上的特大地震每年 1~2 次。

2. 地震灾害及相关概念

地壳快速释放能量过程中造成强烈地面振动及伴生的地面裂缝和变形,对人类生命安全、建(构)筑物和基础设施等财产、社会功能和生态环境等造成损害的自然灾害被称为地震灾害。

(1) 地震波

地震发生时,激发出一种向四周传播的弹性波,称为地震波(earthquake wave)。地震波主要包含纵波(P 波)和横波(S 波)。纵波能引起地面上下颠簸振动,横波引起地面的水平晃动。横波是地震时造成建筑物破坏的主要原因。由于纵波在地球内部传播速度大于横波,所以地震时,纵波总是先到达地表,人们先感到上下颠簸,数秒到十几秒后才感到有很强的水平晃动。纵波的到达,警告人们应尽快做好防备。

地震有强有弱。用来衡量地震强度大小的"尺子"有两把:一个是地震震级,另一个是地震烈度。

(2) 震级

地震震级(earthquake magnitude)是根据地震时释放能量的多少来划分的,可以通过地震仪记录的地震波形计算得出。震级越高,表明地震释放的能量越多。一次地震只有一个震级。各国和各地区的地震分级标准不尽相同,大家较为熟悉的震级标准叫"里氏震级"。里氏震级(M_L),又称地方震震级,是查尔斯·里克特(1900—1985)[①]根据地震波振幅随传播距离的衰减规律给出的用特定仪器确定地震震级的方法。该方法只能用于浅源地近震(震中距小于 600 千米)。对于远震,引入了面波震级(M_S)。面波震级是根据面波计算出来的震级,是通用的震级。

(3) 地震烈度

地震烈度(seismic intensity)是指地面及房屋等建筑物受地震影响和破坏的程度,用"度"来表示。地震烈度与震级大小、震中距离、震源深度和地质条件等因素有关。对同一个地震而

[①] 还有文献记载里氏震级是里克特和古登堡于 1935 年共同提出的震级标准。

言,因其对不同地方的影响程度不同,故各地方所表现的烈度大小也不一样。一般而言,距离震中近的地方破坏大,烈度高;距离震中远的地方破坏小,烈度低。

烈度的大小是根据人的感觉、室内物体设施的反应、建筑物的破坏程度以及地面的破坏现象等综合评定的。用来划分地震烈度的标准是地震烈度表。根据《中国地震烈度表》(GB/T17742—2008)规定,地震烈度分为12个等级,分别为Ⅰ、Ⅱ、Ⅲ、Ⅳ、Ⅴ、Ⅵ、Ⅶ、Ⅷ、Ⅸ、Ⅹ、Ⅺ、Ⅻ,依次反映地震及其破坏从弱到强的程度。地震烈度评定如表6-3所示。

表6-3 中国地震烈度

地震烈度	人的感觉	房屋震害		平均震害指数	其他震害现象	水平向地震动参数	
		类型	震害程度			峰值加速度/(m/s²)	峰值速度/(m/s)
Ⅰ	无感	—	—	—	—	—	—
Ⅱ	室内个别静止中的人有感觉	—	—	—	—	—	—
Ⅲ	室内少数静止中的人有感觉	—	门、窗轻微作响	—	悬挂物微动	—	—
Ⅳ	室内多数人、室外少数人有感觉,少数人梦中惊醒	—	门、窗作响	—	悬挂物明显摆动,器皿作响	—	—
Ⅴ	室内绝大多数、室外多数人有感觉,多数人梦中惊醒		门窗、屋顶、屋架颤动作响,灰土掉落,个别房屋墙体抹灰出现细微裂缝,个别屋顶烟囱掉砖	—	悬挂物大幅度晃动,不稳定器物摇动或翻倒	0.31(0.22~0.44)	0.03(0.02~0.04)
Ⅵ	多数人站立不稳,少数人惊逃户外	A	少数中等破坏,多数轻微破坏和(或)基本完好	0.00~0.11	家具和物品移动;河岸和松软土出现裂缝,饱和砂层出现喷砂冒水;个别独立砖烟囱轻度裂缝	0.63(0.45~0.89)	0.06(0.05~0.09)
		B	个别中等破坏,少数轻微破坏,多数基本完好				
		C	个别轻微破坏,大多数基本完好	0.00~0.08			
Ⅶ	大多数人惊逃户外,骑自行车的人有感觉,行驶中的汽车驾乘人员有感觉	A	少数毁坏和(或)严重破坏,多数中等破坏和(或)轻微破坏	0.09~0.31	物体从架子上掉落;河岸出现塌方,饱和砂层常见喷水冒砂,松软土地上地裂缝较多;大多数独立砖烟囱中等破坏	1.25(0.90~1.77)	0.13(0.10~0.18)
		B	少数中等破坏,多数轻微破坏和(或)基本完好				
		C	少数中等和(或)轻微破坏,多数基本完好	0.07~0.22			

续表

地震烈度	人的感觉	房屋震害 类型	房屋震害 震害程度	平均震害指数	其他震害现象	水平向地震动参数 峰值加速度/(m/s²)	水平向地震动参数 峰值速度/(m/s)
Ⅷ	多数人摇晃颠簸，行走困难	A	少数毁坏，多数严重和(或)中等破坏	0.29~0.51	干硬土上亦出现裂缝，饱和砂层绝大多数喷砂冒水；大多数独立砖烟囱严重破坏	2.50 (1.78~3.53)	0.25 (0.19~0.35)
Ⅷ		B	个别毁坏，少数严重破坏，多数中等和(或)轻微破坏				
Ⅷ		C	少数严重和(或)中等破坏，多数轻微破坏	0.20~0.40			
Ⅸ	行动的人摔倒	A	多数严重破坏和(或)毁坏	0.49~0.71	干硬土上多处出现裂缝，可见基岩裂缝、错动，滑坡、塌方常见；独立砖烟囱多数倒塌	5.00 (3.54~7.07)	0.50 (0.36~0.71)
Ⅸ		B	少数毁坏，多数严重和(或)中等破坏				
Ⅸ		C	少数毁坏和(或)严重破坏，多数中等和(或)轻微破坏	0.38~0.60			
Ⅹ	骑自行车的人会摔倒，处不稳状态的人会摔离原地，有抛起感	A	绝大多数毁坏	0.69~0.91	山崩和地震断裂出现，基岩上拱桥破坏；大多数独立砖烟囱从根部破坏或倒毁	10.00 (7.08~14.14)	1.00 (0.72~1.41)
Ⅹ		B	大多数毁坏				
Ⅹ		C	多数毁坏和(或)严重破坏	0.58~0.80			
Ⅺ	—	A	绝大多数毁坏	0.89~1.00	地震断裂延续很长；大量山崩滑坡	—	—
Ⅺ		B					
Ⅺ		C		0.78~1.00			
Ⅻ		A	几乎全部毁坏	1.00	地面剧烈变化，山河改观	—	—
Ⅻ		B					
Ⅻ		C					

表 6-3 中相关名词解读：

① 评定地震烈度时，Ⅰ～Ⅴ度应以地面上以及底层房屋中的人的感觉和其他震害现象为主；Ⅵ～Ⅹ度应以房屋震害为主，参照其他震害现象；Ⅺ度和Ⅻ度应综合房屋震害和地表震害现象。

② 震害指数和平均震害指数

● 震害指数(damage index)，是房屋震害程度的定量指标，以 0.00~1.00 之间的数字表示由轻到重的震害程度。

● 平均震害指数(mean damage index)，是指同类房屋震害指数的加权平均值，即各级震害的房屋所占比率与其相应的震害指数的乘积之和。

震害程度与平均震害指数评定结果不同时,应以震害程度评定结果为主,并综合考虑不同类型房屋的平均震害指数。

震害指数与房屋破坏等级相对应。房屋破坏等级分为基本完好、轻微破坏、中等破坏、严重破坏和毁坏五类。其定义和对应的震害指数 d 如下：

● 基本完好,指承重和非承重构件完好,或个别非承重构件轻微损坏,不加修理可继续使用。对应的震害指数范围为 $0.00 \leqslant d < 0.10$。

● 轻微破坏,指个别承重构件出现可见裂缝,非承重构件有明显裂缝,不需要修理或稍加修理即可继续使用。对应的震害指数范围为 $0.10 \leqslant d < 0.30$。

● 中等破坏,指多数承重构件出现轻微裂缝,部分有明显裂缝,个别非承重构件破坏严重,需要一般修理后可使用。对应的震害指数范围为 $0.30 \leqslant d < 0.55$。

● 严重破坏,指多数承重构件严重破坏,非承重构件局部倒塌,房屋修复困难。对应的震害指数范围为 $0.55 \leqslant d < 0.85$。

● 毁坏,指多数承重构件严重破坏,房屋结构濒于崩溃或已倒毁,已无修复可能。对应的震害指数范围为 $0.85 \leqslant d < 1.00$。

③ 数量词的界定

数量词采用个别、少数、多数、大多数和绝大多数,其范围界定如下："个别"为 10% 以下;"少数"为"10%～45%";多数为"40%～70%";大多数为"60%～90%";"绝大多数"为 80% 以上。

④ 房屋类型

用于评定烈度的房屋,包括三种类型：

A 类：木构架和土、石、砖墙建造的旧式房屋；

B 类：未经抗震设防的单层或多层砖砌体房屋；

C 类：按照Ⅶ度抗震设防的单层或多层砖砌体房屋。

⑤ 峰值加速度和峰值速度

● 峰值加速度(peak acceleration),是地震震动过程中,地表质点运动的加速度最大绝对值。

● 峰值速度(peak velocity),是地震震动过程中,地表质点运动的速度最大绝对值。

(4) 震源、震中、震中距、震源深度

地震震动的发源处称为震源；地面上与震源正对着的地方,称为震中；地面上其他地点到震中的距离,称为震中距；从震中到震源的垂直距离,称为震源深度。

3. 地震灾害危害

我国位于环太平洋和喜马拉雅世界两大地震带的交汇部位,大地构造位置决定了我国是世界上地震活动最强烈和地震灾害最严重的国家之一。

我国人口占全球人口的 1/5 左右,面积占全球面积的 1/15,而陆地地震占全球同类地震的 1/3 左右。新中国成立以来,除浙江和贵州外,全国其他省份均发生过破坏性地震。20 世纪全球大陆 35% 的 7 级以上地震发生在我国,全球因地震死亡 120 余万人,我国占 59 万人。我国大陆地区,大多位于地震烈度Ⅵ度以上区域,其中 50% 的国土面积位于Ⅶ度以上的地震高烈度区域,包括 23 个省会城市和 2/3 的百万人口以上的大城市。

我国地震活动在空间分布上具有很强的不均匀性,它们往往集中发生在某些地区或某些地带上。空间不均匀性最明显的表现是地震成带分布,各地震区地震活动也不均匀。

根据地震活动,我国可划分为 8 个地震区:① 台湾地震区,指台湾省及附近海域;② 青藏高原地震区,主要指西藏、四川西部和云南中西部;③ 西北地震区,主要指河西走廊、青海、宁夏、天山;④ 华北地震区,主要指太行山两侧、汾渭河谷、阴山燕山带、山东中部和渤海湾;⑤ 华南地震区,主要指福建、广东、广西等地;⑥ 东北地震区;⑦ 华中地震区;⑧ 南海地震区。大地震主要分布在前五个地震区。台湾地震区和青藏高原地震区分别位于环太平洋地震带和地中海——喜马拉雅地震带上。

我国地震活动亦呈带状分布,大致划分为 23 个地震带。其中:
- 单发式地震带:① 郯城——庐江带;② 燕山带;③ 山西带;④ 渭河平原带;⑤ 银川带;⑥ 六盘山带;⑦ 滇东带;⑧ 西藏察隅带;⑨ 西藏中部带;⑩ 东南沿海带。
- 连发式地震带:⑪ 河北平原带;⑫ 河西走廊带;⑬ 天山——兰州带;⑭ 武都——马边带;⑮ 康定——甘孜带;⑯ 安宁河谷带;⑰ 腾冲——澜沧带;⑱ 台湾西部带;⑲ 台湾东部带。
- 活动方式未定的地震带:⑳ 滇西带;㉑ 塔里木南缘带;㉒ 南天山带;㉓ 北天山带。

据统计,20 世纪我国每个省、自治区、直辖市均曾发生过 5 级以上地震,有 22 个曾发生过 6 级以上地震,有 14 个曾发生过 7 级以上地震,如果从有史料记载以来计算,则有 20 个省、自治区、直辖市曾遭 7 级以上地震袭击。

并不是所有的地震都会造成灾害。地震种类不同,危害程度也不同。

(1) 地震的种类

地震的种类有很多,从不同的角度可以分成不同的类型,如图 6-1 所示。

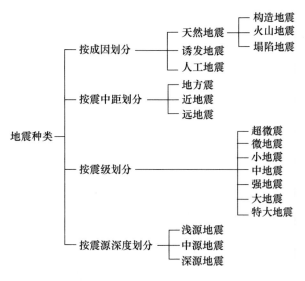

图 6-1 地震的分类

① 按成因划分,可分为天然地震、诱发地震和人工地震三类。天然地震是自然界发生的地震,包括构造地震、火山地震及塌陷地震。构造地震是由于地下岩层错动和破裂所造成的地震,全球90%以上的天然地震都是构造地震;火山地震是由于火山喷发或气体爆炸等引起的地震,占全球天然地震总数的7%;塌陷地震是由于地层陷落或矿坑下塌等原因引起的地震,约占总数的3%。诱发地震是在特定的地区因某种地壳外界因素诱发而引起的地震,其中比较常见的是由矿山冒顶、水库蓄水引发的地震。人工地震是人类的工程活动引发的地震,如爆破、核爆炸、物体坠落等。

② 按震中距大小不同划分,可分为地方震(震中距小于100千米)、近地震(震中距100~1000千米)和远地震(震中距1000千米以上)。

③ 按震级大小不同划分,可分为超微震(震级小于1级)、微地震(震级大于或等于1级小于3级)、小地震(也叫有感地震,震级大于或等于3级小于4.5级)、中地震(震级大于或等于4.5级小于6级)、强地震(震级大于或等于6级小于7级)、大地震(震级大于或等于7级)和特大地震(震级大于或等于8级)。迄今为止,世界上记录到最大的地震为8.9级。

④ 按震源深度划分,可分为浅源地震(震源深度小于60千米)、中源地震(震源深度为60~300千米)和深源地震(震源深度大于300千米)。目前记录到的地震中最深震源达720千米。地球上75%以上的地震是浅源地震。

我国多大的地震会造成灾害?一般而言,在中国大陆地区,4.0级以上地震就可能造成房屋破坏,有时甚至造成人员死亡。有的时候小地震可能导致大灾害,例如2012年9月云南彝良5.7级地震及其引发的滑坡、崩塌等造成81人死亡。有时大地震也会造成小损失,例如2014年10月7日云南省普洱市景谷傣族、彝族自治区发生6.6级地震,造成1人死亡。

(2) 地震伤亡的主要影响因素

① 活断层

地壳岩层因受力超过岩石的抗拉或抗剪强度而发生破裂,并沿破裂面有明显相对移动的构造或强线性流变带称断层。地震往往是由断层活动引起的,是断层活动的一种表现,所以地震和断层的关系十分密切。与地震发生关系最为密切的是在现代构造环境下曾有活动的那些断层,即活断层。活断层一般是指晚更新世(约10万年前)以来曾经活动、未来仍可能活动的断层。按照其运动性质的不同,活断层有走滑断层、正断层和逆断层以及其他的一些过渡类型。活断层活动方式有两类:一类是快速的错动,称为黏滑;另一类是缓慢的蠕动,称为蠕滑或平滑。

● 走滑断层,也是平移(或平推、平错)断层,是走向滑动断层的简称,其特点是两盘的地层上下部位没有相对变化,但在水平方向沿断层两边发生了相对错移。当观察者站在断层的一盘,面对着另一盘,若看到对面一盘是向左手方向移动,则称为左旋(或左)平移断层;反之,若看到对面一盘是向右手方向移动,则称为右旋(或右)平移断层。

● 正断层,是断层形成后上盘相对下降、下盘相对上升的断层。其特点是断层的一盘顺重力的趋势往下滑动,使时代较新的地层居于较低的层位,断层面倾角较陡,通常在45°以上。

● 逆断层，又称逆冲断层，其特点与正断层相反，由于水平挤压作用，逆重力上冲把时代较新的地层推到较高的层位。

黏滑错动是两侧岩石在长期黏结后断层面突然发生的快速错动（相对位移）。断层运动速度大约在几秒至十几秒钟。

● 蠕滑错动，是断裂两盘岩块在长时间内相对做极其缓慢的平稳滑动。断层的蠕滑错动一般发生在断层的某一段落，运动速度极慢，不易被人察觉。

② 建筑

地震伤亡与当地建筑有着密切关系。俗话说杀人的不是地震，而是建筑。从2017年8月九寨沟地震的报道来看，人员伤亡主要是建筑物倒塌和山体滑坡的巨石造成的。相关资料显示，地震中人员伤亡总数95%以上是由房屋倒塌造成的，仅有不足5%是直接由地震及地震引发的水灾、海啸和山体滑坡等次生灾害导致。[①]

4. 地震应急工作

我国现代地震应急工作始于1966年3月的邢台地震，当时周恩来总理曾做出"牢记血的教训，开展地震预报预防"的指示。邢台地震后，20多年的时间里，地震应急一直是作为一种临时性的行为，而不是作为一个体系。

地震应急作为科学的一个学术分支，其提出在20世纪80年代后期，但当时仅仅提出了一个基本概念，并没有实质的内容。其最早的理论基础和技术基础主要脱胎于震害防御系统，包括风险、保险、评估等技术和概念。

1991年，《国内破坏性地震应急反应预案》的问世是当时地震应急理论成果的一次集中体现。1995年国务院颁布实施了《破坏性地震应急条例》，搭建了地震应急理论框架和体系内涵。1997年是地震应急工作的一个重要年份，我国第一个地震应急的专门实体系统"中国地震应急信息快速响应系统"提出，并立项开始建设，这个系统是地震应急指挥技术系统的前身。2000年，地震应急工作正式作为防震减灾三大工作体系登上历史舞台，建设初期主要是体系架构的搭建，包括救援队、应急工作队、全国指挥技术系统。2001年4月成立了国家地震灾害紧急救援队。2002年9月成立了地震现场科学考察应急工作队。

5. 地震灾害应急处置

(1) 震后救活率统计

据统计，震后伤亡人员中有50%立即伤亡，30%～40%因未及时救助而死亡，10%～20%因次生灾害陆续死亡。被救出的60%～80%是灾区当地人民救出的，被救出的20%～40%来自于外部救援。

地震发生后数小时至72小时是从残垣断壁中救人的关键时段。无数的事实已经表明，震后及时采取科学、迅速、有针对性的应急措施是减少人员伤亡的有效方法之一。因此，需掌握必要的地震应急技能，在地震来临时，争取成功自救。

---

① 杀人的不是地震，而是建筑. http://www.sohu.com/a/163435571_498867, 2017-08-09, 2019-05-1

(2) 地震发生时如何自救?

破坏性地震从人感觉地在震动到建筑物被破坏平均只有 12 秒钟。因此,在这短短的时间内千万不可以惊慌失措,要保持冷静,根据所处环境迅速作出保障安全的抉择:①

① 卧室

千万别钻床底下。地震后房屋倒塌有时会在室内形成三角空间,这些地方是人们得以幸存的相对安全地点,可称其为避震空间,它包括床沿下、坚固家具下、内墙墙根、墙角等开间小的地方。以前人们认为钻到床底下最安全,但床底下能躲不能逃,并非最佳的躲藏之处。

躲开头上悬挂物。要选择上面没有悬挂物、附近没有电源插头的地方,以防上面的悬挂物落下砸伤及电源线着火引发的次生灾害。

绝不能进衣柜。唐山地震时,有人钻进衣柜躲藏,几天后救援队发现时,人的身体是完好的,但已经窒息而死了。

把门打开。躲藏地点离门近点,门最好打开,可以背靠在门框上,手抱头,待地震结束时准备随时转移,为逃生准备活路。

② 客厅

把客厅当成转移地带。客厅是四通八达且没有堆积物的地方,地震中应把客厅当成安全的转移地带。把逃生用具放在客厅明显处。中国人的传统习惯是将逃生用具锁在柜子深处,一旦用到时却发挥不了作用。逃生用具应放在客厅明显处,方便各个房间的人拿起就跑。

③ 卫生间

如果地震发生时,你恰好在卫生间,那么你的生存概率要大很多。地震时,空间尺度越小的房间越安全;尺度越大,震动越大,越容易倒塌。卫生间的墙多是承重墙,房顶坠落物少,相对更安全。

水源很重要。守着水源是卫生间的一大优势,唐山地震时有人靠水维持了很长时间。

人不要扎堆。都知道卫生间最安全,但地震发生时,切莫全家人都一起躲在卫生间,分散躲藏可以增加生存概率。因为,地震时哪里最安全并不确定,只是相对的安全,人员分散躲藏意味着总有人在外面以防万一,可以在震后及时展开救援。

④ 高楼

远离高层楼的窗户。地震时,高层楼面向马路的那面墙很不稳定,高层楼的窗户更要远离。现在的楼一般都是框架式结构,砖起到的作用是隔风隔雨,但不承重。地震时,常常是框架在,墙没了,如果人躲在窗户下,很容易被甩出去。

千万不能乘电梯。地震发生时,千万不能使用电梯。一旦断电,就会卡在里面出不来。万一在搭乘电梯时遇到地震,可将操作盘上各楼层的按钮全部按下,一旦停下,迅速离开电梯,确

---

① 地震自救手册,关键时刻能救命! http://www.emerinfo.cn/2019-03/09/c_1210076986.htm,2019-03-09,2019-06-01

认安全后避难。

往哪儿跑要看情况。地震发生后,一定要往下跑吗?答案是不一定。尤其是对于住在高楼层的住户而言,往哪儿跑的原则应该是就近——离地面近就往地面跑,离楼顶近就往楼顶跑。总之,"见天见地"都能够和外界接触,相对更安全。

确认逃生通道还是过火通道。逃生时,一定要走逃生通道。高楼本身就是拔火罐,现在的高楼在设计时,有的设计了专门的过火通道,是用于疏通火情的,千万要分清楚。

逃生绳使用分人群。有的家庭备有逃生设备,比如速降绳,使用时一定要在一轮地震波结束后的平静期。需要注意的是,使用速降绳的人一定是经过训练的,速降过程中需要脚的借力支撑,否则跟跳楼没什么区别,只是多了根绳而已。

⑤ 矮楼

砖混楼更容易坍塌。在同等条件下进行比较,砖混结构的主要承重材料砖砌体为脆性材料,抗震性能较差,框架结构稍胜之。地震发生后,住在砖混老楼里面的人应更主动地寻找机会,迅速撤离。

一定要按顺序逃离。2008 年在汶川地震现场救援时发现,一些楼内的遇难者是在过道、楼梯或者屋门口附近发现的。这表明地震时人们在外逃,但是还来不及到达安全地点就被倒塌的房屋掩埋。地震时,群体逃生时一定要按顺序逃离,前面的人为后面的人逃生留下时间。

低楼层也不能跳楼。住在一、二层楼,也不要选择跳楼逃生,跳楼不仅会造成骨折,还会被高处坠落的重物砸伤。

⑥ 平房

室内坠物最危险。住平房的居民,如地震发生时在室内,应立即躲到炕沿、墙根下、桌子及床下。要尽量利用身边物品,如棉被、枕头等保护住头部。因为平房内空间狭窄,屋内东西多且多放置于高处,地震时很容易造成坠落伤害。

逃出谨防断电线。若正处在门边、窗边,且窗外无其他危险建筑,可立即逃到院子中间空地上。平房区电线凌乱,地震时火灾发生率特别高,尤其要防范。

最大的危险是街道。平房胡同内路面狭窄,四处皆是自建房,倒塌的房屋可能把路面覆盖住,逃生之路并不顺畅。

最不可取的行为。千万不要躲在房梁下,不要躲在窗户边。切忌逃出后又返回取财物。

⑦ 学校

课桌就是救命稻草。正在学校上课时,如果发生地震,要在教师指挥下迅速抱头,躲在各自的课桌下。

有序撤离,远离楼转角。震后要按照平时的逃生训练,在老师安排下有序地向教室外面转移。撤离过程中,在楼梯转角处最容易发生踩踏事件,要有序通过。

操场最安全。在操场或室外时,可原地不动蹲下,双手护住头部,注意避开高大建筑物或危险物。

⑧ 汽车

千万别躲在车里。汽车看起来很结实,但其实只是薄薄的一层,不堪一击。发生大地震时,如果你在驾车,汽车会像轮胎泄了气似的,无法把握方向盘,难以驾驶。此时应避开十字路口,将车子靠路边停下,然后立即下车抱头蹲在车边。

抓牢扶手,降低重心。如果地震时你正坐在行驶的电(汽)车内,那么只好就地抓牢扶手,降低重心,躲在座位附近。

⑨ 公共场所

千万不要慌乱涌向出口。能否逃离,一切取决于是否有良好的制度保障。震后,公共场所一片漆黑,惊恐的嚎叫声四处而起。千万不要慌乱涌向出口,避开人流的拥挤,避免被挤到墙或栅栏处。

躲在近处的大柱子旁边。与其乱冲乱撞,不如就地蹲下或趴在排椅下,避开吊灯、电扇等悬挂物,保护好头部。在商场、书店、展览馆、地铁等处应选择结实的柜台或柱子边以及内墙角等处就地蹲下。

此外,远离玻璃橱窗、门窗或玻璃柜台;避开高大不稳或摆放重物、易碎品的货架;避开广告牌、吊灯等悬挂物。

⑩ 户外

就近选择开阔地。立即蹲下或趴下,以免摔倒;不要乱跑,避开人多的地方。

避开高大建筑物。要躲开建筑物,特别是有玻璃幕墙的高大建筑;不要停留在过街天桥、立交桥的上面和下方。

避开危险物、高耸物或悬挂物。要注意躲开广告牌、街灯、物料堆放处;要避开变压器、电线杆、路灯等;还应该注意自动售货机翻倒伤人。

避开其他危险场所。避开狭窄的街道、危旧房屋、围墙,女儿墙、高门脸、雨篷下等处,还要注意避开高压线和下水道。

要保护好头部。在繁华街、楼区,最危险的是玻璃窗、广告牌等物坠落砸伤人,要注意用手或手提包等物保护好头部。

⑪ 海边

越高越好,越远越好。在海岸边,有遭遇海啸的危险。感知地震或听到海啸警报的话,要尽快向远离海岸线的地方转移,以避免地震可能产生的海啸的袭击。要往高处跑,越高越好。

如果海啸时你在船上,那么就随船往深海走,因为发生海啸时越在边上越危险。总之,要么往高处跑,要么往远处跑。

总之,就是掌握七不要:①

① 不要惊慌,伏而待定。

② 不要站在窗户边或阳台上。

---

① 地震中要做到什么不要? http://www.emerinfo.cn/2019-05/20/c_1210138809.htm,2019-5-20,2019-6-2

③ 不要跳楼、跳车或破窗而出。如果在平房,地震时,门变形打不开,可以"破窗而出"。

④ 不要乘坐电梯。

⑤ 不要因寻找衣物、财物耽误逃生时间。

⑥ 不要躲避在电线杆、路灯、烟囱、高大建筑物、立交桥、玻璃建筑物、大型广告牌及悬挂物、高压电设施、变压器附近。

⑦ 不要在石化、煤气等易爆、有毒的工厂或设施附近。不要位于明火的下风。

6.2.2 滑坡、崩塌、泥石流灾害

1. 滑坡、崩塌、泥石流灾害基本特征

滑坡是指斜坡部分岩(土)体主要在重力作用下发生整体下滑,对人类生命财产造成损害的自然灾害。例如,2019年3月15日,山西乡宁山体滑坡致楼房坍塌,导致7人死亡、13人失联。

与滑坡关系十分密切的有崩塌和泥石流灾害。

崩塌是指陡崖前缘的不稳定部分主要在重力作用下突然下坠滚落,对人类生命财产造成损害的自然灾害。滑坡和崩塌如同孪生姐妹,甚至有着无法分割的联系。它们常常相伴而生,产生于相同的地质构造环境中和相同的地层岩性构造条件下,且有着相同的触发因素,容易产生滑坡的地带也是崩塌的易发区。例如宝成铁路宝鸡至绵阳段,即是滑坡和崩塌多发区。另外,滑坡和崩塌也有着相同的次生灾害和相似的发生前兆。

泥石流是指由暴雨或水库、池塘溃坝或冰雪突然融化形成强大的水流,与山坡上散乱的大小石块、泥土、树枝等裹在一起后,在沟谷内或斜坡上生成快速运动的特殊流体,对人类生命财产造成损害的自然灾害。典型泥石流发生机理如图6-2所示。

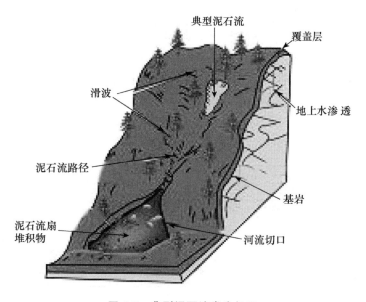

图 6-2 典型泥石流发生机理

2. 滑坡、崩塌、泥石流灾害危害

滑坡、崩塌与泥石流的关系也十分密切。易发生滑坡、崩塌的区域也易发生泥石流,只不过泥石流的暴发多了一项必不可少的水源条件。再者,崩塌和滑坡的物质经常是泥石流的重要固体物质来源。滑坡、崩塌还常常在运动过程中直接转化为泥石流,或者滑坡、崩塌发生一段时间后,其堆积物在一定的水源条件下生成泥石流,即泥石流是滑坡和崩塌的次生灾害。

3. 滑坡、崩塌、泥石流灾害应急处置

(1) 如何判断是否发生了山洪泥石流

在及时认真收听是否有暴雨的天气预报的前提下,可以根据山洪泥石流的前兆来判断。

① 第一是看。观察到河(沟)床中正常流水突然断流或洪水突然增大并伴有较多的柴草树木,可确认河(沟)上游已形成泥石流。

② 第二是听。深谷或沟内传来类似火车轰鸣声或闷雷声,哪怕极其微弱,也可认定泥石流正在形成。另外,沟谷深处变得昏暗并伴有轰鸣声或轻微的振动声,也说明沟谷上游已发生泥石流。

泥石流固然可怕,但只要我们抓住泥石流发生和行进的规律,采取必要的防范知识,可以将泥石流造成的损失降到最低。因此,在山区建设工作中必须把泥石流的因素考虑进去。在泥石流多发季节,不要到泥石流多发山区去旅游。

(2) 面对泥石流如何防范

① 生活在泥石流多发地区的居民要随时注意暴雨预警预报,选好躲避路线,避免到时措手不及,留心周围环境,特别警惕远处传来的土石崩落、洪水咆哮等异常声响,积极做好防范泥石流的准备。

② 在上游地区的人,如果发现了泥石流迹象,应设法立即通知泥石流可能影响的下游村庄、学校、厂矿等,以便及时躲避泥石流。

③ 发生泥石流时,不要留恋财物,要听从指挥,迅速撤离危险区。

④ 在沟谷内逗留或活动时,一旦遭遇大雨、暴雨,要迅速转移到安全的高地,不要在低洼的谷底或陡峻的山坡下躲避、停留。

⑤ 发现泥石流袭来时,千万不要顺沟方向往上游或下游跑,向与泥石流方向垂直的两边山坡上面爬,且不要停留在凹坡处。

⑥ 千万不要在泥石流中横渡。

⑦ 在泥石流发生前已经撤出危险区的人,千万不要返回收拾物品或锁门。

⑧ 尽快与有关部门取得联系,报告自己的方位和险情,积极寻求救援。

(3) 在山区旅游时如何躲避泥石流

① 在泥石流多发季节(比如夏季)内,尽量不要到泥石流多发的山区旅游。

② 出行前收听当地天气预报,在大雨天或在连续阴雨几天、当天仍有雨的情况下不要贸然成行,进入山区沟谷旅游。

③ 最好聘请一位当地向导,从而可避开一些地质不稳定的地区。

④ 准备一些必要的食品、药品、饮用水以及救生用的器材。

⑤ 野外扎营时,要选择平整的高地作为营址,尽量避开有滚石和大量堆积物的山坡下或山谷、沟底。

⑥ 在沟谷内游玩时,一旦遭遇大雨、暴雨,要迅速转移到安全的高地,不要在低洼的谷底或陡峻的山坡下躲避、停留。

⑦ 碰上泥石流,不能沿沟向下或向上跑,而应向两侧山坡上跑,离开沟道、河谷地带。但注意不要在土质松软、土体不稳定的斜坡停留,应选择在基底稳固又较为平缓开阔的地方停留。

⑧ 暴雨停止后,不要急于返回沟内住地,应等待一段时间。

6.2.3 地面塌陷

1. 地面塌陷基本特征

地面塌陷是指地面因采空塌陷或岩溶塌陷,对人类生命财产造成损害的自然灾害。

2. 地面塌陷应急处置

① 采取措施,减少地表水的下渗。首先应注意雨季前疏通地表排水沟渠,降雨季节时刻提高警惕,加强防范意识,发现异常情况及时躲避;其次,加强地下输水管线的管理,发现问题及时解决;再次,做好地表和地下排水系统的防水工作,特别应加强居民厨房下水道的防水。

② 合理采矿,预留保护煤柱。合理科学的采矿方案,可以防止或减少塌陷的发生,特别是小煤窑不能影响国矿的安全和开采规划。

③ 加强采空区的地质工程勘察工作。地面塌陷的不断发生,另一个原因是采空区上的地质工程勘察工作做得不够,应加强采空区的地质工程勘察工作。

④ 防治结合,加强工程自身防护能力。在采空区进行工程建设时,应尽可能绕避最危险的地方。对不能绕避的塌陷区、采空区,根据实际情况采取压力灌浆等工程措施,对已坍塌的地区进行填堵、夯实,条件许可时还可采取直梁、拱梁、伐板等方法跨越塌陷坑。设计时要加强建筑物的整体刚度和整体性,并加强工程本身的防护能力,如采取缩短变形缝、防渗漏等措施。

6.3 常见煤矿安全事故

6.3.1 煤矿安全事故基本特征

煤是最主要的固体燃料,是可燃性有机岩的一种。它是由一定地质年代生长的繁茂植物,在适宜的地质环境中,逐渐堆积成厚层,并埋没在水底或泥沙中,经过漫长地质年代的天然煤化作用而形成的。煤矿是人类在开掘富含有煤炭的地质层时所挖掘的合理空间,通常包括巷道、井硐和采掘面等。常见的煤矿生产安全事故主要有五类:

① 瓦斯爆炸事故(煤与瓦斯突出)。瓦斯是指井下各种有毒、易燃易爆的气体。瓦斯爆炸事故是可燃性气体甲烷与空气混合形成的混合物浓度达到爆炸极限,接触火源而引起的化学性爆炸。

瓦斯爆炸的三条件:瓦斯浓度在爆炸界限内,一般为5%~16%;混合气体中的氧气浓度不低于12%;有足够能量的点火源,一般为650~750℃。

② 煤尘爆炸事故(瓦斯与煤尘爆炸)。煤尘是指能爆炸的煤尘和浓度达到可以导致尘肺的煤尘。

煤尘爆炸三条件:煤尘本身具有爆炸性,且煤尘浮游在空气中并达到一定浓度(45~2000克/立方米);有能引起爆炸热源的存在(610~1050℃);氧气浓度不低于18%。

③ 矿井火灾事故(外因火灾和内因火灾,又称为明火火灾和自燃火灾)。巷内火灾是煤矿事故中最坏的情况。与一般的火灾不同,矿井周围有大量可燃物(煤)存在。若巷道被热及烟堵住出口,同时发生缺氧的情况,通常会造成重大的伤亡。

④ 矿井水灾事故(突水或透水)。在地下开采或其他巷道作业时,或地下水层在水压、矿压的作用下,地下水突然涌入矿井、巷道而造成的伤亡事故,不包括地面水害事故。一般发生在水底(海底、湖泊或水库附近)的矿区,是比巷内火灾更糟糕的情况,几乎没有生还的可能。大量洪水在很短的时间内将巷道吞没,造成全体工作人员死亡。通常生还者无法救援、遗体无法回收,巷道也同样被放弃。

在承压水上采煤和小煤窑破坏区复采,也有可能发生突水、透水事故。井下突水和小煤窑透水事故远多于水体下采煤透水事故。

⑤ 冒顶事故。顶板灾害是煤矿最常见、最容易发生的事故。在煤矿五大灾害(煤尘、水、火、瓦斯、顶板)中,无论是发生次数,还是死亡人数,顶板事故都居煤矿各类事故之首。随着工作面的开采,煤层上面的顶板岩层失去了支撑,原来的压力平衡遭到破坏,煤层顶板在上覆岩层压力的作用下,发生变形、破坏。如果支护不及时或支护强度不够,很容易使工作面的顶板岩层发生断裂和冒落,造成人员伤亡和财产及设备的损失,这就是冒顶事故。

6.3.2 煤矿安全自救互救原则

煤矿事故发生时,如何在矿难中自救互救显得十分重要。每位井下人员仅仅知道怎样防止和排除事故是不够的,还必须知道并且要熟练地掌握怎样正确而又迅速地进行自救和互救,使自己和其他人员能安然脱险得救。

自救就是井下发生意外灾变时,在灾区或受灾变影响的区域内的每位工作人员进行避灾和保护自己的方法。互救是在有效地进行自救的基础上,去救护灾区内受伤人员的方法。为了达到矿工自救和互救的目的,每位井下工作人员必须熟悉并掌握所在矿井的灾害预防,熟练地使用自救器,掌握发生各种灾害事故的预兆、性质、特点和避灾方法,抢救灾区受伤人员的基本方法以及学会最基本的现场急救操作技术等。

每位煤矿的领导者,应有计划地对所有煤矿工作人员进行自救互救培训,不能熟练地掌握自救、互救和现场急救操作技术的人员,就不能算是一名合格的矿工,不允许其下井作业。

① 迅速撤离灾区。当发生重大灾害事故时,灾区不具备事故抢险的条件,或者在抢救事故时可能危及营救人员自身安全时,应迅速撤离现场,躲避到安全地点或撤到井上。

② 及时报告灾情。在灾害事故发生初期,现场作业人员应尽量了解和判断事故性质、地点和灾害程度,在积极、安全地消除或控制事故的同时,要及时向矿调度室报告灾情,并迅速向事故可能波及区域人员发出警报。

③ 积极消除灾害。利用现场条件,在保证自身安全的前提下,采取积极有效的措施和方法,及时投入现场抢救,将事故消灭在初始阶段或控制在最小范围内,最大限度减少事故造成的损失。抢救人员时要做到"三先三后"(先抢救生还者,后抢救已死亡者;先抢救伤势较重者,后抢救伤势较轻者;对于窒息或心跳、呼吸停止不久,出血和骨折的伤工,先复苏、止血和固定,然后搬运)。

④ 妥善安全避灾。当灾害事故发生后,避灾路线因冒顶、积水、火灾或有害气体等原因造成阻塞,现场作业人员无法撤退时,或自救器有效工作时间内不能达到安全地点时,应迅速进入避难硐室和灾区较安全地点,或者就近快速构造临时避难硐室,进行自救互救,妥善安全避灾,努力维持和改善自身生存条件,等待营救。

6.3.3 瓦斯和煤尘爆炸事故应急处置

1. 煤与瓦斯突出的预兆

瓦斯被称为煤矿安全"第一杀手"。我国煤矿瓦斯灾害严重,几乎所有矿井都存在着瓦斯煤尘爆炸的可能性。

(1) 有声预兆

① 响煤炮。突出在煤体深处发出大小、间隔不同的响声。有的像炒豆声、有的像鞭炮声、有的像机枪连射声、有的像闷雷声。特别是煤炮声由小到大,由远到近,由稀到密是突出较危险的信号。

② 气体穿过含水裂缝时的吱吱声。

③ 因压力突然增大而出现的支架嘎嘎响,劈裂折断声,煤岩壁开裂声。

(2) 无声预兆

① 煤层结构构造方面。其表现为:煤层层理紊乱,煤变软、变暗淡、无光泽、煤层干燥、煤尘增大,煤层受挤压褶曲、变粉碎、厚度不均,倾角变化。

② 矿山压力显现方面。其表现为:压力增大使支架变形;煤壁外臌,片帮、冒顶次数增多,底臌严重;炮眼变形快,装药困难,打炮眼时易顶钻、卡钻、喷钻、垮孔。

③ 其他方面。其表现为:瓦斯涌出量忽大忽小;煤尘增大;空气气味异常,忽冷忽热。

2. 瓦斯煤尘爆炸时自救要点

当瓦斯煤尘爆炸时,现场和附近巷道的工作人员,千万不可惊慌失措。当听到爆炸声和感到冲击波造成的空气震动气浪时,应迅速背朝爆炸冲击波传来方向卧倒,脸部朝下,把头放低些,在有水沟的地方最好侧卧在水沟里边,脸朝水沟侧面沟壁,然后迅速用湿毛巾将口、鼻捂住,同时用最快速度戴上自救器,拉严身上衣物盖住露出的部分,以防爆炸的高温灼伤。在听到爆炸瞬间,最好尽力屏住呼吸,防止吸入有毒高温气体灼伤内脏。

事故既然发生,不要过于紧张,冷静下来,判断自己所在的位置和巷道名称,并迅速辨清方向,按照避灾路线以最快速度赶到新鲜风流方向。外撤时,要随时注意巷道风流方向,要迎着新鲜风流走。

用好自救器是自救的主要环节,当戴上自救器后,绝不可轻易取下而吸外界气体,以免遭受有害气体的毒害,要一直坚持到安全地点方可取下。

3. 井下有害气体中毒人员的救护措施

对于有害气体中毒遇难人员,应立即将遇难者抬到有新鲜风流的巷道或地面,根据中毒情况采取急救措施。

① 一氧化碳中毒。一氧化碳中毒,呼吸浅而急促,失去知觉时面颊及身上有红斑,嘴唇呈桃红色。对中毒伤员可采用人工呼吸或用苏生器输氧。输氧时可渗入5%~7%的二氧化碳,以兴奋呼吸中枢,促进恢复呼吸机能。

② 硫化氢中毒。硫化氢中毒除施行人工呼吸或苏生器输氧外,可将浸以氯水溶液的棉花团、手帕等放入口腔内,氯是硫化氢的良好解毒物。

③ 二氧化硫中毒。由于二氧化硫遇水生成硫酸,对呼吸系统有强烈的刺激作用,严重时可能灼伤,所以除了施行人工呼吸或苏生器输氧外,应给中毒伤员服牛奶、蜂蜜或用苏打溶液漱口,以减轻刺激。

④ 二氧化氮中毒。二氧化氮中毒最突出的特征是指尖、头发变黄,还有咳嗽、恶心、呕吐等症状。因为二氧化氮中毒时,伤员会发生肺浮肿,因而不能采用人工呼吸,若必须用苏生器苏生时,在纯氧中不能掺二氧化碳,避免刺激伤员肺脏。最好是在苏生器供氧的情况下,使伤员能进行自主呼吸。

⑤ 二氧化碳及瓦斯窒息。二氧化碳及瓦斯窒息造成假死的伤员,除了进行人工呼吸和苏生器输氧外,还要摩擦其皮肤或使之闻氨水,以促进呼吸。

6.3.4 矿井火灾事故应急处置

1. 矿井火灾事故救护原则

处理矿井火灾事故时,应遵循以下基本技术原则:

① 控制烟雾的蔓延,不危及井下人员的安全;
② 防止火灾扩大;

③ 防止引起瓦斯、煤尘爆炸,防止火风压引起风流逆转而造成危害;
④ 保证救灾人员的安全,并有利于抢救遇险人员;
⑤ 创造有利的灭火条件。

2. 井下火灾的常用扑救方法

① 直接灭火方法。用水、惰气、高泡、干粉、砂子(岩粉)等,在火源附近或离火源一定距离直接扑灭矿井火灾。

② 隔绝方法灭火。隔绝灭火就是在通往火区的所有巷道内构筑防火墙,将风流全部隔断,制止空气的供给,使矿井火灾逐渐自行熄灭。

③ 综合方法灭火。先用密闭墙封闭火区,待火区部分熄灭和温度降低后,采取措施控制火区,再打开密闭墙用直接灭火方法灭火;先将火区大面积封闭,待火势减弱后,再锁风逐步缩小火区范围,然后进行直接灭火。

6.3.5 矿井水灾事故应急处置

水害是制约煤炭资源开发的重要因素之一。

矿井是形成地下煤矿生产系统的井巷、硐室、装备、地面建筑物和构筑物的总称。有时把矿山地下开拓中的斜井、竖井、平硐等也称为矿井。每一座矿井的井田范围大小、矿井生产能力和服务年限的确定,是矿井自体设计中必须解决好的关键问题之一。

矿井在建设和生产过程中,地面水和地下水通过各种通道涌入矿井,当矿井涌水超过正常排水能力时,就造成矿井水灾。矿井水灾(通常称为透水),是煤矿常见的主要灾害之一。一旦发生透水,不但影响矿井正常生产,而且有时还会造成人员伤亡,淹没矿井和采区,危害十分严重。所以做好矿井防水工作,是保证矿井安全生产的重要内容之一。

1. 矿井透水的自救要点与自救程序

发现透水预兆要立即向调度室汇报,若是情况紧急,透水即将发生,必须立即发出警报,迅速采取果断措施进行处理,防止透水发生,防止淹井,并及时撤出所有受水害威胁的人员。

2. 水害发生后自救注意事项

① 井下突然出现透水事故时,井下工作人员应绝对听从班组长统一指挥,按预先安排好的退却路线进行撤退。万一迷失方向,必须朝有风流通过的上山巷道方面撤退。撤离时要服从命令,不可慌乱。

② 位于透水点下方的工作人员,撤离时遇到水势很猛和很高的水头时,要尽力屏住呼吸,用手拽住管道等物,防止呛水和溺水,奋勇用力闯过水头,借助巷道壁及其他物体,迅速撤往安全地点。

③ 当外出道路已被水阻隔,无法撤出时,应选择地势最高、离井筒或大巷最近的地点,或上山独头巷道暂时躲避。被堵在上山独头巷道内的人员,要有长时间被堵的思想准备,要节约使用矿灯和食品,有规律地敲打金属器具,发出求救信号。同时要发扬团结互助的精神,共同克服困难,坚信上级会全力营救他们安全脱险。要忍饥静卧,降低消耗,饮水延命,等待救援脱险。

④ 若透水来自老巷、老窑积水,因同时会有大量有毒气体涌出,撤离时每人都要迅速戴好自救器,或用湿毛巾掩住口鼻,以防中毒或窒息。

⑤ 撤离途中经过水闸门时,最后的一个人撤出后要立即紧紧关闭水闸门。水泵司机在没有接到救灾指挥部撤离命令前,绝对不准离开工作岗位。

3. 井下透水他救

进行营救时,首先要寻找渗水源,查清进水点,采取紧急措施,堵截地下水。判断井下被困人员可能躲避的地点,有序组织井下人员撤离、升井、避难。根据涌水量计算,采用临时水泵,将大量井下积水排向地表。当遇险人员躲避地点比外部水位高时,应尽快排水救人。如果排水时间较长,应设法向险区输送氧气和食品,以维持遇险人员生存条件。当遇险人员低于透水后的水位时,严禁向这些地点打钻,防止空气外泄,水位上升,危及被困人员生命安全。

6.3.6 冒顶事故应急处置

1. 矿井冒顶事故的救护及处理

(1) 冒顶事故的处理方法

① 局部小冒顶的处理。回采工作面发生冒顶的范围小,顶板没有冒实,而顶板矸石已暂时停止下落,这种局部小冒顶比较容易处理。一般采取掏梁窝、探大梁,使用单腿棚或悬挂金属顶梁的方法处理。

② 局部冒顶范围较大的处理。一种是伪顶冒落直接顶未落,一般采取从冒顶两端向中间进行探梁处理;另一种是直接顶冒落,而且冒落区不停地沿煤壁空隙往下淌碎矸石,一般采取打撞楔的办法处理。

③ 大冒顶的处理。缓倾斜薄煤层和中厚煤层,尤其是中厚煤层处理工作面大冒顶的方法基本上有两种:一是恢复工作面的方法;一是另掘开切眼或局部另掘开切眼的方法。

(2) 冒顶事故抢救的一般原则

① 矿井发生冒顶事故后,矿山救护队的主要任务是抢救遇险人员和恢复通风。

② 在处理冒顶事故之前,矿山救护队应向事故附近地区工作的干部和工人了解事故发生原因、冒顶地区顶板特性、事故前人员分布位置、瓦斯浓度等,并实地查看周围支架和顶板情况,必要时加固附近支架,保证退路安全畅通。

③ 抢救遇险人员时,可用呼喊、敲击的方法听取其回击声,或用声响接收式和无线电波接收式寻人仪等装置,判断遇险人员的位置,与遇险人员保持联系,鼓励他们配合抢救工作。对于被堵人员,应在支护好顶板的情况下,掘小巷、绕道通过冒落区或使用矿山救护轻便支架穿越冒落区接近他们。

④ 处理冒顶事故的过程中,矿山救护队始终要有专人检查瓦斯和观察顶板情况,发现异常,立即撤出救护人员。

⑤ 清理堵塞物时,使用工具要小心,防止伤害遇险人员;遇有大块矸石、木柱、金属网、铁架、铁柱等物压人时,可使用千斤顶、液压起重器、液压剪刀等工具进行处理,绝不可用镐刨、锤砸等方法扒人或破岩。

⑥ 对抢救出的遇险人员,要用毯子给其保温,并迅速运至安全地点进行创伤检查,在现场开展输氧和人工呼吸、止血、包扎等急救处理,危重伤员要尽快送医院治疗。对长期困在井下的人员,不要用灯光照射其眼睛,饮食要由医生决定。

(3) 抢救遇险人员方法

① 顶板冒落范围不大时,如果遇险人员被大块矸石压住,可采用千斤顶、撬棍等工具把大块矸石顶起,将遇险人员迅速救出。

② 顶板沿煤壁冒落,矸石块度比较破碎,遇险人员又靠近煤壁位置时,可沿煤壁方向掏小洞,架设临时支架维护顶板,边支护边掏洞,直到救出遇险人员。

③ 如果遇险人员位置靠近放顶区,可沿放顶区方向掏小洞,架设临时支架,背帮背顶,或用前探棚边支护边掏洞,把遇险人员救出。

④ 冒落范围较小,矸石块度小,比较破碎,并且继续下落,矸石扒一点、漏一些。在这种情况下处理冒顶和抢救人员时,可采用撞楔法处理,以控制顶板。

⑤ 分层开采的工作面发生事故,底板是煤层,遇难人员位于金属网或荆笆假顶下面时,可沿底板煤层掏小洞,边支护边掏洞,接近遇难者后将其救出;如果底板是岩石,遇险人员位于金属网或荆笆假顶下面时,可沿煤壁掏小洞,寻找和救出遇险人员。

⑥ 冒落范围很大,遇险人员位于冒落工作面的中间时,可采用掏小洞和撞楔法处理。当时间长不安全时,也可采取另掘开切眼的方法处理,边掘进边支护。

⑦ 如果工作面两端冒落,把人堵在工作面内,采用掏小洞和撞楔法穿不过去,可采取另掘巷道的方法,绕过冒落区或危险区将遇险人员救出。

6.4　危险化学品安全事故

6.4.1　危险化学品安全事故的基本特征

根据《危险化学品安全管理条例》(2013修订),危险化学品简称"危化品",是指具有毒害、腐蚀、爆炸、燃烧、助燃等性质,对人体、设施、环境具有危害的剧毒化学品和其他化学品。

常用的危险化学品有八类,分别为:第一类,爆炸品;第二类,压缩气体和液化气体;第三类,易燃液体;第四类,易燃固体、自燃物品和遇湿易燃物品;第五类,氧化剂和有机过氧化物;第六类,有毒品;第七类,放射性物品;第八类,腐蚀品。

6.4.2　危险化学品事故的前兆确认

在化工区或有警告标志的化工产品容器附近,应该注意发现前兆异常:

① 有色气体或液体出现跑、冒、滴、漏现象,并伴有怪味。

② 大批人员同时出现头痛(晕)、心悸、烦闷、呼吸困难、呕吐、视物模糊、有刺激感、惊厥、抽筋、步履蹒跚等不适症状。

③ 动物异常(数量大、范围广)。如许多蜂、蝇、蝴蝶等昆虫飞行不稳、抖翅、挣扎;大量青蛙、麻雀、鸽子、家禽、家畜等出现眨眼、散瞳、缩瞳、流口水、站立不稳、呼吸困难、抽筋现象;很多鱼、虾、蚂蟥等水生物活动加快、乱蹦乱爬,尔后活动困难。

④ 植物异常。如许多种类植物的颜色发生变化。

6.4.3 不同场景的危险化学品事故的自救措施

1. 爆炸现场[①]

与普通爆炸和火灾不同,危险化学品爆炸的危害更大,更有可能引发连环爆炸和有害气体蔓延。那么,在这种突发情况下,普通人该如何自救呢?

① 如果在现场,原则只有一个——向上风方向快速撤离。一定要牢牢记住这一条。如果爆炸点在你的上风口,尤其要注意,一般下意识就是背对爆炸点的方向跑,如果爆炸后的气体有毒,这样始终会在毒气的前进路线上。正确的方式是绕开爆炸点,然后向上风口撤离。

② 附近居民千万不要围观,不要自发组织救人;保证交通,服从指挥;不要盲目恐慌,不听信谣言;保持镇静,做好防护。

③ 救助人员在保证个人安全的情况下,才能救助伤员。根据爆炸的五种伤害机制进行应急处理:气压伤只能尽快送到医院接受正规治疗;碎片伤要想办法来止血;撞击伤要观察体表,是否出现手脚发凉、面色苍白等状况;烧烫伤早期处理就是冷水冲;爆炸物本身造成伤害,急救方法就是"洗消":浑身的彻底清洁,能够避免化学放射性损伤90%的伤害。

④ 转移。转移时保持镇定,安全转移,及时调整,正确呼救,保持体力,保证呼吸。火灾通常伴随着浓烟,而烟尘里有化学物质,可以用手帕、毛巾蘸湿捂住口鼻,因为烟雾比空气轻,在30~60厘米处比较安全,大概是一个成年人半蹲的姿势。

2. 中毒现场

中毒现场急救第一原则——马上离开毒源!对有害气体吸入性中毒者,将其搬至空气新鲜的地方,除去其口鼻中的异物。对皮肤黏膜沾染接触性中毒者,脱去其受污染的衣物并用清水冲洗其体表。对食物中毒者,用催吐、洗胃、导泻等方法让其排出毒物。

3. 窒息现场急救

脱离不良环境,松开其身上过紧的衣服,使其呼吸道顺畅。轻拍其背部或用手指清除其口、鼻、呼吸道中的分泌物和异物,施以人工呼吸或者面罩吸氧。心脏按摩,建立静脉通道。

4. 眼睛烧伤现场急救

要在现场迅速用清水进行冲洗。应使用流动的清水,冲洗时将其眼皮掰开,把裹在眼皮内的化学品彻底冲洗干净。现场若无冲洗设备,可将其头埋入清洁盆水中,掰开其眼皮,让其眼

[①] 8句话读懂危化品爆炸后如何自救. http://www.emerinfo.cn/2019-06/03/c_1210150403.htm,2019-06-03,2019-06-12

球来回转动以进行洗涤。若电石、生石灰颗粒溅入眼内,应当用蘸好石蜡或植物油的棉签去除颗粒,之后再用清水冲洗。

6.5 火灾及应急处置

根据《消防词汇第1部分:通用术语》(GB/T5907.1—2014)规定,火灾是在时间和空间上失去控制的燃烧。这种燃烧可以发生在各个场所。针对不同场所的火灾有不同的自救和互救处置。

6.5.1 家庭火灾

居住在城市中的居民最易遇到的火灾是家庭火灾。家庭火灾一般是由于人们疏忽大意造成的,常常事发突然,令人猝不及防,后果严重。

发现火情,应该迅速采取措施,尽快扑灭初起之火,或设法延缓火势的发展蔓延。毗邻房间发生火灾,烟雾弥漫时,不要盲目开门,可向门上泼冷水降温,用浸湿的衣服、被褥堵住门窗缝隙。同时,应立刻向窗外挂出醒目物件,以示室内有人,也可以大声呼喊,便于营救。

火势较大时,可向头部、身上浇冷水或用湿毛巾、湿被单将头部包好,用湿棉被、湿毯子将身体裹好,再冲出险区。如住在比较低的楼层,可以利用结实的绳索或将床单、窗帘布撕成条拧成绳,拴在牢固的窗框、床架上,沿绳缓缓爬下。但是如果居住在楼层较高的房间,建议不要盲目采取逃生措施,应做好防护准备,等待消防人员救援。

6.5.2 大巴车火灾

大巴车是人们出行时较为常用的交通工具之一。近年来,大巴车起火事故时有发生,一旦发生火灾,到底该如何逃生才能将伤害降到最低?

1. 大巴车火灾特点

(1) 空间狭小,逃生困难

车辆内部空间狭小,一旦发生火灾,如不及时逃离,将很可能被困车内。当车辆处于隧道、地下车库等特殊场所时,逃生不仅仅是逃离车辆,还必须及时逃离事故场所。

(2) 易造成爆炸事故,扩大事故面

最为危险的是车辆内储存的油气。汽油及天然气均是可燃易爆物质,一旦发生车辆火灾,泄漏出来的油气遇见火花就有可能发生爆炸,波及周边,扩大整个事故面,使救援更加难以开展。

(3) 火势蔓延快、温度高、烟气浓

车上空间较小,单位面积火灾荷载较高,如车内装饰材料、轮胎等燃烧,会产生极高的温度,同时车辆在燃烧过程中易产生大量有毒浓烟,当车辆着火后,车内人员的疏散极为困难。

(4) 易造成遇险人员群死群伤

车辆火灾,尤其是大型的公共交通工具一旦发生火灾,内部司乘人员逃生困难,极易造成群死群伤事故。

2. 汽车起火原因分析

(1) 燃油系统故障

汽车燃油系统故障引起火灾的原因主要有以下两种:供油系统容器和管路破裂或管路松动引起漏油而造成火灾;发动机汽缸内的混合气体比例失调,化油器回火引起火灾。

(2) 电路系统故障

汽车的电路系统比较复杂,电气线路密布,根据各部分电路的功能可将汽车电路系统分为7个系统:电源系统、启动系统、点火系统、仪表系统、照明系统、音响系统及信号系统。汽车电路系统在正常情况下火灾危险性较小,但会因驾驶员违章操作或电路某处故障引发火灾。

(3) 高温引起自燃

夏天是汽车火灾高发的季节,主要是高温所致,机械部件散热慢,部分电气线路绝缘护套烤焦、短路引起火灾。汽车高温自燃一般都有前兆,如冒蓝烟、黑烟,有焦糊味等。主要原因是汽车缺乏保养,车辆电器件及线路的老化,车内化油器等部件漏油、油管封闭不严,高温自燃引起火灾。

(4) 机械部件摩擦

汽车发动机的润滑系统缺油,机件的表面相互接触并作相对摩擦产生高温,接触到可燃物引起火灾。汽车制动片间隙调节过紧也会引起火灾。轮胎摩擦过热也可能引起火灾。

(5) 吸烟

吸烟者常在烟头或火柴未熄灭的情况下乱抛乱扔,若烟头接触易燃的座椅坐垫,或烟头直接掉落在可燃物、可燃装饰材料上常会引发火灾事故。尤其当汽车行驶中司乘人员将烟蒂从窗口往外扔时,由于风的作用可能会将烟蒂吹回到车内引发火灾。

(6) 停车位置不当

现在生产的汽车一般都装备三元催化反应器,而这个位于排气管上的装置温度很高。大多数汽车上的三元催化反应器位置都比较低,如果将汽车停放在易燃物附近,极易引起易燃物燃烧。

3. 大巴车火灾逃生

(1) 保持冷静,迅速将火情向司机反映

在大巴车上遭遇火灾时,首先要保持冷静,保持头脑清醒才能抓住逃生机会。每辆大巴车上都会配备车载灭火器。乘客发现火情时,要在第一时间通知司机,司机可视火情大小使用车载灭火器灭火;如果不能解决,可立即拨打119求救。乘客要听从指挥,不要拥挤,从最近的出口有序逃生。

(2) 首选前后车门逃生,启用应急开关

车门逃生是首选的逃生方法,乘客就近从前后车门下车。先逃离乘客可协助司机,疏导其他乘客撤离事故现场。逃生时,要让老人、小孩先离开。如果火焰已经破坏电气控制系统,车门不能自动打开,这时候可以打开前后车门上方的红色应急开关,旋转阀门就能打开车门。

(3) 打开车窗跳车,不要轻易从天窗逃生

如果车门实在无法开启,车窗也是一个有利的逃生出口。大部分大巴车车窗都可以打开。一旦发生火情,可迅速开窗逃生。

在车辆没有侧翻的时候,乘客从车顶上的天窗逃生是不明智的选择。一方面,需要足够的力气才能攀爬上去;另一方面,火灾烟雾往上升,往上爬反而不利于逃生。但在车辆侧翻的时候,乘客可以选择从天窗逃生,这样能快速撤离危险之地。

(4) 空调车无法开窗,砸窗逃生

如果乘坐的是密封玻璃的空调车,窗户不能开启,则需要使用车上的安全锤敲碎玻璃窗,从窗口逃生。一般每辆大巴车都配备了安全锤,而且很多长途空调车会在玻璃窗上标明敲击的位置。

如果找不到安全锤,可利用一切尖锐且坚硬的物品敲碎玻璃。敲打玻璃时,不要从玻璃的正中敲击,应从玻璃的边缘和四角下手,尤其是玻璃上方边缘最中间的位置,那是车玻璃最薄弱的地方。从窗户出来的时候,要注意破口处的碎玻璃,不要被刺伤、刮伤。

(5) 处境安全之后,尽可能帮助他人

确保自己逃出车外,并且处境安全之后,可捡起路边的砖头等坚硬物体,打碎车窗玻璃,帮助车内的老人、妇女、孩子等逃离危险。如果乘客的衣服起火了,可用水帮助其扑灭。最好不要用灭火器对人直接喷射,灭火器中的药剂可能会造成伤口感染。如果自己身上有火,千万不要奔跑,流动的空气会让火越烧越旺,最好的办法是躺在地上打滚灭火。

(6) 远离易燃易爆区

如果大客车是在加油站、加气站等容易发生爆炸的场所起火,驾驶员应视实际情况尽可能地将车辆驶离,以免造成更大的事故。

还需强调的是,一旦大客车起火,不要恐慌,只有保持冷静,才可有序撤离。恐慌使人失控,失控的人群容易发生推挤、踩踏,如果人人试图推开他人先逃出去,现场往往会更加混乱,逃生概率也会降低。

4. 大巴车逃生安全装置

(1) 自动灭火装置

自动灭火装置一般安装在大巴车的发动机舱、前门的电器集成处。当车内温度超过170℃时,自动灭火装置将通过高压喷淋方式灭火。

(2) 手动灭火装置

手动灭火装置主要是指干粉灭火器。干粉灭火器通常放在司机座椅靠背的后面、后门附近以及后置发动机机箱三个位置上。当发生火灾时,乘客可以自行寻找。

(3) 安全锤

安全锤一般放在前车厢和后车厢的车窗上方位置。紧急情况下,乘客可用安全锤迅速猛击玻璃的四个角,玻璃往往会从被敲击点向四周开裂。用脚将玻璃踹出,便可以跳窗逃生。

(4) 逃生应急开关

有些逃生应急开关在司机座位的旁边,有些在车门顶部,旋转或拉开后,推开车门就能逃生。

6.5.3 影剧院火灾

影剧院是公众场所,聚集大量的人流。在影剧院发生火灾需要安全疏散观众。

① 当观众厅发生火灾时,火灾蔓延的主要方向是舞台,其次是放映厅。遇险人员可利用舞台、放映厅和观众厅的各个出口迅速疏散。

② 当舞台发生火灾时,火灾蔓延的主要方向是观众厅。厅内不能及时疏散的遇险人员,要尽量靠近放映厅的一侧,掌握时机逃生。

③ 当放映厅发生火灾时,由于火势对观众厅的威胁不大,遇险人员可以利用舞台和观众厅的各个出口进行疏散。

④ 发生火灾时,楼上的观众可从疏散门由楼梯向外疏散,楼梯如果被烟雾阻隔,在火势不大时,可以从火中冲出去,虽然可能会受点伤,但可避免生命危险。此外,还可就地取材,利用窗帘布等自制救生工具,开辟疏散通道。

⑤ 人员疏散时要听从影剧院工作人员的指挥,切忌互相拥挤,乱跑乱窜,堵塞疏散通道,影响疏散速度。

⑥ 疏散时,观众要尽量靠近承重墙或承重构件部位行走,以防坠物砸伤。特别是在观众厅发生火灾时,观众不要在剧场中央停留。

⑦ 若烟气较大时,宜弯腰行走或匍匐前进,因为靠近地面的空气较为清洁。

6.6 森林草原火灾及应急处置

6.6.1 森林草原火灾基本特征

森林草原是宝贵的自然资源,它不仅能够为我国社会主义建设事业和人民生产、生活的需要提供大量的物质财富,而且能涵养水源、保持水土、调节气候、防风固沙、保护农田、美化环境、净化大气、防治污染、维持生态平衡,对加强国防建设也有极其重要的作用。

我国是一个少林的国家,但森林火灾造成的损失却十分严重。由于森林与草原通常具有地理上的相邻性,森林火灾可能会引发草原火灾。

火灾是指由雷电、自燃导致的,或是在一定有利于起火的自然背景条件下由人为原因导致的,发生于森林或草原,对人类生命财产、生态环境等造成损害的自然灾害。

森林火灾位居破坏森林的三大自然灾害(火灾、病害、虫害)之首,每年都会给林业生产带来严重损失,影响着森林资源的保护和发展。森林火灾发生面广、突发性强、破坏性大,处置扑救较为困难。联合国粮农组织将大面积的森林火灾列为世界八大自然灾害之一。控制森林火灾是世界性的难题。

6.6.2 森林草原火灾危害

2019年3月14日和29日,山西省沁源县在半个月内发生两次森林火灾,尤其是3月14日的大火造成6名消防员不幸遇难。牺牲的6名消防队员大多为"90后",其中一名出生于2000年2月,年仅19岁。3月30日,四川凉山州木里县因雷击发生森林火灾,共遇难31人,其中27名为专业消防员,4名为地方扑火人员。牺牲的27名森林消防指战员,平均年龄仅23岁。同日,北京密云区发生森林火灾,并波及平谷区。

在森林火灾扑救过程中,三种特殊火情极其危险,易导致人员伤亡,分别是爆燃、飞火、火旋风。

(1) 爆燃

林火爆燃通常指爆炸性燃烧,与森林灭火平时说的"轰燃"相近,往往发生突然,会瞬间形成巨大火球、蘑菇云、温度极高。

一般而言,爆燃的原因主要有两种。一种是林内可燃物堆积时间长,发生腐烂,产生以沼气为主的可燃气体,突然遇火再加上细小可燃物作用,产生爆燃。截至2019年12月我国森林面积达到2.2亿公顷,成为全球森林资源增长最多的国家。特别是全面停止天然林商业采伐后,林区内林下的可燃物积累加快,大小兴安岭、长白山、滇北、川西等大面积的原始林区,可燃物载量已经达近20年峰值。

造成爆燃的另一种原因,是林火烧到狭窄的山脊、单口山谷、陡坡、鞍部、草塘沟、山岩凸起等特殊地形,使可燃物同时预热,共同燃烧,瞬时形成巨大火球和蘑菇云。比如狭窄山脊线,受热辐射和热对流影响,温度极高,而且容易形成飘忽不定的气流,山火方向难以预测。

林火爆燃的危害十分严重:一是烧死大量地被植物,给当地的生态环境和人们的生命财产造成危害;二是会产生大量高温有害气体,烫伤受困者的呼吸道,同时受困者因吸入大量有害气体,会导致其中毒、昏迷甚至直接死亡;三是产生的高温热浪对受困者造成灼伤,严重时会直接将受困者烧死。

(2) 飞火

高能量火势会形成强大的对流柱,上升气流可以将燃烧着的可燃物带到高空,在风的作用下,可吹落到火头前方形成新的火点。飞火产生的原因有三种:一是地面强风作用;二是由火场的涡流或对流烟柱将燃烧物带到高空,由高空风传播到远方;三是由火旋风刮走燃烧物,产生飞火。

(3) 火旋风

火旋风是指在燃烧区内高速旋转的火焰涡旋,是高能量火的主要特征之一,高速旋转运动和上升气流足以抬升一定颗粒大小的可燃物。火旋风产生的原因与强烈的对流柱活动和地面受热不均有关,当两个速度不同的火头相遇或燃烧重型可燃物时可发生火旋风,火锋遇到湿冷森林和冰湖可产生火旋风,火锋遇到地形障碍物或大火越过山脊的背风面时也可形成火旋风。

6.6.3 引发森林草原火灾原因

引发森林草原火灾的原因主要分为两种:

(1) 自然原因

自然原因是指气温、风力、可燃物载量等因素的综合作用,经火山、雷击、摩擦等自然现象所引发的火灾,例如沁源2019年3月29日火灾,源于一养鸡场使用的架空铝绞线,在强风作用下发生碰撞接触放电,产生的高温金属熔化物掉落,引燃地面干枯杂草,导致蔓延成灾。

(2) 人为原因

人为原因是导致森林草原火灾发生最主要的因素,历史上发生的重大森林草原火灾中98%以上都是人为引发的。根据其行为又分为两种:一种是故意放火,另一种是过失起火。主要是人们在日常生活、生产中缺乏足够的防火思想认识,对火源管理不当而引发(如非生产性用火中野外吸烟、上坟烧纸、燃放鞭炮、烤火、野炊、驱避野生动物等;生产性用火中烧荒、烧秸秆、烧田埂、烧山、施工爆破等)。例如沁源"3·14"森林火灾,其原因系该县一村民在地里耕作时使用明火造成。北京密云区发生森林火灾,其原因是6个村民修理水管时,不慎将水管下方土坑内的杂草点燃引发了山火。

6.6.4 森林草原火灾预防

多年来的实践,特别是近些年森林草原防火工作的经验充分表明,森林草原火灾虽然是危害性大的自然灾害,不可能完全避免,但是从森林草原火灾成因角度看,人类活动导致火灾占相当大的比重,因此"管火先管人",必须规范人们的用火行为,提高防火意识和法律意识,积极落实"预防为主,防消结合,积极消灭"的方针。各级领导在思想上要高度重视,认真落实以森林草原防火行政领导负责制为主体的各种责任制,充分调动社会各方面的积极性,采取切实有效的措施。只要预防得力,扑救及时,方法得当,就能够最大限度地减少森林火灾的发生,就能把森林火灾造成的损失降到最低程度。

6.6.5 森林火灾应急处置

当发现森林火灾时,可以采取下述应急处置措施:

① 发现森林火灾,应及时拨打报警电话,报告起火方位、面积及燃烧的植被种类。身处火场时,要判明火势大小、风向,用湿衣服包住头,逆风逃生。

② 如果被大火包围,要迅速向植被稀少、地形平坦开阔地段转移。如果被大火包围在半山腰,要往山下跑。当无法脱险时要选择植被少的地方卧倒,扒开浮土直到见着湿土,把脸贴近坑底,用衣服包住头,双手放在身体下面避开火头。

第 7 章 综合性应急救援能力建设

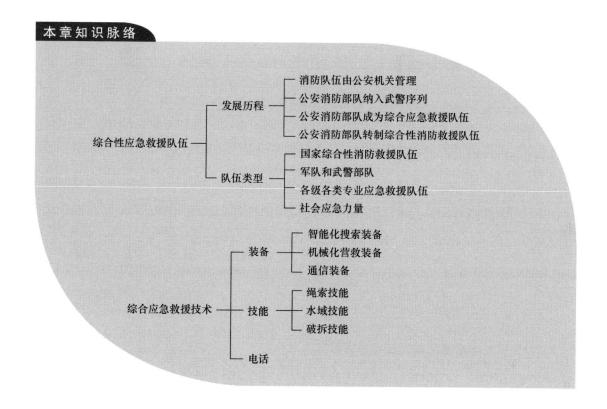

7.1 综合性消防救援队伍的发展历程

自新中国成立起,消防工作就是保卫我国社会主义现代化建设和人民生命财产安全的重要举措。70 年来,消防工作经历了不同的发展历程。

7.1.1 消防队伍由公安机关管理

1957 年 11 月,我国颁布了第一部消防法规《消防监督条例》。此时的消防体制是按照军事化的运作模式,由公安机关管理。由于消防队伍执行灭火任务具有高度地方化特征,力量布局分散,所以消防遵循"以块为主,条块结合"的原则,消防工作落实"以防为主,以消为辅"的方针。由党和政府统一领导的群众性治保组织参与的"专群结合"是当时消防工作的一个突出特点。

7.1.2 公安消防部队纳入武警序列

这个阶段的消防建设与经济建设的发展不同步。在城市化进程中,城市规模日益扩大,高层建筑、地下建筑以及人员密集的公共娱乐场所、大型建筑越来越多,给火灾防范与处置提出新的挑战。同时,在防火方面,只有少数大城市设有防火科,专业监督人员很少。公众的安全意识薄弱,社会抗御火灾的能力薄弱。与高风险的城市形成对照,农村基本处于不设防状态。远离中心城市的地区一旦发生火灾,只能以公众自发扑救为主。

改革开放释放出的经济活力、火灾形势的日益严峻与消防建设的落后之间矛盾突出。这种情况下,消防事业进行了大规模的改革,公安消防部队被纳入武警序列。1982年6月19日,我国组建中国人民武装警察部队,公安消防部队成为武警部队的一个警种,并实行"统一规划,分级管理,分级指挥"。1982年10月,公安部、城乡建设环境保护部颁发《城镇消防站与技术装备标准》,明确城镇消防站布局要求:从接警起5分钟到达责任区。20世纪90年代后,全国各地总队和支队两级机关,在国家财政和各级政府支持下,陆续建立了消防指挥中心,对接警、调动、指挥、反馈等环节进行信息化管理。

1980年后,大规模消防灭火行动的需求增多,集团性灭火作战和跨区域应急联合作战的需求增多。针对这种情况,我国在经济发展迅速的大中城市设立了消防特勤队伍,直属于消防部队,以扑救、处置重特大火灾、事故以及进行跨地区紧急机动救援为主要使命。1984年,国务院公布的《中华人民共和国消防条例》明确提出了"预防为主,防消结合"的方针,替代了"以防为主,以消为辅"的方针。1998年,《中华人民共和国消防法》公布,这是调整我国对火灾应对的一部专项法律。

7.1.3 公安消防部队成为综合应急救援队伍

进入21世纪后,我国经济转轨、社会转型速度加快,火灾及其他灾害或灾难频繁发生,给社会公众的生命、健康和财产安全带来严重的威胁。21世纪的灾害或灾难复杂性与不确定性明显增强。面对新时期、新任务,我国提出努力构建"政府统一领导,部门依法监管,单位全面负责,群众积极参与"的消防格局。2009年5月1日,新《消防法》实施,提出要建立健全社会化的消防工作网络,强调政府、部门、单位和公民都是消防工作的主体,体现了新的治理理念。2006年5月10日公布的《国务院关于进一步加强消防工作的意见》指出:"公安消防队在地方各级人民政府统一领导下,除完成火灾扑救任务外,要积极参加以抢救人员生命为主的危险化学品泄漏、道路交通事故、地震及其次生灾害、建筑坍塌、重大安全生产事故、空难、爆炸及恐怖事件和群众遇险事件的救援工作,并参与配合处置水旱灾害,气象灾害,地质灾害,森林、草原火灾等自然灾害,矿山、水上事故,重大环境污染、核与辐射事故和突发公共卫生事件。"可见,公安消防是自然灾害、事故灾难、公共卫生事件和社会安全事件的应急处置的重要救援力量。2007年《突发事件应对法》颁布,要求县级以上人民政府建立综合性应急救援队伍。从各地的实践来看,公安消防部队成了综合应急救援队伍的不二人选。

7.1.4 公安消防部队转制综合性消防救援队伍

2018年,按照"军是军,警是警,民是民"的军改原则,原来作为武警一个警种的公安消防部队集体退役,由应急管理部管理。国务委员王勇在对国务院机构改革进行说明时指出:"公安消防部队、武警森林部队转制后,与安全生产等应急救援队伍一并作为综合性常备应急骨干力量,由应急管理部管理,实行专门管理和政策保障,制定符合其自身特点的职务职级序列与管理办法,提高职业荣誉感,保持有生力量和战斗力。"2018年10月18日,中共中央办公厅、国务院办公厅印发《组建国家综合性消防救援队伍框架方案》,该方案推进了公安消防与武警森林部队的转制和国家综合性消防救援队伍的建设,基本原则是坚持党对国家综合性消防救援队伍的绝对领导,发展方向是正规化、专业化、职业化,具体目标是建设一支政治过硬、本领高强、作风优良、纪律严明的中国特色综合性消防救援队伍,发挥的作用是中国应急救援的主力军和国家队。

7.2 综合性应急救援队伍

全面建设综合性应急救援队伍,是立足我国国情和灾害事故特点、构建新时代应急救援力量体系的重要举措,是应急管理事业改革发展的坚强保证。应急管理部成立之前,我国应急救援主要依靠三支队伍:① 公安消防、防汛抗旱、抗震救灾、森林消防、海上搜救、铁路事故救援、矿山救援、核应急、医疗救护、动物疫情处置等专业队伍,这是我国应急救援的基本力量;② 企事业单位专兼职队伍、应急志愿者,这是应急救援的辅助力量;③ 中国人民解放军、中国人民武装警察部队,这是应急救援的突击力量。2018年4月应急管理部组建以来,按照"统一指挥,专常兼备,反应灵敏,上下联动,平战结合"的原则,采取国家综合性应急救援队伍与地方专业队伍、志愿者队伍相结合和建立共训共练、救援合作机制等方式,发挥各方面力量作用,加快推进中国特色应急救援力量体系建设,各级各类专业应急救援队伍建设全面步入正轨,形成了以国家综合性消防救援队伍为主力军和国家队,以军队和武警部队为突击力量,以各级各类专业应急救援队伍为协同力量,以社会应急力量为辅助和补充,多种力量相互配合形成合力的综合性应急救援力量体系,在积极应对自然灾害和事故灾难中有效维护了人民群众生命财产安全和社会稳定。

7.2.1 国家综合性消防救援队伍

2018年11月9日,习近平总书记向国家综合性消防救援队伍授旗并致训词,标志着一支全新的人民队伍举旗定向、踏上征程。

国家综合性消防救援队伍由原公安消防部队和武警森林部队集体转隶组建而成,共19万人。长期以来,作为同老百姓贴得最近、联系最紧的队伍,公安消防队伍有警必出、闻警即动,奋战在人民群众最需要的地方,特别是在重大灾害事故面前,不畏艰险,冲锋在前,作出了突出贡献。

组建一年多来,国家综合性消防救援队伍重点围绕发挥应急救援主力军和国家队作用,坚持走中国特色消防救援队伍建设新路子不动摇。在政治建设方面,践行对党忠诚、纪律严明、赴汤蹈火、竭诚为民"四句话方针",永远做党和人民忠诚卫士;在转制衔接方面整体设计、分布实施、有序推进,充分吸收现役制和职业制两个方面的优势,将部队长期形成的一些成熟的做法,平移到队伍建设中来,并结合实际创新制度机制,推动出台了消防救援的衔级、职务职级的序列设置,干部的选任,消防员的招录,消防力量的调度,以及工资待遇等配套政策文件,确保军地之间、转制前后政策有效衔接;在管理教育方面,实行严密的组织、严肃的纪律,按照部队纪律标准严格管理、严格要求,坚持24小时驻勤备战,保持正规的战备、训练、工作和生活秩序;在职能任命方面,在坚持预防为先、全力防范化解重大安全风险的同时,在继续履行灭火救援职责的基础上,承担起水灾、旱灾、台风、地震、泥石流等自然灾害和交通、危化品等事故的应对处置任务,全面提升正规化、专业化、职业化水平;在能力建设方面,对标"全灾种,大应急"需要,实行统一领导、分级指挥,针对重大风险主动防范并提前预置力量,针对综合救援需要补充配备专业装备,组织开展全员岗位练兵,加大救援理念、组织指挥、联动机制、专业训练、保障能力等方面的改革创新;在国际救援方面,依托北京消防救援总队组建了一支200人的中国救援队,成功通过联合国国际重型救援队能力测评,成为我国第二支具备跨国救援能力的队伍,2019年首次出访莫桑比克实施了国际救援行动,体现了中国作为世界大国的责任担当。同时,依托上海合作组织、金砖五国等国际合作组织和"一带一路"合作机制,积极同相关国家开展国际应急救援合作交流,组建了6支"森林草原灭火跨国(境)救援队伍",与周边接壤国家沟通商榷,谋划构建森林草原火灾防治和扑救工作机制。

在各类灾害事故处置中,国家综合性消防救援队伍当先锋、打头阵、挑重担,完成120多万起应急救援任务,营救疏散66万多名遇险群众,成功处置山东寿光洪涝、云南麻栗坡泥石流、金沙江和雅鲁藏布江4次堰塞湖、山西沁源森林火灾、江苏响水化工厂爆炸、四川长宁6.0级地震、贵州水城山体滑坡、"利奇马"超强台风等重特大灾害事故,圆满完成"一带一路"国际合作高峰论坛、新中国成立70周年大庆等重大消防安保任务。他们以救民于水火、助民于危难的实际行动,维护人民群众生命财产安全和社会稳定,当好党和人民的"守夜人"。新部门、新体制、新队伍的优势不断显现,彰显了应急救援主力军、国家队力量体系重塑重构的初步成效。

7.2.2 军队和武警部队

人民解放军和武警部队是抢险救灾的突击力量,执行国家赋予的抢险救灾任务是军队的重要使命。军队参加抢险救灾主要担负解救、转移或者疏散受困人员,保护重要目标安全,抢救、运送重要物资,参加道路(桥梁、隧道)抢修、海上搜救、核生化救援、疫情控制、医疗救护等专业抢险,排除或者控制其他危重险情、灾情等任务。必要时,军队可以协助地方人民政府开展灾后重建等工作。我国已经建立健全了军地协调联动机制,军队参加抢险救灾在人民政府的统一领导下进行,具体任务由抢险救灾指挥机构赋予,部队的抢险救灾行动由军队负责指挥,确保大灾大难时协调有序、指挥顺畅、联动高效。

7.2.3 各级各类专业应急救援队伍

各级各类专业应急救援队伍是我国应急救援体系的重要组成部分,是防范和处置事故灾害的重要力量,在应对各类抢险救援任务中发挥着重要作用。经过多年的建设和发展,我国各级各类专业应急救援力量建设取得长足的进步,主要由地方专职消防、地方森林草原防灭火、抗洪抢险、地震和地质灾害救援、生产安全事故救援等专业救援队伍构成,是国家综合性消防救援队伍的重要协同力量,担负着区域性灭火救援和安全生产事故、自然灾害等专业救援职责。其中,地方专职消防队伍主要分为政府专职消防队和企事业专职消防队两类,他们是我国消防力量体系的重要组成部分,在火灾扑救的初期阶段发挥着不可替代的作用。森林防火灭火应急救援队伍包括森林防火灭火专业应急救援队伍和航空护林队伍,目前,全国共建有专业森林扑火队伍 2000 多支,共计 10 万余人。抗洪抢险专业应急救援队伍的组成有两类:一类是抗洪抢险专业应急救援骨干队伍,主要由中国安能建设集团有限公司和军队武警相关部队组成;另一类是各级地方政府抗洪抢险队。目前,我国共建有 100 多支重点机动抢险队,另有约 1400 支地方队伍。地震和地质灾害应急救援队伍除中国国际救援队、中国救援队外,还有 6 个国家陆地搜寻和救护基地及由各省(区、市)地方政府组织的救援力量。安全生产应急救援队伍方面,从国家到地方组建了矿山、危险化学品、海上搜救、电力、市政、中毒事故医疗抢救等不同类型、综合与专业相结合的应急救援队伍,截至 2019 年,国家级安全生产应急救援队伍有 91 支,约 1.95 万人。另外,交通、铁路、能源、工信、卫生健康等行业部门都建立了水上、航空、电力、通信、医疗防疫等应急救援队伍,主要担负行业领域的事故灾害应急抢险救援任务。各级各类专业应急救援队伍重点围绕提升专业领域救援能力,优化力量布局,整合各类资源,补齐建设短板,完善保障机制,充分发挥在各类灾害事故处置中的专业作用。

7.2.4 社会应急力量

我国社会应急力量具有贴近基层、组织灵活、行动迅速、便于展开的优势,发展速度快、参与热情高、活动范围广、服务领域宽,重点围绕规范有序发展、发挥辐射带动作用、提高公众防灾避险意识和自救互救水平进行建设,形成政府主导、属地管理、配合有力、多方支持的中国特色社会应急力量管理体系和服务保障体系,在灾害事故应急救援中发挥着日益重要的作用,是我国应急管理体系不可或缺的重要组成部分。据不完全统计,目前社会应急队伍有 1200 余支,依据人员构成及专业特长开展水域、山岳、城市、空中等应急救援工作。另外,一些单位和社区建有志愿消防队,属于群防群治力量。

在社会应急力量建设中,应急管理部通过健全法律法规、搭建协作服务平台、组织竞赛和评估、建立与专业队伍共训共练和服务保障机制等,积极支持鼓励社会应急力量建设发展,支持建设一批重点社会救援队,对表现优异、技能突出的个人进行重点培养,纳入国家救援队伍体系,形成国家救援队伍和社会救援队伍良性互动、共同发展的格局。

每支应急救援队伍各司其职,当重特大灾害发生的时候,各应急救援队伍共同参与。通常情况下,国家综合性消防救援队伍作为主力军、国家队,负责主要方向或者主攻任务,军队和武警部队是抢险救援的突击力量,执行国家赋予的抢险救灾任务,专业应急救援队伍是骨干力量,社会应急救援队伍是辅助力量。各类救援力量在灾害现场指挥机构的统一领导下开展救援工作,依据灾种和专业优势进行科学分工,明确任务,相互配合,取长补短,形成整体救援合力。

加强综合应急救援队伍建设,是贯彻落实党中央、国务院关于推进国家治理体系和治理能力现代化决策部署的实际举措,对提高防灾减灾救灾能力、维护社会公共安全、保护人民生命财产安全具有重大意义。各级各类综合应急救援队伍认真贯彻落实习近平总书记重要指示精神和李克强总理等中央领导同志批示要求,按照党中央、国务院决策部署,坚持边建设、边防范、边应急,推动健全机制、提升能力,实现了生产安全事故起数、重大事故、较大事故全面下降,有力有序有效应对了一系列自然灾害,保护了人民群众生命财产安全和维护社会稳定,不断增强了人民群众获得感、幸福感、安全感,为实现"两个一百年"奋斗目标和中华民族伟大复兴的中国梦作出了应有的贡献。

7.3 综合应急救援技术

与自救互救不同的是,突发事件综合应急救援是有组织的救援行动,不仅需要专业的救援队伍,还需要专业技能和救援装备。

7.3.1 综合应急救援装备

在信息化与高科技时代,我国要采用先进的技术成果,不断提高灾害监测预警能力和应急救援的装备水平。2015年12月24日,习近平总书记在中共第十八届中央政治局常委会第127次会议上强调指出:要加强应急救援工作,最大限度减少人员伤亡和财产损失。每一次大事故发生后,都要认真组织研究应急救援规律,加强相应技术装备和设施建设。

应急救援装备主要分为搜索、营救、通信三大类。随着科技进步,这些装备推陈出新,在救援行动中发挥出巨大作用。

1. 智能化搜索装备

智能化搜索装备是指以计算机网络技术为支撑,以各种数字化仪器设施为平台的用于探索生命存在的各种装备,主要负责对灾害(灾难)事故现场的受灾群体或遇难者存在的生命信息源实施探索与搜寻。

(1) 声波探测仪。声波探测仪是一种利用声音的震动来搜索遇险者的仪器,它具有灵敏度极高的特点。废墟中的幸存者只要发出微弱的声音,声波探测仪就可以找到他们。

(2) 光学声波探测仪。光学声波探测仪是一种利用反射光线来对幸存者进行生命探索的仪器,被称为"蛇眼"。该仪器的前面有细小的类似于摄像机的360度旋转探头,地面上的救援人员通过观察器可以看清探头拍摄的地方是否有遇险者。

(3) 红外线探测仪。利用红外线的原理,通过遇险者身体散发的热能来探测幸存者位置。红外线探测仪不仅可以满足国际上通用的"黄金24小时"灾害(灾难)救援的时限规定,而且可以在黑暗中充分利用人的体温与环境温度的差别探测灾害现场,判断是否有生命信息源的存在。

2. 机械化营救装备

机械化营救装备能减轻体力劳动强度,提高营救工作效力。主要包括:

(1) 救援队配备使用的起重机、电焊割机、掘进机、抽水机、冲锋舟等中型机械装备和器材。

(2) 救援人员随身携带、伺机开展营救行动的锹、锤、锯、气袋、液压钳、应急灯、保险绳索、救生衣、救生圈等小型工具装备和器材。

(3) 现场指挥使用的信号枪、手持扩音喇叭、望远镜、袖标、飘带等应急指挥器材。

3. 通信装备

信息化通信装备是指在灾害(灾难)救援过程中综合使用的各种通信装备和器材,其优点有:

(1) 便于抢险救灾指挥员、指挥机构迅速掌握灾情、分析研究、决策指挥的图像及数据信息系统。

(2) 参与应急救援的部门所联通的视频通信控制系统。

(3) 以计算机网络技术为支撑,集抢险救灾指挥、通信、信息、安全、保卫功能为一体的多媒体通信控制系统。

(4) 集自动报警、自动设备切换、联动控制、灾害(灾难)探测、智能编码、自动排障功能为一体的动态预警系统。

7.3.2 综合应急救援技能

从我国的主要灾害事故类型来看,地震及地质灾害、洪涝灾害、风灾、生产安全事故、高空山岳事故和车辆交通事故占了很大的比例。这些事故救援过程中最常用到的就是绳索、水域、破拆三大类技能,同时这些技能具有一定的社会基础性,其中绳索类、水域类的救援技能与穿越、徒步、漂流、潜水等户外运动掌握的技能有相同或相通之处。在汶川地震之后,通过在中国地震局国家地震紧急救援训练基地和消防救援队伍训练,破拆类救援技能已被很多社会力量掌握。操作程序与要求都是经过实战检验的,因此掌握绳索、水域和破拆技能可以提高应急救援队伍安全救援、规范救援和科学救援能力。

1. 绳索技能

绳索类救援技术是应用最广的技术,常应用在城市高层建筑、高空塔架、深坑、竖井、悬崖、水面等事故场景中。按照其使用特点,可将其分为单绳技术和双绳技术,其中主要的操作内容分为下降技术、上升技术、倍力系统、垂直或斜面吊运技术等,主要根据现场情况使用不同的技术应对。具有代表性的技术是单绳技术（Single Rope Technique,SRT）和IRATA[①]技术：前者主要是从洞穴探险和登山攀岩运动演化而来，主要使用单绳系统完成工作；后者则是从工业绳索技术演化而来，主要使用双绳系统完成工作。目前绳索救援技术的主流是双绳救援技术。双绳救援技术的典型特点就是忽然死亡原则，意思是不管操作人员在何时何地进行何种操作，假定操作人员忽然失去意识，无法做出任何动作，绳索系统都必须确保该操作人员的生命安全。如果该系统中任何环节出现问题时无法确保操作人员安全，则违背了忽然死亡原则，会被视为不合格的系统。

常见的绳索救援综合性应用技术类型是"T"字形吊运技术，该技术大致分为水平与倾斜角度吊运两种，主要运用于高楼塔架、峡谷、深坑、水面等类型的救援场景中。要求操作团队具备高度的团队默契和较强的个人操作能力。该系统的工作原理是救援小组在受困人员两端的高处建立A、B两个稳定安全的锚点，通过绳索在两点之间架设主绳桥子系统，救援人员通过主绳桥子系统到达受困人员上方，再使用下降子系统接近被困人员，进行简单的伤情判断和处理后再利用上升提拉子系统将伤员和救援人员吊运至上方的主绳桥子系统上，再通过牵引子系统将伤员和救援人员拖拽到一侧的安全接应点。这就是一个"T"字形吊运系统的基本工作原理，其中涉及主动、被动上升下降技术，滑轮组倍力系统技术，绞盘技术，锚点技术等多项技术操作。整个系统相对复杂，各救援队根据自身的实际情况和擅长技术在这个大的框架下灵活运用多种技术手段完成整个救援工作，这通常也是绳索类专业救援队相互之间交流的主要技术。

绳索救援技术用的主要装备器材就是绳索与其相关器材装备，包括各种直径和类型的绳索，D型、H型、丝扣、自动锁等各类锁具，8字环、GRIGRI、STOP、ID、MPD等保护器，全身、半身安全带、头盔、三脚架、滑轮、绞盘等各类器材装备。通过各种器材装备与绳索的组合使用，形成各种救援技术。

2. 水域技能

狭义地讲，水域类技能展示的是救援人员操控舟艇、搭建绳索系统、入水救人和利用潜水装备进行水下救捞作业的技术。广义上说，凡是与水域有关联的救援便是水域救援。但是细分开来，要依水的状态分为动态水域与静态水域，依水的维度分为水上与水下。

（1）动态水域和静态水域救援

动态水域通常可以涵盖河流、海岸，静态水域通常是指泳池、水库，目前国内静态水域的救生工作通常由救生员完成，救生员由国家体育总局负责核发相关执照，与复杂水域的救援还存在差别。

（2）水上和水下救援

A. 水上救援

根据水的形态和环境不同，水上救援通常分为激流救援与岸际救援。激流救援技术与岸

[①] 国际工业绳索技术协会（IRATA），总部设立于英国，是一个具有国际地位的组织，其技术系统是一套安全且极具效率的技术系统。IRATA是业界认可的全球领先工业绳索技术权威机构。

际救援技术,自 2015 年传入国内后,近几年在社会应急力量当中得到广泛推广,并有迅速向国家应急主力军推广普及的趋势。

① 激流救援。通常发生的大环境为降雨导致洪涝灾害发生,引发河道水流速、流量短时间骤增,达到致灾能力或雪融性洪灾以及其他情况造成的流域险情,此时的应对措施被称为激流救援。但当水流速达到 10 米/秒的情况下,激流救援技术往往需要慎重使用或者不能使用,此时仅靠人力已经无法正常施展,需有强大的空中力量或其他力量介入。激流救援分为认知级(R1)、操作级(R2)、技术级(R3)、技术专家级(R4)和技术总监级(R5)。不同的层级学习使用的救援方式各不相同,总的要求则是在最短时间内、保证自我安全的情况下救助处于危险水域中的受困人员。

② 岸际救援技术。通常使用范围是在我国沿海的海岸际周边,此项技术主要借助充气式救援冲锋舟(IRB)实施。岸际救援技术与激流救援技术在使用充气式救援冲锋舟当中大同小异,技术科目几乎一致。充气式救援冲锋舟,以其轻量化、高机动性、安全性及吃水浅的优势在激流救援和岸际救援中得以广泛使用,是救援人员能够安全、快速实施救援的重要工具。

B. 水下救援

水下救援通常运用在海难、河道航运以及溺水事故发生后的救援与救捞过程中。在该领域的主要救援力量由中国交通运输部下属的各海域救捞局以及海事局的搜救中心,包括其他渔政部门、海警等国家行政机构组成。近几年,中国社会应急力量蓬勃发展,具备水下救捞能力的社会团体越来越多,日常非重特大事故发生时,他们承担起大量的溺水人员救捞任务,成为政府应急主力军的辅助力量。

水下救捞与救援部分,目前被广泛使用的是水肺轻潜、管供重潜和混合气大深度潜水几种方式。从业人员大都持有国际认证的潜水执照(例如 PADI、SSI 等)或中国潜水打捞协会 CDSA 的执照。近几年美国公共安全潜水的 ERDI 执照开始在国内兴起,是更贴近水下救援与救捞的技术领域。水下救援与救捞是一项高危险的技术,在实施水下作业的时候需要严格执行潜伴制度,需要水上、水下救援救捞团队的高效默契配合,潜水作业更要进行全面的安全防护与周密的救援计划。

3. 破拆技能

随着综合救援在国内的发展,各项搜救技能得到长足的进步。破拆是在建筑物坍塌救援中常用的一种技术手段。这种技术手段根据国家标准 GB/T 29428.2—2014《地震灾害紧急救援队伍救援行动》,其第二部分"程序与方法"的第三章定义为:通过切割、凿破、破碎、打孔等对障碍物进行拆除或局部分解的过程。

(1) 破拆技术与顶升、障碍物移除

这三类技术在建筑物坍塌救援时互为辅助、互为选择。例如当救援队在工作场地进行某一次建筑物坍塌救援行动时,由搜救小组中的结构专家及搜索队员判定伤员被困于建筑物下层,此时为打开营救通道,小组组长将根据建筑物坍塌类型、结构类型、伤员情况及现有的装备情况综合考虑使用的建筑物坍塌救援技术。如伤员四周的障碍物一旦使用障碍物移除技术进行移除则可能导致二次坍塌或相关风险,那么此时就应考虑顶升或破拆技术。在大多数真实现场救援情况下,顶升可以被用来打开建筑物外侧的营救通道,而处于建筑物内侧的狭小空间则情况复杂,而且重量较大,又有多层建筑物及不同结构互相叠压,在此情况下,救援队考虑使用顶升及障碍物移除技术的则少之又少。在大多数建筑物坍塌救援现场,破拆技术是救援队最多进行的选择。使用此技术打开营救通道可以比障碍物移除技术及顶升技术破坏更少的建筑结构,救援队员所处的空间及所处的位置也可以使用支撑进行更加有效的加固。而相对于其他技术,破拆在救援现场的时效性显然更具有优势,在大多数建筑物坍塌救援现场,破拆技术的速度比使用其他技术更加快速,且因破拆工具、装备多种多样,一支专业的建筑物坍塌救援队可以有更多更好的装备选择。

(2) 破拆技术分类

① 如按照空间划分,则破拆技术普遍被划分为垂直向上破拆,垂直向下破拆,水平侧向破拆。垂直向上破拆一直以来都是破拆技术中的难点、痛点之一,因垂直向上破拆需要摆脱装备自身重量的影响及破拆后掉落的残渣对救援队员的伤害,因此其一直是救援者研究的课题之一。

② 按照破拆装备及相关操作划分,破拆可以被划分为凿破、切割、破碎、打孔等基础操作。这些操作类型实际上由装备生产厂商引领走向,当厂商新推出一种破拆装备时,分类也会产生相应变化。

③ 按照破拆的技术类型划分,可分为两种特殊技术类型:一种是安全破拆(clean break),另一种为快速破拆(dirty break)。因早期翻译问题,快速破拆及安全破拆的中文命名已经固定,在此不做评论及更改。快速破拆是允许在破拆过程中产生的碎块向下方掉落且持续性剥离的一种破拆技术,此种技术首先要确保的是速度及效果,在此种技术执行过程中,需确保碎块不会掉落于幸存者身上或影响到幸存者的生存状态。安全破拆则为不允许在破拆过程中产生的碎块向下方掉落且持续性剥离的一种破拆技术,在此技术执行过程中,被困者距离破拆点较近,掉落的碎块受到了限制或不会产生对幸存者具有威胁的碎块。

破拆技术为重要的建筑物坍塌救援技术。根据美国 NFPA1670 标准所述,救援行动因环境不同而被分为 19 大类,建筑物坍塌救援只是其中一小部分。在其他的救援环境中,破拆也具有极为重要的意义。

7.3.3 应急救援电话

常用的应急救援电话有 119、120、122 三种。

(1) 119

拨打 119 时,必须准确报出发生火灾单位或家庭详细地址,包括街道名称、门牌号,周围易识别的建筑或其他明显标志;农村发生火灾要讲明县市、乡镇、村庄名称和具体方位;大型企业要讲明分厂、车间;高层建筑要说明楼层。讲明燃烧物品(如化工原料油类)存放位置、数量、性质、火势情况。耐心回答火警服务台的询问,待对方明确说可挂断电话时,方可挂断电话,放下电话后立即派人到主要路口接消防车。

(2) 120

拨打120时,说明患者姓名、性别、年龄、当前所在地址、简要病情、接应救护车的地点。如不清楚具体地址也要说明大致方位。尽可能说明患者患病或受伤时间,如果是意外伤害要说明伤害的性质、受伤部位等情况。约定等车地点、了解救护车到达的大概时间,准备接车。待调度员问清有关情况后,等对方先挂断电话,自己再挂断电话。

(3) 122

拨打122时,要准确报出事故发生地点及人员、车辆损坏、人员受伤等情况。在交警到达之前注意保护现场。

第 8 章 "应急管理概论"视频课程学习

8.1 "应急管理概论"视频课程学习路径

与本书配套的视频课程"应急管理概论"在智慧树网上线,可在手机或网页上进行学习。

1. 手机学习

在手机应用商店中下载"知到"APP,首页搜索"应急管理概论"。

2. 网页学习

登录 www.zhihuishu.com,首页搜索"应急管理概论"。

8.2 弹题及答案

第1章 新时代应急管理基本含义

1.1 突发事件含义和分类

题目(多选题):《中华人民共和国突发事件应对法》规定的突发事件包括:(　　)。

A. 自然灾害　　　B. 事故灾难　　　C. 公共卫生事件　　　D. 社会安全事件

答案:A,B,C,D

1.2 灾害事故的分级

题目(多选题):各类突发公共事件,按照其性质、严重程度、可控性和影响范围等因素,一般可分为(　　)级。

A. 特别重大　　　B. 重大　　　C. 较大　　　D. 一般

答案:A,B,C,D

题目(多选题):灾害事故划分的标准有(　　)。

A. 死亡、失踪的人数　　　B. 重伤的人员
C. 通常是间接经济损失　　D. 通常是直接经济损失

答案:A,B,D

解析:间接经济损失不容易计算,因此通常是直接经济损失。

1.3 突发事件英文相关概念

题目(单选题):Emergency 一词表达的中文意思是(　　)。

A. 突发事件　　　B. 应急管理　　　C. 危机　　　D. 风险

答案:A

1.4 防灾减灾救灾与安全生产

题目(判断题):综合减灾是在《自然灾害管理基本术语》(GB/T 26376—2010)中加以规定的。(　　)

答案:×

解析:综合减灾并没有在《自然灾害管理基本术语》(GB/T 26376—2010)中加以规定。

题目(判断题):安全生产与生产安全只是"安全"和"生产"两个词语的顺序不同而已,没有差别。(　　)

答案:×

解析:"安全生产"是指在社会生产活动中,通过人—机—环境的和谐运作,使社会生产活动中危及劳动者生命和健康的各种事故风险和伤害因素始终处于有效控制状态。"生产安全"指在生产经营活动中,一种不要造成人员伤害和财产损失的美好愿景,常常与事故放在一起组成"生产安全事故"。

1.5 应急管理含义及相关概念

题目(多选题):应急管理的大的含义是(　　)。
A. 习惯　　　　　B. 研究范围　　　　C. 研究过程　　　　D. 研究内容
答案:B,C,D

题目(多选题):与应急管理相近的管理有(　　)。
A. 应对管理　　　B. 灾害管理　　　　C. 危机管理　　　　D. 风险管理
答案:C,D
解析:应对管理是应急管理的一个阶段,灾害管理是应急管理的一项工作职能。

1.6 应急管理周期

题目(单选题):紧急事态管理的生命周期理论是由(　　)提出的。
A. 美国　　　　　B. 中国　　　　　　C. 日本　　　　　　D. 俄罗斯
答案:A

1.7 视频:"非典"阻击战(1)

题目(判断题):抗击 SARS 的战役中,北京市出台的预案中三个重要的环节是发现、隔离和治疗。(　　)
答案:√

题目(判断题):密切接触者是指与临床诊断或高度疑似的病人有过共同生活或工作史,以及其他形式的直接接触者。(　　)
答案:√

题目(判断题):发现"非典"肺炎患者之后,患者居住的住所要封闭,不能让外人进入。(　　)
答案:×
解析:居住的住所需要消毒。

1.8 视频:"非典"阻击战(2)

题目(判断题):2003 年非典型肺炎患者的症状是头脑发晕。(　　)
答案:×
解析:症状是发烧。

题目(单选题):2003 年"非典"期间北京共设立了(　　)家定点收治非典型肺炎病人的医院。
A. 3　　　　　　　B. 4　　　　　　　C. 5　　　　　　　D. 6
答案:D

1.9 视频:美国"9·11"事件简介

题目(单选题):"9·11"事件发生后,美国(　　)立即启动了应急救援机制。
A. 联邦应急管理署　　　　　　　　　B. 纽约消防局
C. 9·11 调度指挥中心　　　　　　　D. 总统
答案:A

第 2 章 应急管理体制机制改革重要文件

2.1 关于应急管理的重要文件

题目(判断题):《中共中央 国务院关于推进防灾减灾救灾体制机制改革的意见》明确了推进防灾减灾救灾体制机制改革的方向。(　　)

答案:√

题目(判断题):《中共中央 国务院关于推进安全生产领域改革发展的意见》是新中国成立以来第一个以党中央、国务院名义出台的安全生产工作的纲领性文件,对推动我国安全生产工作具有里程碑式的重大意义。(　　)

答案:√

2.2 关于应急管理重要理论

题目(多选题):新时代应急管理需要协调推进四个全面的战略布局,其中四个全面是(　　)。

A. 全面建成小康社会　　　　　B. 全面深化改革
C. 全面依法治国　　　　　　　D. 全面从严治党

答案:A,B,C,D

第 3 章 新时代中国特色应急管理体制

3.1 体制、应急管理体制、防灾减灾救灾应急管理体制

题目(判断题):应急管理体制是指政府各系统部门整合各种资源,根据应急法制,针对各类突发事件的性质、特点和能够造成的社会危害,建立起旨在防止或减少危机发生的工作组织机构。(　　)

答案:√

3.2 安全生产监督应急管理体制

题目(判断题):安全生产应急管理是指政府及其安全生产监管部门、相关机构和生产经营单位,为迅速有效地应对可能发生的生产事故,尤其是重特大事故,减少事故所造成的生命和财产损失,而组织开展的应急准备、应急处置、应急保障等一系列工作。(　　)

答案:√

3.3 统一指挥、专常兼备、反应灵敏

题目(多选题):统一指挥之下可以实现(　　)。

A. 统一资源调度　　　　　　　B. 统筹救灾任务
C. 统筹救灾投入　　　　　　　D. 统一领导

答案:A,B,C

3.4 上下联动、平战结合

题目(多选题):应急救援在某种程度上就是和时间赛跑,提高应急救援快速反应的能力,既是(　　),又是(　　)。

A. 能力　　　　B. 条件　　　　C. 要求　　　　D. 效果

答案:C,D

3.5 体制建设优势

题目(单选题):应急管理部成立后迅速建立了( )小时备勤值班制度。
A. 8　　　　　　B. 12　　　　　　C. 18　　　　　　D. 24
答案:D

第4章 新时代应急管理机制
4.1 体制与机制的关系——应急指挥机制社会力量和市场参与机制

题目(判断题):体制和机制是一体的,机制体现在体制里,体制按照机制的要求进行运转。( )
答案:×
解析:体制和机制是一体的,体制体现在机制里,机制按照体制的要求进行运转。

4.2 特大应急预案机制

题目(多选题):应急演练可采用多种演练方法,主要有( )。
A. 实战演练　　　B. 桌面演练　　　C. 功能演练　　　D. 全面演练
答案:B,C,D

4.3 应急联动机制、应急基础信息管理制度

题目(多选题):应急联动机制包括( )和( )。
A. 联合会商机制　　　　　　　　　B. 联合响应机制
C. 政府与社会有关联动机制　　　　D. 社会救援力量联动
答案:A,B

4.4 重大风险防范化解机制

题目(单选题):安全生产风险包括( )和( )两类风险。
A. 大和小　　　　　　　　　　　　B. 自然灾害和人为灾害
C. 远和近　　　　　　　　　　　　D. 新和旧
答案:D

4.5 防范救援救灾一体化机制

题目(多选题):防范救援救灾一体化体现在( )的协调。
A. 救援队伍　　B. 各级政府　　C. 应急职能　　D. 各种资源
答案:A,C,D

第5章 新时代应急管理法制
5.1 突发事件应对法

题目(单选题):《突发事件应对法》于( )年8月30日第十届全国人民代表大会常务委员会第二十九次会议通过。
A. 2007年　　　B. 2008年　　　C. 2018年　　　D. 2019年
答案:A

5.2 安全生产法律法规

题目(多选题):《生产安全事故应急条例》根据( )和( )的立法精神、法律原则、基本要求,总结凝练长期以来生产安全事故应急实践成果,分 5 章、35 条,对生产安全事故应急体制、应急准备、现场应急救援及相应法律责任等内容提出了规范和要求。

A.《安全生产法》　　　　　　　　B.《矿山法》
C.《突发事件应对法》　　　　　　D.《突发事件总体应急预案》

答案:A,C

5.3 其他法律法规

题目(判断题):2019 版《消防法》的变化主要表现在:第一"称谓"变化。消防救援机构取代了机关消防机构,综合性消防救援队取代了消防队。第二,应急管理部门被赋予了消防管理的职能。第三,住建部门承担建设工程相关审验、行政处罚及部分信息报送相关工作。第四,施行时间无缓冲时间,修订后即日执行。( )

答案:√

5.4 2019 年国务院考核巡查组对江苏省的考核巡查

题目(判断题):建筑施工工地的塔吊相互交叉时,只要有高低差错位即可。( )

答案:×

5.5 2019 年国务院考核巡查组对北京市的考核巡查

题目(判断题):国家图书馆是北京市消防重点单位。( )

答案:√

第 6 章　自救互救能力

6.1　洪涝灾害

题目(判断题):雷雨天气不能洗澡( )。

答案:×

解析:不能用太阳能热水器洗澡间。

6.2　台风灾害

题目(判断题):如果台风时有打雷,只要有防风措施即可。( )

答案:×

解析:防风和防雷措施都要有。

6.3　地震灾害及相关概念

题目(单选题):地面上正对着震源的一点称为( )。

A. 震源　　　　B. 震中　　　　C. 震中距　　　　D. 震源深度

答案:B

6.4　地震灾害分类

题目(判断题):地震伤亡与建筑有着密切关系,杀人的不是地震,而是建筑。( )

答案:√

6.5 地震灾害自救互救
题目(单选题):地震发生后数小时到( )小时,是从残垣断壁中救人的关键时段。
A. 12　　　　B. 24　　　　C. 36　　　　D. 72
答案:D

6.6 滑坡、崩塌、泥石流灾害及应急处置
题目(判断题):在上游地区的人如果发现了泥石流的症状,应立即报告上级领导。( )
答案:×
解析:应设法立即通知泥石流可能影响的下游村庄、学校、厂矿等。

6.7 煤矿安全生产事故及应急处置
题目(多选题):煤矿常见的灾害事故包括( )。
A. 瓦斯、煤尘爆炸事故　　　　B. 冒顶事故
C. 矿井火灾事故　　　　　　　D. 矿井水灾事故
答案:A,B,C,D

6.8 危化品事故及应急处置
题目(单选题):危化品爆炸现场的居民在爆炸之后应( )。
A. 围观　　　　　　　　　　　B. 自发组织救人
C. 向上风方向快速撤离　　　　D. 不顾个人安危救助伤员
答案:C

6.9 火灾及应急处置
题目(判断题):发现火情应当迅速采取措施,尽快扑灭初起之火或设法延缓火势的发展蔓延。( )
答案:√

6.10 森林火灾及应急处置
题目(多选题):引发森林草原火灾的原因包括( )。
A. 自然原因　　B. 高温　　C. 人为原因　　D. 植被多
答案:A,C

6.11 《地心营救》节选(一)
题目(判断题):矿难是突然发生的,没有任何征兆。( )
答案:×

题目(单选题):影片中矿难发生后,矿工们逃到了( )。
A. 地面　　　　B. 巷道　　　　C. 避难所　　　　D. 地下
答案:C

6.12 《地心营救》节选(二)
题目(判断题):影片中矿难发生后,政府不仅要积极营救矿工,还需要做好家属们的心理疏导。( )

答案：√

题目(判断题)：2010年智利圣何塞铜矿从矿难发生、救援受阻，到成功救援，展现了地上地下齐心协力最终创造奇迹的过程。（　　）

答案：√

第7章　综合性应急救援能力建设

7.1　综合性应急救援能力建设

题目(多选题)：事故救援过程中最常用到的就是(　　)。

A. 绳索　　　　B. 水域　　　　C. 破拆　　　　D. 攀岩

答案：A,B,C

7.2　社会救援力量

题目(单选题)：民政部公布的数据显示，截至2019年一季度，在全国民政部门登记的社会组织中属于救援领域的有(　　)多家。

A. 1200　　　　B. 120　　　　C. 12　　　　D. 不清楚

答案：A

8.3　章节测试题及答案

第1章　新时代应急管理基本含义

1. 应急管理是专门研究突发事件应对的学科。（　　）

答案：×

解析：应急管理是专门研究突发事件现象及其发展规律的学科。

2.《中华人民共和国突发事件应对法》（简称《突发事件应对法》）中所称突发事件，是指突然发生，造成或者可能造成严重社会危害，需要采取应急处置措施予以应对的自然灾害、事故灾难、公共卫生事件和社会安全事件。（　　）

答案：√

3. 从研究范围或任务来看，危机管理和应急管理意义差不多。（　　）

答案：×

解析：应急管理比危机管理范围更广。

4. 我国将制定突发事件应急预案提上重要日程，始于2018年应急管理部成立。（　　）

答案：×

解析：始于2003年抗击"非典"。

5. PPRR周期理论是由日本首先提出的。（　　）

答案：×

解析：由美国首先提出。

6. 我国应急预案体系按行政区域划分，不包括企业级预案。（　　）

答案：×

解析：应急预案体系按行政区域可包括国家级、省级、市地级、县区级和企业级五个层次的应急预案。

7.《国家地震应急预案》(2012)规定地震灾害的分类中，特别重大地震灾害是指造成300人以上死亡，或者直接经济损失占地震发生地省(区、市)上年国内生产总值1%以上的地震灾害。当人口较密集地区发生7.0级以上地震，人口密集地区发生6.0级以上地震，初判为特别重大地震灾害。（　　）

答案：×

解析：300人以上死亡(含失踪)。

8.《生产安全事故报告和调查处理条例》规定，根据生产安全事故(以下简称事故)造成的人员伤亡或者直接经济损失分级，其中：特别重大事故是指造成30人以上死亡，或者100人以上重伤(包括急性工业中毒，下同)，或者1亿元以上直接经济损失的事故。（　　）

答案：√

9.《国家自然灾害救助应急预案》规定紧急转移安置或需紧急生活救助200人以上就启动Ⅰ级响应。（　　）

答案：×

解析：第一，死亡200人以上；第二，紧急转移安置或需紧急生活救助100万人以上；第三，倒塌或严重损害房屋20万间以上；第四，干旱灾害造成缺粮或缺水等生活困难，需要政府救助的人数占农牧业人口30%以上，或400万人以上。

10. 新时代应急管理是"大"应急管理。这种"大"体现在研究范围、研究内容和研究过程上。（　　）

答案：√

第2章　应急管理体制机制改革重要文件

1. 中央深改组第28次会议审议通过《中共中央 国务院关于推进防灾减灾救灾体制机制改革的意见》，明确了推进防灾减灾救灾体制机制改革的方向。（　　）

答案：√

2.《中共中央 国务院关于推进安全生产领域改革发展的意见》是新中国成立以来第一个以党中央、国务院名义出台的安全生产工作的纲领性文件。（　　）

答案：√

3.《中共中央 国务院关于推进防灾减灾救灾体制机制改革的意见》和《中共中央 国务院关于推进安全生产领域改革发展的意见》思想引领都是"四个意识""五位一体"总体布局和"四个全面"战略布局。（　　）

答案：√

4. 四个全面包括"一个战略目标，三大战略举措"，（　　）是我们的战略目标。

A. 全面建成小康社会　　　　　　　　B. 全面深化改革

C. 全面依法治国 D. 全面从严治党

答案：A

5. "五位一体"总体布局中，政治建设是基础，经济建设是根本，文化建设是灵魂，社会建设是枢纽，生态文明建设是保障。（　　）

答案：×

解析：经济建设是基础，政治建设是根本。

6. 全面依法治国是推进党的建设新的伟大工程的必然要求，是中国共产党在新形势下进行具有许多新的历史特点的伟大斗争的根本保证。（　　）

答案：×

解析：全面从严治党。

7. （　　）是关系党和人民事业前途命运，关系党的执政基础和执政地位，关系党和国家事业发展全局的重大战略部署。

A. 全面建成小康社会 B. 全面深化改革
C. 全面依法治国 D. 全面从严治党

答案：B

8. 推进安全生产领域改革发展，关键是要构建安全生产责任体系，这涉及安全生产理念、制度、体制、机制、管理手段改革创新。（　　）

答案：×

解析：关键是要做出制度性安排。

9. 防灾减灾救灾事关人民生命财产安全，事关社会和谐稳定，是衡量执政党领导力、检验政府执行力、评判国家动员力、体现民族凝聚力的一个重要方面。（　　）

答案：√

10. 应急管理是国家治理体系和治理能力的重要组成部分，承担防范化解重大安全风险、及时应对处置各类灾害事故的重要职责，担负保护人民群众生命财产安全和维护社会稳定的重要使命。（　　）

答案：√

第3章　新时代中国特色应急管理体制

1. 新时代中国特色应急管理体制是统一指挥、专常兼备、反应灵敏、上下联动。（　　）

答案：√

2.《突发事件应对法》中规定的应急管理体制是"统一领导、综合协调、分类管理、分级负责、属地为主"。（　　）

答案：√

3. 体制，从字面上理解，可以分为"体"和"制"两项内容，"体"是指机器的运行，"制"是控制空间中的对象合理运行的方法与规则。（　　）

答案：×

解析：体是指能够容纳一定对象的空间。

4. "统一指挥"明确的是应急管理的指挥权。《突发事件应对法》中的"统一领导"明确的是领导权。（　　）

答案：√

5. 坚持政府推动、市场运作原则，强化保险等市场机制，在风险防范、损失补偿、恢复重建等方面的积极作用，这是体现（　　）的作用。

A. 统一指挥　　　　　　　　　　　B. 发挥社会力量

C. 充分发挥市场机制　　　　　　　D. 改革创新

答案：C

6. "专常兼备"明确了各级组织在应急管理过程中的组织的（　　）问题。

A. 统一指挥　　B. 相互协调　　C. 相互配合　　D. 统一领导

答案：B

7. 应急救援在某种程度上就是和时间赛跑，提高应急救援快速反应的能力，既是要求，又是效果。这是描述（　　）的作用。

A. 统一指挥　　B. 专常兼备　　C. 反应灵敏　　D. 上下联动

答案：C

8. 应急管理工作包括（　　）的工作。

A. 安全生产类、自然灾害类等突发事件

B. 综合防灾减灾救灾任务

C. 安全生产综合监督管理

D. 工矿商贸行业安全生产监督管理

答案：A,B,C,D

9. 应急管理工作涵盖了（　　）职能。

A. 消防管理职责、救灾职责　　　　B. 地质灾害防治职责、水旱防治职责

C. 草原防火职责、森林防火职责　　D. 震灾应急救援职责

答案：A,B,C,D

10. 应急救援在某种程度上就是和时间赛跑，提高应急救援快速反应的能力，既是（　　），又是（　　）。

A. 要求　　　　B. 需求　　　　C. 效果　　　　D. 结果

答案：A,C

第4章　新时代应急管理机制

1. 体制和机制是对立的，机制体现在体制里，体制按照机制的要求进行运转。（　　）

答案：×

解析：体制和机制是一体的，体制体现在机制里，机制按照体制的要求进行运转。

2. 应急资源呈倒金字塔配置。越到基层,越需要应急资源和能力。( )
答案:√

3. 根据《国务院机构改革方案》,应急管理部应充分发挥对各部门、各地区应急预案管理工作的指导职能,加强与相关部门的协调与合作,形成协同救灾的应急响应能力。( )
答案:√

4. 功能演练则是针对应急预案中全部或大部分的应急响应功能,检验、评价应急组织应急运行能力的演练活动。( )
答案:×
解析:全面演练。

5. 国务院安委会办公室、国家减灾委办公室、应急管理部建立全国应急管理大数据应用平台的工作依据是联合印发的《关于加强生产安全预案管理的通知》。( )
答案:×
解析:《关于加强应急基础信息管理的通知》。

6. 安全生产风险包括新和旧两类风险。其中新风险包括已发生的事故教训、建筑物、重要装备、机器设备和材料等使用的老化风险。( )
答案:×
解析:这是旧风险。

7. 主动防范化解重大火灾风险,充分发挥综合性消防救援队伍的作战技术。( )
答案:×
解析:充分发挥主流媒体、新媒体、自媒体作用,扩大防火宣传受众面,增强全民防火意识。

8. 牢固树立风险管理和安全发展的理念,防患于未然,强调未雨绸缪,关口前移,这样我们在灾害来临的时候,一方面应对起来比较有序,另一方面能提升我们抵御灾害的能力。( )
答案:√

9. 应急管理部门的职能与防范救援救灾一体化机制相适应。( )
答案:√

10. 按照安全发展的要求,防灾减灾必须注重灾前预防和综合减灾。这是灾害管理关口前移的重要表现,目的是把灾害损失降到最低。( )
答案:×
解析:目的是把灾害损失的风险降到最低。

第5章 新时代应急管理法制

1. "1+5"应急管理法律骨干框架体系其中的"1"是( )。
A. 自然灾害法   B. 安全生产法
C. 消防法   D. 综合性法律
答案:D

2. "1+5"应急管理法律骨干框架体系中,抓紧完善( ),进一步修改完善安全生产法,加快推进矿山安全法、危化品安全法、安全生产法实施条例、煤矿安全条例等安全生产方面的法律和行政法规。

A. 自然灾害防治方面的综合法律　　　B. 安全生产法律法规
C. 消防法律法规　　　　　　　　　　D. 应急救援组织法律
答案:B

3. "1+5"应急管理法律骨干框架体系中,抓紧研究( ),有序推进防震减灾法、防洪法、自然灾害救助条例、森林防火条例等单灾种的法律、行政法规制修订工作。

A. 自然灾害防治方面的综合法律　　　B. 安全生产法律法规
C. 消防法律法规　　　　　　　　　　D. 应急救援组织法律
答案:A

4. "1+5"应急管理法律骨干框架体系中,抓紧修改( ),落实党和国家机构改革精神和国务院"放管服"改革要求,积极推进国家综合性消防救援队伍转型升级,以适应"全灾种""大应急"的需要。

A. 自然灾害防治方面的综合法律　　　B. 安全生产法律法规
C. 消防法律法规　　　　　　　　　　D. 应急救援组织法律
答案:C

5. "1+5"应急管理法律骨干框架体系中,抓紧研究论证( )应急救援组织综合法律,进一步整合优化协同各方应急力量,提高防灾减灾救灾能力。

A. 自然灾害防治方面的综合法律　　　B. 安全生产法律法规
C. 消防法律法规　　　　　　　　　　D. 应急救援组织法律
答案:D

6. 2019年实施的安全生产方面的法律法规有( )。

A. 生产安全事故应急条例　　　　　　B. 生产安全事故应急预案管理办法
C. 防震减灾法　　　　　　　　　　　D. 自然灾害救助条例
答案:A,B

7. 应急救援组织法律目前处于研究论证阶段,进一步整合优化协同各方应急力量,提高防灾减灾救灾能力。目的是( )。

A. 加强社会应急能力建设　　　　　　B. 提高社会组织应急救援技能
C. 整合优化协同各方应急力量　　　　D. 提高防灾减灾救灾能力
答案:C,D

8. 从事地震安全性评价的单位应当具备下列条件( )。

A. 有与从事地震安全性评价相适应的地震学、地震地质学、工程地震学方面的专业技术人员
B. 有从事地震安全性评价的技术条件

C. 中国地震局及各省市地震局

D. 有从事安全性评价资格的单位

答案：A,B

9. 19版《消防法》的变化主要表现在(　　)。

A. "称谓"变化。消防救援机构取代了机关消防机构,综合性消防救援队取代了消防队

B. 应急管理部门被赋予了消防管理的职能

C. 住建部门承担建设工程相关审验、行政处罚及部分信息报送相关工作

D. 施行时间无缓冲时间,修订后即日执行

答案：A,B,C,D

10. 2018年4月以后出台或修订的应急管理方面的法律法规有(　　)。

A. 消防法　　　　　　　　　B. 突发事件应对法

C. 生产安全事故应急条例　　D. 安全生产法

答案：A,C

第6章　自救互救能力

1. 内涝是因降雨、融雪、冰凌、溃堤、溃坝、风暴潮等引起的江河洪水、山洪泛滥以及渍涝等,对人类生命财产、社会功能等造成损害的自然灾害。(　　)

答案：×

解析：洪涝灾害。

2. 台风和飓风是同一类灾害,差别在于因称谓不同,而产生的海域不同。(　　)

答案：×

解析：台风和飓风的差别在于因产生的海域不同,而称谓不同。

3. 地震时,横波总是先到达地表,人们先感到上下颠簸,数秒到十几秒后才感到有很强的水平晃动。(　　)

答案：×

解析：地震时,纵波总是先到达地表,人们先感到上下颠簸,数秒到十几秒后才感到有很强的水平晃动。

4. 地震中房屋破坏等级的毁坏是指多数非承重构件严重破坏。(　　)

答案：×

解析：承重构件严重破坏。

5. 我国地震活动在空间分布上具有很强的不均匀性。(　　)

答案：√

6. 易发生滑坡、崩塌的区域不易发生泥石流,因泥石流的暴发需要水源条件。(　　)

答案：×

解析：易发生滑坡、崩塌的区域易发生泥石流。

7. 为了达到矿工自救和互救的目的,每位井下作业人员熟悉并掌握所在矿井的灾害预防,熟练使用自救器即可。( )

答案:×

解析:还需要掌握发生各种灾害事故的预兆、性质、特点和避灾方法。

8. 在各类灾害中,地震灾害是最经常、最普遍地威胁公众安全和社会发展的主要灾害之一。( )

答案:×

解析:火灾。

9. 发现火情应当迅速采取措施,尽快扑灭初起之火或设法延缓火势的发展蔓延。( )

答案:√

10. 火灾烟气较大时,宜弯腰行走,或匍匐前进。因为靠近地面的空气较为清洁。( )

答案:√

第7章 综合性应急救援能力建设

1. 每一次大事故发生后,都要认真组织研究应急救援规律,相应的技术装备和设施建设并不重要。( )

答案:×

解析:应加强相应技术装备和设施建设。

2. 突发事件综合应急救援是有组织的救援行动,不仅需要专业的救援队伍,还需要专业技能和救援装备。( )

答案:√

8.4 综合测试题及答案

8.4.1 判断改错题

1. 应急管理是专门研究突发事件现象及其发展规律的学科,是关于突发事件应急管理优化的科学。( )

答案:√

2. 《中华人民共和国突发事件应对法》(简称《突发事件应对法》)中所称突发事件,是指突然发生,造成或者可能造成严重社会危害,需要采取应急处置措施予以应对的自然灾害、事故灾难、公共卫生事件和社会安全事件。( )

答案:√

3. 我国位于环太平洋和喜马拉雅世界两大地震带的交汇部位,大地构造位置决定了我国是世界上地震活动最强烈和地震灾害最严重的国家。( )

答案:×

解析：不一定是最强烈、灾害最严重的国家，而是其中之一。

4. 从研究范围或任务来看，危机管理比应急管理范围更广。（　　）

答案：×

解析：应急管理比危机管理范围更广。

5. "应急"来源于 Emergency，危机为 Crisis。Crisis 最早起源于希腊语中的 krinein，指"有可能变好或变坏的转折点或关键时刻"。应急管理和危机管理的起源和发展不同，因此含义也有差别。（　　）

答案：√

6. 我国将制定突发事件应急预案提上重要日程，始于 2008 年"5·12"汶川大地震。（　　）

答案：×

解析：始于 2003 年抗击"非典"。

7. 根据《中华人民共和国突发事件应对法》，突发事件分为自然灾害、事故灾难、公共卫生事件、社会安全事件四大类。（　　）

答案：√

8. 地震应急是最直接的减灾行动，在防震减灾中具有不可或缺的作用。（　　）

答案：√

9. 部门应急预案由制定部门行政办公会议审议，审议前不需要征求专家和相关部门的意见。（　　）

答案：×

解析：需要征求意见。

10. 地震灾害分为特别重大、重大、较大、一般四级，对应地震灾害分级情况将地震灾害应急响应分为Ⅰ级、Ⅱ级、Ⅲ级、Ⅳ级。（　　）

答案：√

11. PPRR 周期理论将应急管理分为 Prevention、Preparation、Response、Recovery 四个阶段。（　　）

答案：√

12. 我国应急预案体系按行政区域可包括国家级、省级、市地级和县区级四个层次的应急预案。（　　）

答案：×

解析：应急预案体系按行政区域可包括国家级、省级、市地级、县区级和企业级五个层次。

13. 《国家地震应急预案》(2012)规定地震灾害的分类中，特别重大地震灾害是指造成 300 人以上死亡，或者直接经济损失占地震发生地省(区、市)上年国内生产总值 1% 以上的地震灾害。当人口较密集地区发生 7.0 级以上地震，人口密集地区发生 6.0 级以上地震，初判为特别重大地震灾害。（　　）

答案：×

解析：300 人以上死亡(含失踪)。

14.《生产安全事故报告和调查处理条例》规定根据生产安全事故(以下简称事故)造成的人员伤亡或者直接经济损失，其中：特别重大事故，是指造成 30 人以上死亡，或者 100 人以上重伤(包括急性工业中毒)，或者 1 亿元以上直接经济损失的事故。（　　）

答案：√

15.《国家森林火灾应急预案》(2012 年)规定特别重大森林火灾是受害森林面积在 1000 公顷以上的，或者死亡 30 人以上的，或者重伤 100 人以上的。（　　）

答案：√

16.《国家自然灾害救助应急预案》规定只要死亡 200 人以上就启动Ⅰ级响应。（　　）

答案：×

解析：第一，死亡 200 人以上；第二，紧急转移安置或需紧急生活救助 100 万人以上；第三，倒塌或严重损害房屋 20 万间以上；第四，干旱灾害造成缺粮或缺水等生活困难，需要政府救助的人数占农牧业人口 30%以上，或 400 万人以上。

17. 洪水灾害是因降雨、融雪、冰凌、溃堤、溃坝、风暴潮等引起的江河洪水、山洪泛滥以及渍涝等，对人类生命财产、社会功能等造成损害的自然灾害。（　　）

答案：×

解析：洪涝灾害。

18. 暴雨天气在车内，无法行动时，需要解开安全带，解开车门安全锁，立即打开天窗，安定情绪，进行深呼吸。（　　）

答案：√

19. 台风和飓风的差别在于因称谓不同，而产生的海域不同。（　　）

答案：×

解析：台风和飓风的差别在于因产生的海域不同，而称谓不同。

20. 地震如同刮风、下雨、洪涝一样，是经常发生的一种突发性自然现象。（　　）

答案：√

21. 地震时，横波总是先到达地表，人们先感到上下颠簸，数秒到十几秒后才感到有很强的水平晃动。（　　）

答案：×

解析：地震时，纵波总是先到达地表，人们先感到上下颠簸，数秒到十几秒后才感到有很强的水平晃动。

22. 平均震害指数是指房屋震害程度的定量指标，以 0.00~1.00 之间的数字表示由轻到重的震害程度。（　　）

答案：×

解析：是震害指数，不是平均震害指数。

23. 地震中房屋破坏等级的基本完好是指承重和非承重构件完好，或个别非承重构件轻

微损坏,不加修理可继续使用。对应的震害指数范围为 0.00~0.10 之间。( )

答案:√

24. 地震中房屋破坏等级的轻微破坏是指个别承重构件出现可见裂缝,非承重构件有明显裂缝,不需要修理或稍加修理即可继续使用。对应的震害指数范围在 0.10~0.30 之间。( )

答案:√

25. 地震中房屋破坏等级的中等破坏是指多数承重构件出现轻微裂缝,部分有明显的裂缝,个别非承重构件破坏严重,一般修理后可使用。对应的震害指数范围为 0.30~0.55。( )

答案:√

26. 地震中房屋破坏等级的严重破坏是指多数承重构件严重破坏,非承重构件局部倒塌,房屋修复困难。对应的震害指数范围为 0.55~0.85 之间。( )

答案:√

27. 地震中房屋破坏等级的毁坏是指多数承重构件严重破坏。( )

答案:√

28. 在烈度表中,数量词的界定通常采用个别、少数、多数、大多数和绝大多数,其范围界定如下:个别为 10%以下;少数为 10%~45%;多数为 45%~70%;大多数为 70%~90%;绝大多数为 90%以上。( )

答案:×

解析:个别为 10%以下;少数为 10%~45%;多数为 40%~70%;大多数为 60%~90%;绝大多数为 80%以上。

29. 我国地震活动在空间分布上具有很强的不均匀性。( )

答案:√

30. 据统计,震后伤亡人员中有 60%的人员立即死亡,30%~40%未及时救助而死亡,10%~20%因次生灾害陆续死亡。( )

答案:×

解析:震后伤亡人员中有 50%的人员立即死亡,30%~40%未及时救助而死亡,10%~20%因次生灾害陆续死亡。

31. 地震发生时使用电梯,可以快速逃生。( )

答案:×

解析:地震发生时,千万不能使用电梯。一旦停电,上不来下不去就卡在里面出不来了。

32. 地震时群体逃生一定要按顺序逃离。前面的人要为后面的人逃生留下时间。( )

答案:√

33. 如果海啸时你在船上,那么就随船往岸上走,尽快上岸。( )

答案:×

解析:如果海啸时你在船上,那么就随船往深海走。

34. 易发生滑坡、崩塌的区域也易发生泥石流,只不过泥石流的暴发多了一项必不可少的水源条件。( )

答案:√

35. 为了达到矿工自救和互救的目的,每位井下作业人员熟悉并掌握所在矿井的灾害预防,熟练使用自救器即可。( )

答案:×

解析:还需要掌握发生各种灾害事故的预兆、性质、特点和避灾方法。

36. 有毒化学品是指具有毒害、腐蚀、爆炸、燃烧、助燃等性质,对人体、设施、环境具有危害的剧毒化学品和其他化学品。( )

答案:×

解析:是危险化学品的定义,不是有毒化学品。

37. 在各类灾害中,火灾是最经常、最普遍地威胁公众安全和社会发展的主要灾害之一。( )

答案:√

38. 家庭火灾一般是由于人们疏忽大意造成的。( )

答案:√

39. 发现火情应当迅速逃离火场。( )

答案:×

解析:发现火情应当迅速采取措施,尽快扑灭初起之火或设法延缓火势的发展蔓延。

40. 火灾烟气较大时,宜弯腰行走,或匍匐前进。因为靠近地面没有火苗。( )

答案:×

解析:因为靠近地面的空气较为清洁。

41. 中国由特色社会主义进入到新时代,我国社会主要矛盾已经转化为人民日益增长的美好生活需要和不平衡、不充分的发展之间的矛盾。( )

答案:√

42. 应急管理体制机制改革是改革创新的成果。创新是引领发展的第一动力,是建设现代化经济体系的战略支撑。( )

答案:√

43. 集中统一领导是适合我国综合应急救援特点的体制内容。( )

答案:×

解析:是集中统一指挥,不是领导。

44. 专常兼备包括救援队伍和救援物资的专常兼备。( )

答案:√

45. 我国自然灾害呈大规模、高频率、群发性、风险持续增加的态势,中央部署防灾减灾

"两个坚持""三个转变"的改革。（　　）

答案：√

46. 面对同一场自然灾害，应急、减灾、防汛抗旱等部门都建立了自己自成体系的灾情收集和报告制度，灾情统计数字没有差异性。（　　）

答案：×

解析：面对同一场自然灾害，应急、减灾、防汛抗旱等部门都建立了自己自成体系的灾情收集和报告制度，经常出现灾情统计数字差异较大的情况，给应急决策者带来很大的障碍与困难。

47. 社会组织和民众是最初的应急响应单元，是灾害直接的承载体。（　　）

答案：√

48. 上下联动的关键在于统一指挥。（　　）

答案：×

解析：关键在于协调性。

49. 《中共中央 国务院关于推进防灾减灾救灾体制机制改革的意见》是以人为本的发展思想。（　　）

答案：×

解析：以人民为中心的发展思想。

50. 《中共中央 国务院关于推进安全生产领域改革发展的意见》要求始终把人的生命安全放在首位。（　　）

答案：√

51. 根据《国务院机构改革方案》，应急管理部应充分发挥对各部门、各地区应急预案管理工作的管理职能，加强与相关部门的协调与合作，形成协同救灾的应急响应能力。（　　）

答案：×

解析：应急管理部的职能是指导职能。

52. 功能演练是针对应急预案中全部或大部分的应急响应功能，检验、评价应急组织应急运行能力的演练活动。（　　）

答案：×

解析：全面演练。

53. 科学合理界定职责，既要勇挑重担，又不能大包大揽，要做到有主有次、有统有分，权责一致，与各有关部门形成合力。（　　）

答案：√

54. 在重大灾害事故处置阶段，应急管理部逐步建立了多部门联合会商机制。（　　）

答案：√

55. 国务院安委会办公室、国家减灾委办公室、应急管理部联合印发了《关于加强生产安全管理的通知》，建立全国应急管理大数据应用平台。（　　）

答案：×

解析：联合印发的是《关于加强应急基础信息管理的通知》。

56. 安全生产风险包括新和旧两类风险。新风险包括城市化快速发展的风险、产业转移的风险、新情况新问题产生的风险。旧风险包括已发生的事故教训、建筑物、重要装备、机器设备和材料等使用的老化风险，新旧风险防范是建立在灾害规律研究基础之上的，识别并化解风险及关联风险。（   ）

答案：√

57. 夏季天气炎热，是火灾高发时期，面临的火灾形势十分复杂严峻。（   ）

答案：×

解析：冬春季是火灾高发时期，面临的火灾形势十分复杂严峻。

58. 主动防范化解重大火灾风险，充分发挥主流媒体、新媒体、自媒体作用，扩大防火宣传受众面，增强全民防火意识。（   ）

答案：√

59. 牢固树立风险管理和安全发展的理念，防患于未然，强调未雨绸缪，关口前移，这样我们在灾害来临的时候，一方面应对起来比较有序，另一方面能提升我们抵御灾害的能力。（   ）

答案：√

60. 应急管理部门的职能与防范救援救灾一体化机制相适应。（   ）

答案：√

61. 按照安全发展的要求，防灾减灾必须注重灾前预防和综合减灾。这是灾害管理关口前移的重要表现，目的是把灾害损失降到最低。（   ）

答案：×

解析：目的是把灾害损失的风险降到最低。

62. 公安消防部队和武警森林部队将从单一灾种应急救援向全灾种应急救援，从区域性作战向跨区域、跨国应急救援，从灾后救援向防范救援救灾全过程参与转变。（   ）

答案：×

解析：国家综合性消防救援队伍。

63. 应急管理职能的拓展，同时也需要消防救援队伍掌握更多的本领，既能完成一般火灾扑救和抢险救援任务，又能处置各种特殊事故，还能应对水旱等自然灾害。推进建设"1＋N"的救援力量体系。（   ）

答案：√

64. 对各类应急资源进行整合优化，最大限度发挥资源效能，由"协同作战"转化为"各自为战"，补齐短板，形成合力。（   ）

答案：×

解析：是由"各自为战"转化为"协同作战"。

65. 我国安全生产处在脆弱期、爬坡期和过坎期,形势复杂严峻。(   )

答案:√

66. 《生产安全事故应急条例》对生产安全事故应急体制、应急准备、现场应急救援及相应法律责任等内容提出了规范和要求。(   )

答案:√

67. 2019版《消防法》中应急管理部门承担建设工程相关审验、行政处罚及部分信息报送相关工作。(   )

答案:×

解析:是住建部门。

68. 2019版《消防法》中,消防救援机构取代了机关消防机构,综合性消防救援队取代了消防队。(   )

答案:√

69. 最新修订的《安全生产法》是2019年出台的。(   )

答案:×

解析:最新修订的《安全生产法》是2021年修正的。

8.4.2 单项选择题

1. 《突发公共事件总体预案》规定的四大类突发事件中,(   )分类最为复杂。

A. 自然灾害　　B. 事故灾难　　C. 公共卫生事件　　D. 社会安全事件

答案:A

2. 2018年《深化党和国家机构改革方案》印发,应急管理部应时而生,标志着我国应急管理体制做出重大改革。应急管理部的组建涉及11个部门的13项职责,包括(   )个国家级应急机构的整合。

A. 4　　B. 5　　C. 6　　D. 7

答案:B

3. 灾害事故的分级的具体标准有:死亡、失踪或重伤的人数和经济损失,通常是(   )。

A. 建筑物损失　　　　　　B. 个人经济损失

C. 直接经济损失　　　　　D. 间接经济损失

答案:C

4. 巨灾具有致灾强度大、灾害损失重、救助需求高的特征,其英文是(   )。

A. Disaster　　B. Calamity　　C. Catastrophe　　D. Incident

答案:C

5. 应急管理是(   ),既要高度警惕"黑天鹅"事件,也要防范"灰犀牛"事件;既要有防范风险的先手,也要有应对和化解风险挑战的高招;既要打好防范和抵御风险的有准备之战,也要打好化险为夷、转危为机的战略主动战。

A. 风险管理 B. 危机管理
C. 常态减灾与非常态救灾 D. 全过程管理

答案：D

6. 加快推动形成统一指挥、专常兼备、反应灵敏、上下联动、平战结合的中国特色应急管理体制，完善应急管理工作机制，统筹推进(　　)和安全生产领域改革发展，完善应急队伍管理制度，健全应急管理政策法规预案体系，深化事业单位改革。

A. 自然灾害事故 B. 防灾减灾救灾
C. 地质灾害事故 D. 灭火救援

答案：B

7.《国家自然灾害救助应急预案》规定共有(　　)类响应启动条件。

A. 1 B. 2 C. 3 D. 4

答案：D

8. 重大地震灾害是指造成(　　)人以上、300 人以下死亡(含失踪)或者造成严重经济损失的地震灾害。当人口较密集地区发生 6.0 级以上、7.0 级以下地震，人口密集地区发生 5.0 级以上、6.0 级以下地震，初判为重大地震灾害。

A. 30 B. 50 C. 70 D. 1,00

答案：B

9.《生产安全事故报告和调查处理条例》中，(　　)是指造成 10 人以上 30 人以下死亡，或者 50 人以上 100 人以下重伤，或者 5000 万元以上 1 亿元以下直接经济损失的事故。

A. 特别重大事故 B. 重大事故
C. 较大事故 D. 一般事故

答案：B

10.《国家森林火灾应急预案》中规定受害森林面积在 100 公顷以上 1000 公顷以下的，或者死亡 10 人以上 30 人以下的，或者重伤 50 人以上 100 人以下的为(　　)。

A. 特别重大森林火灾 B. 重大森林火灾
C. 较大森林火灾 D. 一般森林火灾

答案：B

11. 洪水在城市中发生就被称为(　　)。

A. 洪涝 B. 水灾 C. 内涝 D. 城市灾害

答案：C

12. 在诱发水灾因素中，(　　)是主要因素。

A. 水量 B. 云量 C. 暴雨 D. 水利措施

答案：C

13. 2018 年没有发生洪水灾害的省为(　　)。

A. 江西   B. 陕西   C. 新疆   D. 山西

答案：D

14. 如果遇到突然的雷雨,可以降低自己的高度,同时将双脚并拢,目的是(　　)。

A. 以减少跨步电压带来的危害   B. 躲避雷击

C. 方便逃跑   D. 找逃生工具

答案：A

15. (　　)是发生在热带、亚热带地区海面上的气旋型的环流,是地球物理环境中最具有破坏性的天气系统之一。

A. 热带气旋   B. 台风   C. 热带低压   D. 热带风暴

答案：A

16. (　　)预警意味着6小时内可能或者已受台风影响,平均风力达12级以上或阵风14级以上,这个时候需要停止集会、停业停课、人员躲避。

A. 蓝色   B. 黄色   C. 绿色   D. 红色

答案：D

17. 地震震动的发震处称为(　　)。

A. 震中距   B. 震源   C. 震中   D. 地震动

答案：B

18. 用于评定烈度的房屋包括：(　　)类是指木构架和土、石、砖墙建造的旧式房屋。

A. A   B. B   C. C   D. D

答案：A

19. 用于评定烈度的房屋包括：(　　)类是指未经抗震设防的单层或多层砖砌体房屋。

A. A   B. B   C. C   D. D

答案：B

20. 用于评定烈度的房屋包括：(　　)类是指按照Ⅶ度抗震设防的单层或多层砖砌体房屋。

A. A   B. B   C. C   D. D

答案：C

21. 根据地震活动,我国可划分为(　　)个地震区。

A. 5   B. 6   C. 7   D. 8

答案：D

22. 一般而言,在中国大陆地区(　　)级以上的地震就可能造成房屋破坏,有时甚至造成人员死亡。

A. 5.0   B. 4.0   C. 3.0   D. 2.0

答案：B

23. 与地震发生关系最密切的是现在构造环境下曾有活动的那些断层,即(　　)。

A. 活断层　　　　　B. 地震断层　　　　C. 上旋断层　　　　D. 下旋断层
答案：A

24. 地震发生后( )，是从残垣断壁中救人的关键时段。
A. 一天　　　　　　B. 二天　　　　　　C. 三天　　　　　　D. 数小时到72小时
答案：D

25. 在躲避时要保护好( )部。
A. 胳膊　　　　　　B. 腿　　　　　　　C. 头　　　　　　　D. 脚
答案：C

26. ( )是指斜坡部分的岩(土)体主要在重力作用下发生整体下滑，对人类生命财产造成损害的自然灾害。
A. 滑坡　　　　　　B. 崩塌　　　　　　C. 泥石流　　　　　D. 地震
答案：A

27. ( )是指陡崖前缘的不稳定部分，主要在重力的作用下，突然下坠滚落，对人类生命财产造成损害的自然灾害。
A. 滑坡　　　　　　B. 崩塌　　　　　　C. 泥石流　　　　　D. 地震
答案：B

28. ( )是由暴雨或水库、池塘溃坝或冰雪突然融化形成强大的水流，与山坡上散乱的大小块石、泥土、树枝等裹在一起后，在沟谷内或斜坡上生成快速运动的特殊流体，对人类生命财产造成损害的自然灾害。
A. 滑坡　　　　　　B. 崩塌　　　　　　C. 泥石流　　　　　D. 地震
答案：C

29. ( )就其本质来说，是一定浓度的甲烷和空气中氧气在高温热源的作用下产生激烈的氧化反应的过程，是一种热链反应过程。
A. 瓦斯爆炸　　　　B. 煤尘爆炸　　　　C. 水灾　　　　　　D. 冒顶事故
答案：A

30. ( )是煤尘在空气中达到一定浓度时，在高温或遇火源作用下产生的剧烈的发光、发热并有巨大声响的化学反应。
A. 瓦斯爆炸　　　　B. 煤尘爆炸　　　　C. 水灾　　　　　　D. 冒顶事故
答案：B

31. ( )是随着工作面的开采，煤层上面的顶板岩层失去了支撑，原来的压力平衡遭到破坏，煤层顶板在上覆岩层压力的作用下，发生变形、破坏。
A. 瓦斯爆炸　　　　B. 煤尘爆炸　　　　C. 水灾　　　　　　D. 冒顶事故
答案：D

32. 常用的危险化学品有( )类。
A. 6　　　　　　　　B. 7　　　　　　　　C. 8　　　　　　　　D. 9

答案：C

33. 身处危化品爆炸现场,普通人应该(   )。
A. 向上风方向快速撤离　　　　　　B. 向下风方向快速撤离
C. 抢救受伤者　　　　　　　　　　D. 大声呼喊
答案：A

34. 森林草原火灾虽然是危害性大的自然灾害,不可能完全避免,但是火灾的关键还是在于(   )。
A. 防火技能　　　B. 宣传　　　C. 灭火器　　　D. 预防
答案：D

35. 破坏森林的自然灾害之首是(   )。
A. 森林火灾　　　B. 森林虫害　　　C. 森林病害　　　D. 森林鸟兽害为主
答案：A

36. (   )产生的原因：地面强风作用；由火场的涡流或对流烟柱将燃烧物带到高空,由高空风传播到远方：由火旋风刮走燃烧物产生。
A. 火灾　　　B. 爆燃　　　C. 火旋风　　　D. 飞火
答案：D

37. (   )是指在燃烧区内高速旋转的火焰涡流,是高能量火的主要特征之一。
A. 火灾　　　B. 爆燃　　　C. 火旋风　　　D. 飞火
答案：C

38. 从森林草原火灾成因角度看,(   )导致火灾占相当大的比重。
A. 温度高　　　B. 自然原因　　　C. 飞火　　　D. 人为原因
答案：D

39. 2018年4月17日,习近平总书记在第十九届中央国家安全委员会第一次会议上强调全面贯彻落实(   ),开创新时代国家安全工作新局面。
A. 以人为本　　　　　　　　　　B. 总体国家安全观
C. 政治安全　　　　　　　　　　D. 国家利益至上
答案：B

40. (   ),习近平主持召开中央财经委第三次会议强调大力提高我国自然灾害防治能力。
A. 2018年3月21日　　　　　　　B. 2018年4月16日
C. 2018年10月10日　　　　　　D. 2018年11月9日
答案：C

41. (   )是一个意蕴深刻、相互联系的有机整体,集中体现了根本的政治方向、政治立场、政治要求,是检验党员干部政治素养的基本的标准。
A. 四个意识　　　B. 四个全面　　　C. 五位一体　　　D. 九大任务

答案：A

42. "四个全面"包括"一个战略目标,三大战略举措",(　　)是我们的战略目标。

　　A. 全面建成小康社会　　　　　　B. 全面深化改革
　　C. 全面依法治国　　　　　　　　D. 全面从严治党

答案：A

43. (　　)是关系党和人民事业前途命运,关系党的执政基础和执政地位,关系党和国家事业发展全局的重大战略部署。

　　A. 全面建成小康社会　　　　　　B. 全面深化改革
　　C. 全面依法治国　　　　　　　　D. 全面从严治党

答案：B

44. (　　)是为更好治国理政提出的重大战略任务,既是立足于解决中国改革发展稳定中的矛盾和问题的现实考量,也是着眼于实现中华民族伟大复兴中国梦,实现党和国家长治久安的长远考虑。

　　A. 全面建成小康社会　　　　　　B. 全面深化改革
　　C. 全面依法治国　　　　　　　　D. 全面从严治党

答案：C

45. (　　)是推进党的建设新的伟大工程的必然要求,是中国共产党在新形势下进行具有许多新的历史特点的伟大斗争的根本保证。

　　A. 全面建成小康社会　　　　　　B. 全面深化改革
　　C. 全面依法治国　　　　　　　　D. 全面从严治党

答案：D

46. 五位一体中,(　　)是基础。

　　A. 经济建设　　　　　　　　　　B. 政治建设
　　C. 文化建设　　　　　　　　　　D. 社会建设和生态文明建设

答案：A

47. 五位一体中,(　　)是根本。

　　A. 经济建设　　　　　　　　　　B. 政治建设
　　C. 文化建设　　　　　　　　　　D. 社会建设和生态文明建设

答案：B

48. 五位一体中,(　　)是灵魂。

　　A. 经济建设　　　　　　　　　　B. 政治建设
　　C. 文化建设　　　　　　　　　　D. 社会建设和生态文明建设

答案：C

49. 五位一体中,(　　)是枢纽和保障。

　　A. 经济建设　　　　　　　　　　B. 政治建设
　　C. 文化建设　　　　　　　　　　D. 社会建设和生态文明建设

答案：D

50. ( )，人民是历史的创造者，是决定党和国家前途命运的根本力量。
  A. 以人民为中心
  B. 以防为主
  C. 以国家安全为中心
  D. 以美好生活为中心
  答案：A

51. 新时代中国特色社会主义最本质的特征和中国特色社会主义制度的最大优势都是( )。
  A. 以人民为中心
  B. 中国共产党领导
  C. 以国家安全为中心
  D. 以人民美好生活为中心
  答案：B

52. 坚持( )，建立人与自然和谐相处的关系。人与自然是生命共同体，人类必须尊重自然、顺应自然、保护自然。
  A. 预防为主
  B. 防范化解重大风险
  C. 生态优先
  D. 改革创新
  答案：C

53. 统一指挥明确了在突发事件应对过程中统一指挥的重要性，目的是( )。
  A. 防止出现多头管理
  B. 防止出现多头管理，职责混乱的现象
  C. 无人指挥的现象
  D. 防止出现多头管理、职责混乱的现象，提高应急管理的效率
  答案：D

54. 坚持政府推动、市场运作原则，强化保险等市场机制，在风险防范、损失补偿、恢复重建等方面的积极作用，这是体现( )的作用。
  A. 统一指挥
  B. 发挥社会力量
  C. 充分发挥市场机制
  D. 改革创新
  答案：C

55. ( )是编制应急预案的关键，所有应急预案都是建立在风险评估基础之上。
  A. 预案编制人员
  B. 风险分析和应急能力评估
  C. 预案的修订
  D. 预案的实施
  答案：B

56. 为了做到快速响应，应急管理部门还搭建了突发事件( )汇聚的平台，实现了各地应急管理部门、部内有关司局和国务院各部门、各省(区、市)人民政府办公厅通过该系统向应急指挥中心报送各类灾害事故的信息，保证第一时间掌握灾害事故动态。
  A. 信息
  B. 消息
  C. 预案
  D. 职责
  答案：A

57. 习近平作出重要指示：要健全预警应急机制,加大安全监管执法力度,深入排查和有效化解( )安全生产风险,提高安全生产保障水平,努力推动安全生产形势实现根本好转。

A. 自然灾害　　　　B. 生产安全　　　　C. 火灾　　　　D. 各类

答案：D

58. 2019年( )事故造成78人死亡,暴露出安全生产基础性、源头性、瓶颈性的问题突出。习近平强调,各地和有关部门要深刻吸取教训,加强安全隐患排查,严格落实安全生产责任制,坚决防范重特大事故发生,确保人民群众的生命和财产安全。

A. 天津港危险品仓库发生爆炸事故

B. 广东深圳恒泰工业园发生山体滑坡灾害

C. 江苏响水天嘉宜化工公司爆炸事故

D. 连续发生多起高空坠落事故

答案：C

59. 依法( )是依法治国的一项基本内容。

A. 应急　　　　B. 防灾　　　　C. 减灾　　　　D. 救灾

答案：A

60. "1+5"应急管理法律骨干框架体系中的"1"是( )。

A. 自然灾害法　　B. 安全生产法　　C. 消防法　　D. 综合性法律

答案：D

8.4.3 多项选择题

1. 突发事件的含义在《中华人民共和国突发事件应对法》(2007)和《国家突发公共事件总体应急预案》(2006)共同点有( )。

A. 都是"事件"

B. "突然性"。事件发生后给人们思考、决策的时间很短

C. "公共性"。事件发生后造成的后果危害或影响范围大

D. "全面性"。"造成或者可能造成""即不仅研究造成损失的事件,还研究可能造成损失的事件

答案：B,C,D

2. "综合减灾"在《国家综合防灾减灾规划(2016—2020年)》中被规定为"坚持( )过程有机统一,综合运用各类资源和多种手段,强化统筹协调,推进各领域、全过程的灾害管理工作。"

A. 防灾　　　　B. 抗灾　　　　C. 救灾　　　　D. 备灾

答案：A,B,C

3. 我国的事故灾难包括：( )。

A. 安全生产事故　　　　　　　　B. 交通运输事故

8.4 综合测试题及答案

　　C. 公共设施与设备事故　　　　　　D. 环境与生态事故

　　答案：A,B,C,D

4. 安全生产和生产安全是不一样的概念,分别在( )方面有差别。

　　A. "安全"和"生产"两个词的位置不同

　　B. 词性一个宽泛,一个狭窄

　　C. 适用范围,一个是政府等管理部门,一个是企业家

　　D. 只有一个能与"事故"搭配

　　答案：B,C,D

5. 按照《突发公共事件总体预案》的规定,各类突发公共事件按照其性质、严重程度、可控性和影响范围等因素,一般分为( )。

　　A. Ⅰ级(特别重大)　　　　　　　　B. Ⅱ级(重大)

　　C. Ⅲ级(较大)　　　　　　　　　　D. Ⅳ级(一般)

　　答案：A,B,C,D

6. 2018年4月成立的应急管理部主要职能主要集中于( )。

　　A. 自然灾害　　　B. 事故灾难　　　C. 公共卫生事件　　　D. 社会安全事件

　　答案：A,B

7. "应急管理"是全过程管理,既要高度警惕( )事件,也要防范( )事件;既要有防范风险的先手,也要有应对和化解风险挑战的高招;既要打好防范和抵御风险的有准备之战,也要打好化险为夷、转危为机的战略主动战。

　　A. 黑天鹅　　　B. 白天鹅　　　C. 灰犀牛　　　D. 黑犀牛

　　答案：A,C

8. 防震减灾工作三大体系是( )。

　　A. 地震监测预报　　　　　　　　　B. 震害预测

　　C. 灾害预防　　　　　　　　　　　D. 地震应急救援

　　答案：A,C,D

9. 习近平强调,防灾减灾救灾事关( ),事关( ),是衡量执政党领导力、检验政府执行力、评判国家动员力、体现民族凝聚力的一个重要方面。

　　A. 国家安全　　　　　　　　　　　B. 人民生命财产安全

　　C. 经济持续绿色发展　　　　　　　D. 社会和谐稳定

　　答案：B,D

10. 《国家自然灾害救助应急预案》规定( )启动了Ⅰ级响应。

　　A. 只要死亡200人以上

　　B. 紧急转移安置或需紧急生活救助100万人以上

　　C. 倒塌或严重损害房屋20万间以上

D. 干旱灾害造成缺粮或缺水等生活困难,需要政府救助的人数占农牧业人口30%以上,或400万人以上

答案:A,B,C,D

11. 《国家地震应急预案》(2012)规定地震灾害中对特别重大地震规定是(　　)。

A. 一般地震灾害是指造成10人以下死亡(含失踪)或者造成一定经济损失的地震灾害

B. 当人口较密集地区发生4.0级以上、5.0级以下地震,初判为一般地震灾害

C. 造成300人以上死亡(含失踪),或者直接经济损失占地震发生地省(区、市)上年国内生产总值1%以上的地震灾害

D. 当人口较密集地区发生7.0级以上地震,人口密集地区发生6.0级以上地震

答案:C,D

12. 《生产安全事故报告和调查处理条例》中,特别重大事故规定(　　)。

A. 造成30人以上死亡,或者100人以上重伤

B. 1亿元以上直接经济损失的事故

C. 造成3人以下死亡,或者10人以下重伤

D. 1000万元以下直接经济损失的事故

答案:A,B

13. 《国家森林火灾应急预案》中,特别重大森林火灾规定(　　)。

A. 受害森林面积在1000公顷以上的

B. 死亡30人以上的

C. 重伤100人以上的

D. 重伤1人以上10人以下的

答案:A,B,C

14. 大应急管理的"大"是有多方面的含义:(　　)

A. 与"小"相对

B. 研究范围的大,包括自然灾害,也包括安全事故,还包括各类火灾的全灾种

C. 研究时间的大,应急管理是一种全过程管理。应急管理不仅包括非常态下的工作,也包括常态下的应急工作的部分

D. 研究内容的大,应急管理是一种综合性的管理活动。因此大应急管理就是全灾种的防范救助救援一体化的综合减灾管理

答案:B,C,D

15. 美国联邦应急管理署(FEMA,the Federal Emergency Management Agency)提出应急管理周期的内容是(　　)。

A. prevention 预防　　B. preparation 准备　　C. response 反应　　D. recovery 恢复

答案:A,B,C,D

16. 与洪水的发生相关的因素有(　　)。

A. 存在诱发水灾的因素——如暴雨、地震、火山爆发、海啸等
B. 存在受危害的对象,如被洪水淹没而遭受损失的人、财产
C. 水量的大小
D. 人的防御和抵抗能力
答案:A,B,D

17. 台风大风影响时间和台风大风影响强度,台风预警信号一般分为四级,分别为( )。

A. 蓝色　　　　　B. 黄色　　　　　C. 橙色　　　　　D. 红色

答案:A,B,C,D

18. 台风袭来的时候,尽量不要外出。如果在外面,则不要在( )等附近避风避雨。

A. 临时建筑物　　B. 广告牌　　　　C. 铁塔　　　　　D. 大树

答案:A,B,C,D

19. 衡量地震强度大小的"尺子"有( )。

A. 纵波　　　　　B. 横波　　　　　C. 震级　　　　　D. 烈度

答案:C,D

20. 烈度表中( )度~( )度:地面上以及底层房屋中的人的感觉和其他震害现象为主。

A. Ⅰ　　　　　　B. Ⅴ　　　　　　C. Ⅵ　　　　　　D. Ⅸ

答案:A,B

21. 地震伤亡的主要影响因素是( )。

A. 断层　　　　　B. 活断层　　　　C. 建筑　　　　　D. 房屋

答案:B,C

22. 地震后房屋倒塌,有时会在室内形成三角空间,这些地方是人们得以幸存的相对安全地点,可称其为地震空间,它包括( )等开间小的地方。

A. 床沿下　　　　　　　　　　　　B. 坚固的家具下
C. 内墙墙根　　　　　　　　　　　D. 墙角

答案:A,B,C,D

23. 2008年汶川地震现场救援发现,一些场所楼内的遇难者是在( )或者( )附近。这表明地震时人们在外逃,但是还来不及到达安全地点就被倒塌的房屋掩埋。

A. 床沿下　　　　B. 过道　　　　　C. 楼梯　　　　　D. 屋门口

答案:B,C,D

24. 地震时要避开的危险场所:例如狭窄的街道、( )、雨篷下等处,还要避开高压线和下水道。

A. 危旧房屋　　　B. 围墙　　　　　C. 女儿墙　　　　D. 高门脸

答案:A,B,C,D

25. 地震发生时尽量做到事情是( )。

A. 不要惊慌,伏而待定

B. 不要站在窗户边或阳台上

C. 不要跳楼、跳车或破窗而出

D. 如果在平房,地震时,门变形打不开,这个时你可以破窗而出

答案:A,B,C,D

26. 在你旅游时,如何躲避泥石流呢?( )。

A. 首先是一定要避免泥石流多发的季节。比如夏季尽量不要到泥石流多发山区旅游

B. 出行前收听(收看)当地天气预报,在大雨天或连绵阴雨几天、当天仍有雨的情况下,不要贸然进入山区沟谷旅游

C. 最好聘请一位当地向导,从而可避开一些地质不稳定的地区;准备一些必要的食物、药品、饮用水以及救生用的器材

D. 野外扎营时,要选择平整的高地作为营址,避开有滚石或者大量堆积物的山坡,避开有滚石和大量堆积物的山坡下或山谷、沟底

答案:A,B,C,D

27. 你在山区旅游时,如何躲避泥石流呢?( )。

A. 在沟谷内游玩时,一旦遭遇大雨、暴雨,要迅速转移到安全的高地

B. 不要在低洼的谷底或者陡峭的山坡下躲避、停留

C. 碰上泥石流,不能沿沟向下或者向上跑,而应往两侧山坡上跑,离开沟道河谷地带

D. 注意,不要在土质松软、土体不稳定的斜坡停留,应选择在基底稳固且较为平缓开阔的地方停留

答案:A,B,C,D

28. 2016年10月,在《中共中央 国务院关于推进防灾减灾救灾体制机制改革的意见》中指出要坚持( )。

A. 生命优先　　　　　　　　　B. 属地为主

C. 以防为主、防抗救相结合　　D. 坚持常态减灾和非常态救灾相统一

答案:C,D

29. 应急预案管理的基本原则有( )。

A. 统一规划　　B. 分级指挥　　C. 归口管理　　D. 分类实施

答案:A,C

30. 防灾减灾救灾体制机制改革要努力实现( )。

A. 从注重灾后救助向注重灾前预防转变

B. 从应对单一灾种向综合减灾转变

C. 从减少灾害损失向减轻灾害风险转变

D. 从减少人员伤亡向减轻灾害风险转变

答案:A,B,C

31. 遇到灾变时,应急避险的原则是( )。

A. 迅速撤离灾区 B. 及时报告灾情

C. 积极消除灾害 D. 抢救公共财产

答案:A,B,C

32. 抢救人员时要做到"三先三后",即( )。

A. 先抢救近处者,再抢救远处者

B. 先抢救生还者,后抢救已死亡者

C. 先抢救伤势较重者,后抢救伤势较轻者

D. 对于窒息或心跳、呼吸停止不久、出血和骨折的伤员,先复苏、止血和固定,然后搬运

答案:B,C,D

33. 当灾害事故发生后,现场作业人员无法撤退时,自救器有效工作时间内不能达到安全地点,应( )。

A. 应迅速进入避难硐室和灾害中相对安全的地点

B. 就近快速构造临时避难硐室,进行自救互救,力争安全避灾

C. 冒险逃生

D. 努力维持和改善自身生存条件,等待救援

答案:A,B,D

34. 常用的危险化学品是指( )。

A. 爆炸品、压缩气体和液化气体

B. 易燃液体、易燃固体、自燃物品和遇湿易燃物品

C. 氧化剂和有机过氧化物、有毒品

D. 放射性物品和腐蚀品

答案:A,B,C,D

35. 危险化学品在发生事故之前会出现( )前兆。

A. 有色气体或液体出现跑、冒、滴、漏现象,并伴有怪味

B. 大批人员同时出现头痛、心悸、烦闷、呼吸困难、呕吐、视物模糊、有刺激感、惊厥、抽筋、步履蹒跚等不适症状

C. 许多蜂、蝇、蝴蝶等昆虫飞行不稳、抖翅、挣扎。植物:许多种类的植物的颜色发生了变化

D. 大量的青蛙、麻雀、鸽子、家禽、家畜等出现眨眼、散瞳、缩瞳、流口水、站立不稳、呼吸困难、抽筋现象;很多鱼、虾、蚂蟥等水生物活动加快、乱蹦乱爬,尔后活动困难

答案:A,B,C,D

36. 观众厅发生火灾时,火灾蔓延的主要方向是( ),逃生人员可利用舞台、放映厅和观众听的各个出口,迅速疏散。

A. 舞台 B. 出口 C. 放映厅 D. 等待救援

答案：A,C

37. 森林草原是宝贵的自然资源,因为它们(   )。
A. 为我国社会主义建设事业和人民生产生活的需要提供大量的物质财富
B. 涵养水源、保持水土、调节气候、防风固沙
C. 保护农田、美化环境、净化大气、防治污染、维持生态平衡
D. 加强国防建设
答案：A,B,C,D

38. 森林火灾的特点是(   )。
A. 发生面广　　　　　　　　　　B. 过火面积大
C. 突发性强　　　　　　　　　　D. 破坏性大,处置扑救较为困难
答案：A,C,D

39. 在森林火灾扑救过程中,(   )是极其危险的。
A. 温度高　　B. 燃爆　　C. 飞火　　D. 火旋风
答案：B,C,D

40. 引发森林草原火灾的原因是(   )。
A. 温度高　　B. 自然原因　　C. 飞火　　D. 人为原因
答案：B,D

41. 当我们发现森林火灾时,应及时(   )。
A. 拨打报警电话　　　　　　　　B. 报告起火方位
C. 报告起火面积　　　　　　　　D. 报告燃烧的植被种类
答案：A,B,C,D

42. 2016年12月19日,在《中共中央国务院关于推进防灾减灾救灾体制机制改革的意见》中提出防灾减灾救灾体制机制改革的指导思想要紧紧围绕着(   )和(   )。
A. 统筹推进"五位一体"的总体布局　　B. 协调推进"四个全面"的战略布局
C. 总体国家安全　　　　　　　　D. 以人为本
答案：A,B

43. 需要牢固树立"四个意识"是树立(   )。
A. 政治意识　　B. 大局意识　　C. 核心意识　　D. 看齐意识
答案：A,B,C,D

44. "四个全面"的战略布局。其中"四个全面"是指(   )。
A. 全面建成小康社会　　　　　　B. 全面深化改革
C. 全面依法治国　　　　　　　　D. 全面从严治党
答案：A,B,C,D

45. "五位一体"总体布局是在党的十八大报告中明确提出的,是指建设中国特色社会主义的总布局,包括(   )。

A. 经济建设 B. 政治建设
C. 文化建设 D. 社会建设和生态文明建设
答案：A,B,C,D

46. 2018年10月10日,中央财经委会议提出我国将实施(　　)等工程。
A. 地震易发区房屋设施加固 B. 防汛抗旱水利提升工程
C. 地质灾害综合治理 D. 避险移民搬迁
答案：A,B,C,D

47. 2016年12月,习近平提出防灾减灾救灾要坚持(　　)的方针。
A. 国家总体安全观 B. 以防为主
C. 防抗救相结合 D. 以人民为中心
答案：B,C

48. 世界正处于(　　)时期,和平与发展仍是时代的主题。
A. 大发展 B. 大变革 C. 大调整 D. 大创新
答案：A,B,C

49. 通过把本国利益同各国利益结合起来,努力扩大各方共同利益汇合点,树立(　　)的新理念。
A. 双赢 B. 三赢 C. 多赢 D. 共赢
答案：A,C,D

50. 统一指挥之下,实行资源统一调度,形成全国一盘棋的组织指挥机制是我国应急救援的一大(　　),也是(　　)。
A. 特点 B. 特征 C. 优点 D. 优势
答案：A,D

51. 应急管理工作包括(　　)的工作。
A. 安全生产类、自然灾害类等突发事件 B. 综合防灾减灾救灾任务
C. 安全生产综合监督管理 D. 工矿商贸行业安全生产监督管理
答案：A,B,C,D

52. 应急管理工作涵盖了(　　)职能。
A. 消防管理职责、救灾职责 B. 地质灾害防治职责、水旱防治职责
C. 草原防火职责、森林防火职责 D. 震灾应急救援职责等
答案：A,B,C,D

53. 应急救援在某种程度上就是和时间赛跑,提高应急救援快速反应的能力既是(　　),又是(　　)。
A. 要求 B. 需求 C. 效果 D. 结果
答案：A,C

54. 灾情信息决定着（　　）的调配范围和速度，是避免应急响应不足或应急响应过度的重要依据。

　　A. 社会应急力量　　　　　　　　B. 应急力量

　　C. 应急资源　　　　　　　　　　D. 应急物资

　　答案：B,D

55. 上下联动是指（　　）。

　　A. 上面和下面　　　　　　　　　B. 上级政府对下级各有关政府

　　C. 政府与社会有关组织　　　　　D. 政府与社会有关团体的联动

　　答案：B,C,D

56. 预案工作最重要的两部分内容是（　　）。

　　A. 预案的格式　　B. 预案的编制　　C. 预案的演练　　D. 预案的合法性

　　答案：B,C

57. 应急预案编制过程中风险分析包括（　　）。

　　A. 人员分析　　B. 减灾能力分析　　C. 风险识别　　D. 风险评估

　　答案：C,D

58. 演练的方式主要有（　　）。

　　A. 桌面演练　　B. 大厅演练　　C. 功能演练　　D. 全面演练

　　答案：A,C,D

59. 应急管理部成立之后建立的应急响应联动机制，由应急管理部牵头，由（　　）等相关部门参加。

　　A. 自然资源部　　B. 水利部　　C. 国家气象局　　D. 军队

　　答案：A,B,C,D

60. 部门联动机制，具体包括（　　）机制。

　　A. 联合会商　　B. 联动响应　　C. 联合预案　　D. 联合行动

　　答案：A,B

61. 应急基础信息的管理包括应急基础信息的（　　）。

　　A. 收集　　B. 报送　　C. 发布　　D. 运行

　　答案：B,C,D

62. 防范化解安全生产风险的具体措施包括：（　　）；全面构建长效机制；领导干部要敢于担当。

　　A. 强化红线意识，实施安全发展战略　　B. 建立健全安全生产责任体系

　　C. 强化企业主体责任落实　　　　　　　D. 加快安全监管方面的改革创新

　　答案：A,B,C,D

63. 防范化解风险的关键是要深入领会领会习近平总书记指示的新理念、新思想、新方法，增强风险防控的敏感性和系统性，采取（　　）有针对性的措施主动排查化解风险。

　　A. 汲取事故教训，深入排查化解身边的风险

B. 提前研判化解城市化快速发展带来的风险
C. 提前研判化解产业转移形成的新风险
D. 提前研判化解因时间推移而累积放大的风险
答案：A,B,C,D

64. 2018 年至 2019 年期间出台或修订的应急管理方面的法律法规包括：( )。
A. 消防法　　　　　　　　　　　B. 突发事件应对法
C. 生产安全事故应急条例　　　　D. 安全生产法
答案：A,C

65. 自然灾害防治方面的综合法律,包括：( )、防洪法、森林防火条例等单灾种的法律、行政法规制修订工作。
A. 消防法　　　　　　　　　　　B. 突发事件应对法
C. 防震减灾法　　　　　　　　　D. 自然灾害救助条例
答案：C,D

66. 2019 年版《消防法》的变化主要表现在( )。
A. "称谓"变化,即消防救援机构取代了机关消防机构,综合性消防救援队取代了消防队
B. 应急管理部门赋予了消防管理的职能
C. 住建部门承担建设工程相关审验、行政处罚及部分信息报送相关工作
D. 施行时间无缓冲时间,修订后即日执行
答案：A,B,C,D

67. 《安全生产法》自 2002 年 11 月 1 日起施行,( )年进行修订。
A. 2014　　　　B. 2016　　　　C. 2018　　　　D. 2021
答案：A,D

68. 2019 年实施的安全生产方面的法律法规有( )。
A. 生产安全事故应急条例　　　　B. 生产安全事故应急预案管理办法
C. 防震减灾法　　　　　　　　　D. 自然灾害救助条例
答案：A,B

69. 应急救援组织综合法律目前处于研究论证阶段,进一步整合优化协同各方应急力量,提高防灾减灾救灾能力。其目的是( )。
A. 加强社会应急能力建设　　　　B. 提高社会组织应急救援技能
C. 整合优化协同各方应急力量　　D. 提高防灾减灾救灾能力
答案：C,D

70. 从我国的主要灾害事故类型来看,地震及地质灾害、洪涝灾害、风灾、安全生产事故、高空山岳事故和车辆交通事故占了很大的比例。这些事故救援过程中最常用到的就是( )技能。
A. 绳索　　　　B. 水域　　　　C. 破拆　　　　D. 山岳
答案：A,B,C

参考文献

1. Coombs, W. T. Crisis communication. In R. L. Heath(Ed). Encyclopedia of public relations (Vol. 1,). Thousand Oaks: Sage. 2005: 221-224.
2. United Nation. Terminology on disaster risk reduction[M]. Geneva: UNISDR. 2009.
3. R. T. Curr. Ed. Handbook of Political Conflict: Theories and Research. Collier & Macmillan Publisher Co. , 1981: 7.
4. 陈安等. 现代应急管理理论与方法[M]. 北京: 科学出版社, 2009.
5. 陈颙, 史培军. 自然灾害(修订版). 北京: 北京师范大学出版集团, 2008.
6. 范维澄. 健全公共安全体系 构建安全保障型社会[N]. 人民日报, 2016-04-18(009).
7. 高庆华. 开展沿海地区综合减灾工作[C]. 中国灾害防御协会. 论沿海地区减灾与发展——全国沿海地区减灾与发展研讨会论文集. 中国灾害防御协会, 1991: 88-92.
8. 胡志东. 森林防火[M]. 北京: 中国林业出版社, 2003.
9. 姜安鹏, 沙勇忠. 应急管理实务[M]. 兰州: 兰州大学出版社, 2010.
10. 金灿荣. 不确定性世界中的稳定力量[N]. 人民日报, 2019-03-27.
11. 金磊. 城市综合减灾规划问题初探[J]. 城市规划, 1991(06): 25, 56-59.
12. 劳伦斯·巴顿. 危机管理[M]. 上海: 东方出版社, 2009.
13. 刘发林. 森林防火[M]. 北京: 中国林业出版社, 2018.
14. [美]刘应. 坚持"以人为本"的国家治理现代化——以马克思主义国家理论为视角看中国实践[J]. 佳木斯职业学院学报, 2017, (10): 52-53.
15. 马湘宏, 张文勋. 小议安全生产与生产安全的概念辨析和适用范围[J]. 广东化工, 2015, 42(06): 130-131.
16. [美]米切尔·K. 林德尔, 等. 应急管理概论[M]. 王宏伟译. 北京: 中国人民大学出版社, 2011.
17. 裘江南, 王雪华. 突发事件应急知识管理的模型与方法[M]. 北京: 科学出版社: 2017: 1.
18. 人民日报评论部. "四个全面"学习读本[M]. 北京: 人民出版社, 2015.
19. 闪淳昌, 周玲, 钟开斌. 对我国应急管理机制建设的总体思考[J]. 国家行政学院学报, 2011(01): 8-12, 21.
20. 审议《中央政治局常委会听取和研究全国人民代表大会常务委员会、国务院、全国政协、最高人民法院、最高人民检察院党组工作汇报和中央书记处工作报告的综合情况报告》[N]. 人民日报, 2016-01-30.
21. 苏伟伦. 危机管理[M]. 北京: 中国纺织出版社, 2002.

22. 唐承沛.中小城市突出公共事件应急管理体系与方法[M].上海:同济大学出版社,2007.
23. 王宏伟.提升非常规突发事件的应对能力:应急管理体制改革成败的"试金石"[J].公共管理与政策评论,2018,7(06):37-51.
24. 王宏伟.我国安全生产与应急管理关系的变迁与整合:兼对"11·28"张家口重大爆燃事故的反思[J].中国安全生产,2018,13(12):20-25.
25. 王宏伟.我国森林草原火灾应急管理:历史、改革与未来[J].中国安全生产,2019(04):32.
26. 王宏伟.我国消防体制的历史沿革与未来发展[J].中国安全生产,2018,13(11):30-34.
27. 王宏伟.新时代应急管理通论[M].北京:应急管理出版社,2019:16.
28. 王绍玉,冯百侠.城市灾害管理[M].北京:化学工业出版社,2005.
29. 吴超,黄淋妃.城市应急研究综述[J].灾害学,2017,32(04):138-145.
30. 习近平.习近平谈治国理政[M].北京:外文出版社,2014:272.
31. 肖贵清.十八大以来中国特色社会主义理论创新研究[M].北京:中国人民大学出版社,2019:96-97.
32. 谢永刚.中国模式:防灾救灾与灾后重建[M].北京:经济科学出版社,2015:34-38.
33. 熊卫平.危机管理:理论实务案例[M].杭州:浙江大学出版社,2016:22.
34. 薛澜,张强,钟开斌.危机管理:转型期中国面临的挑战[M].北京:清华大学出版社,2003:12.
35. 杨月巧.应急管理概论[M],北京:清华大学出版社,2016:13.
36. 杨月巧.新时代应急管理体制机制关系分析[J].中国安全生产,2019,14(09):26-29.
37. 杨月巧.中国应急管理"体""制"分析[J].中国安全生产,2019,14(08):36-38.
38. 杨月巧. 提高自然灾害防治能力 落实体制机制改革部署[N]. 中国应急管理报,2018-10-13(002).
39. 杨月巧,贾怡如.基于CiteSpace的应急管理研究现状分析[J].安全,2017,38(10):33-36+42.
40. 杨月巧,唐彦东.北京高校地震应急预案认知的性别差异研究[J].风险灾害危机研究,2017,(02):86-100.
41. 张超,马尚权.应急救援理论与技术[M].北京:中国矿业大学出版社,2016.
42. 张沛,潘锋.现代城市公共安全应急管理概论[M].北京:清华大学出版社,2007.
43. 中共中央文献研究室.建国以来毛泽东文稿第1册[M].北京:中央文献出版社,1987:395.
44. 中共中央文献研究室.建国以来毛泽东文稿第3册[M].北京:中央文献出版社,1989:505.
45. 中共中央文献研究室.毛泽东选集第6卷[M].北京:人民出版社,1999:69.
46. 中共中央文献研究室.唯心历史观的破产.《毛泽东选集》袖珍本[M].北京:人民出版社,1967:1401.
47. 朱长义.中国安全生产史(1949—2015)[M].北京:煤炭工业出版社,2017:81-82.
48. 邹铭,袁艺等,综合风险防范:中国综合自然灾害救助保障体系[M].北京:科学出版社,2011.5:11,32-34.